水资源系统动力学特征及合理配置的理论与实践

陈南祥　徐建新　黄　强　著

黄　河　水　利　出　版　社

内 容 提 要

本书论述了水资源系统动力学特征和水资源合理配置的理论与实践。主要内容包括:水资源系统动力学特征分析方法研究;南水北调中线工程河南受水区水资源系统动力学特征分析;水文水资源要素预测模型;水资源合理配置理论体系研究;水资源系统多目标优化配置模型及求解南水北调中线工程河南受水区水资源合理配置;典型城市(郑州市)水资源配置方案研究。全书以理论与实例相结合,内容翔实,层次分明,具有较强的实用性。可供水资源规划管理、地质、地理和有关专业的科技工作者及管理人员参阅,也可作为大专院校相关专业师生的参考书。

图书在版编目(CIP)数据

水资源系统动力学特征及合理配置的理论与实践/陈南祥,徐建新,黄强著.—郑州:黄河水利出版社,2007.6
ISBN 978-7-80734-211-3

Ⅰ.水… Ⅱ.①陈…②徐…③黄… Ⅲ.①水资源—系统动力学—研究②水资源—配置—研究—中国 Ⅳ.TV211

中国版本图书馆 CIP 数据核字(2007)第 081630 号

出 版 社:黄河水利出版社
地址:河南省郑州市金水路 11 号　　邮政编码:450003
发行单位:黄河水利出版社
发行部电话:0371-66026940　　传真:0371-66022620
E-mail:hhslcbs@126.com
承印单位:黄河水利委员会印刷厂
开本:890 mm×1 240 mm　1/32
印张:6.625
字数:191 千字　　印数:1—2000
版次:2007 年 6 月第 1 版　　印次:2007 年 6 月第 1 次印刷

书号:ISBN 978-7-80734-211-3/TV·504　　定价:20.00 元

前　言

水是自然生态的生命源泉，万物赖以生存的环境因子，更是人类社会发展的重要物质资源。人口增长、经济发展、水资源供需紧张、水旱灾害频繁和生态环境日益恶化的局面，已经引起世界各国政府的迫切关注和不安。如何研究解决水资源的最佳开发、治理、保护、利用，使其在促进生态环境与社会经济协调良性发展中发挥最大的经济效益，已经变得非常重要和迫切。

水资源时空分配不均使人类在饱受洪涝灾害之苦的同时，面临着越来越严重的缺水问题，并且越是经济发达地区，缺水情况越严重，水资源保护以及防灾减灾面临的问题和矛盾就越尖锐。这些复杂问题要求水资源工作者应以发展的观点、系统的观点来看待一个区域、一个流域乃至整个地球的水文循环规律和社会经济发展所面临的各种水问题。

本书针对复杂水资源系统水资源合理配置研究中的水资源系统动力学特征分析方法及水资源合理配置理论与方法进行研究。

水资源系统内在机理的研究是认识水资源系统规律的根本途径。地球上的水在太阳辐射和重力的作用下，以蒸发、降水和径流的方式周而复始地循环着。水资源系统与其他系统的不同点，除了具有通过自然界水文循环获得的可再生和更新补充功能外，更由于其在气态和液态时在势能的推动下具有较大的流动性，从而连成一个整体，以致在一个点的扰动会影响周围和其下游，这样又会造成矛盾。因此，在进行水资源规划和配置时，必须综合考虑水资源的自然条件和社会条件，其中对水资源系统的内在属性和动力学特征的认识是非常必要的，它是水文水资源要素模拟预报和水资源保护、规划、配置等工作的基础。

水资源合理配置是人类可持续开发利用水资源的有效措施之一。如何对水资源进行合理配置，为区域内经济社会的可持续发展提供水资源，是摆在我们面前迫切需要解决的问题。水资源合理配置研究，对缓解水资源供需矛盾、促进经济健康发展、提高环境质量，都具有深远的意义。①促进水资源的合理有效利用。水资源优化配置的目的是，在不增加供水量，也不减少需水量的前提下，使总体效益最大化。②促进人口、资源、环境、经济协调发展。③促进工程水利向资源水利的转变。

本书主要研究水资源系统动力学特征分析方法、复杂水资源系统水文水资源要素预测、复杂水资源系统水资源合理配置理论与方法、复杂水资源系统多目标优化配置模型求解方法等，并以南水北调中线工程河南段受水区为实例，讨论水资源系统动力学特征及系统演化规律，建立水文水资源要素预测模型和基本优化技术与模拟技术耦合的多水源多用户多目标水资源合理配置模型。

本书是结合河南省 2004 年杰出人才创新基金项目“南水北调工程河南段水资源优化利用与管理决策软件研制”进行的，并得到了华北水利水电学院重点学科建设基金的资助。

参加本专题研究的主要人员还有单松波、徐晨光、雷宏军、张海丰、贾明敏、李跃鹏等。本研究得到河南省科技厅的大力支持和帮助，也得到河南省南水北调办公室、河南省水利勘测设计研究有限公司、郑州市供水节水办公室等的大力支持，在此一并表示感谢。

本书中的应用实例所涉及到的十多个地级市的自然、经济、社会等方方面面的数据资料来自于不同部门和不同版本，书中所应用的数据资料难免有出入，加之作者水平所限，书中难免存在不妥之处，敬请读者批评指正。

作　者

2006 年 10 月

目　录

第1章　绪　论

1.1　研究背景及意义

水是自然生态的生命源泉，万物赖以生存的环境因子，更是人类社会发展的重要物质资源。人口增长、经济发展、水资源供需紧张、水旱灾害频繁和生态环境日益恶化的局面，已经引起世界各国政府的迫切关注和不安。如何研究解决水资源的最佳开发、治理、保护、利用，使其在促进生态环境与社会经济协调良性发展中发挥最大的经济效益，已经变得非常重要和迫切。人类为了充分开发和利用水资源，已兴建和正在兴建各种水利工程。实践证明，水利工程对一个国家的国民经济建设具有重要的作用。但是，由于水利工程的兴建，特别是大型水利工程的兴建，引起了河流水文、泥沙、地貌、生态环境等各个方面的变化，对人类的生存环境产生了各种各样的影响，既有有利的影响，也有不利的影响。同时水资源时空分配不均使人类饱受灾害之苦，并且越是经济发达地区，缺水情况越严重，水资源保护以及防灾减灾面临的问题和矛盾就越尖锐。这些问题对水资源工作者提出了挑战，同时也指明了研究方向，要求在做决策时应从系统的观点看待一个区域、一个流域乃至整个地球的水文循环规律和社会经济发展所面临的各种水问题[1]。

然而，水资源系统复杂性和水资源资料信息的严重不足[2]，在一定程度上限制了水资源科学理论的发展。从系统理论的观点来看，流域、区域和全球的水资源循环是个高度非线性、开放性系统，其边界条件和初始条件都十分复杂。从信息论观点来看[3]，水资源系统存在诸多的未知和不完全知道的问题，其中包括时间、空间水文信息观测不完全。水文时间序列不仅记录了系统过去行为的信息，而且还隐藏着系统未来演化的信息。目前，宏观和中观尺度水资源系统研究主要采用半经验、概念性或随机性理论，而客观世界中的水文过程则是确定性与不确定性各种成分交织的复杂水文现象。尽管目前水资源学的研究取得了令人鼓舞的成就,但至今本学科仍有许多重大问题需要探讨。换句话说,水资源系统学科的发展和研究并不成熟,因此在充分利用现代科学技术广泛收集水文信息的同时,如何结合中国的实际问题,开展既有中国特色又有国际水资源科学前沿及热点的水文学基础理论与方法应用研究,是一个富有时代特点和挑战性的问题。

水资源系统内在机理的研究是认识水资源系统规律的根本途径。地球上的水在太阳辐射和重力的作用下,以蒸发、降水和径流的方式周而复始地循环着。水资源现象在时间和空间上和其他物理现象一样具有必然性和偶然性,也即确定性和随机性。

水资源系统与其他系统的不同点,除了具有通过自然界水文循环获得的可再生和更新补充功能外,更由于其在气态和液态时在势能的推动下具有较大的流动性,从而连成一个整体,以致在一个点的扰动会影响周围和其下游,这样又会造成矛盾。因此,在进行水资源规划和配置时,不但要统筹兼顾,合理安排,按照当地的自然和社会条件,考虑合理开发的条件,而且还要对水文系统的内在属性和特征有一个充分的认识[4],特别是水文系统的内在动力学特征。这些将对水文模拟、水文预报和水资源保护、规划、配置等工作奠定坚实基础。

水资源可持续开发利用关系全球发展战略,淡水短缺已经成为21世纪人类继全球变暖之后的第二大问题。

我国一方面水资源短缺,另一方面却又存在水资源分配不合理、利用率低及资源浪费严重等不良现象。随着社会经济的高速发展,水资源短缺成为制约各行业发展的关键因素。由于水资源的短缺,农业难以高产,工业难以布设,矿藏难以开发;由于缺水,通讯、交通、文教、卫生事业的发展也受到限制;等等。有关研究表明:我国 30 个省、自治区、直辖市中,北京等 9 个行政区划的区域发展与水资源极不匹配,占全国所有行政区划的 30.0%;内蒙古自治区的区域发展与水资源不匹配,占全国所有行政区划的 3.3%;吉林等 5 个行政区划的区域发展与水资源基本匹配,占全国所有行政区划的 16.7 %;上海等 15 个省(市、区)的区域发展与水资源匹配,占全国所有行政区划的 50% 。由此可见,在我国实施水资源优化配置尤为重要,特别是在水资源短缺的华北和西北地区。本书将较为深入辩证地分析各种水资源优化配置问题，探索水资源优化配置理论的不断创新和完善。

据测算，我国未来 30 年供水量将增加 4 000 亿～4 500 亿 m^3，如果在水资源开发利用上没有新的突破，仅靠工程措施开发水资源，在管理上不能适应这种残酷现实，水资源很难满足国民经济发展的需要，水资源危机将成为所有资源问题中最为严重的问题，它将威胁中华民族的腾飞。因此，合理分配有限的水资源，以及提高水资源的利用效率，已成为水资源管理中现实而紧迫的任务。

如何对水资源进行合理配置，为区域内工业、农业发展和人民生活、生态环境提供水资源，使其获得最大的社会、经济、生态环境效益是摆在我们面前迫切需要解决的问题。进行区域内水资源合理配置研究，缓解水资源供需矛盾，这对水资源短缺区域的经济发展与环境质量的提高都具有深远的意义[4]。概括起来有以下几方面。

1.1.1 促进水资源的合理有效利用

水资源优化配置的目的是：在不增加供水量也不减少需水量的前提下，使总体效益最大化。这是因为水资源配置是以综合效益最大为目标，利用优化和模拟技术，通过产业结构调整，减少水资源单耗量大的用水部门的占有量，使水资源得到合理有效利用。正如汪恕诚部长在“水权和水市场”的讲话中所指出的，通过水资源优化配置提高水资源利用效率，实现水资源可持续利用，这是 21 世纪我国水利工作的首要任务[5]。

1.1.2 促进人口、资源、环境、经济协调发展

发展是永恒的主题，片面的经济增长并不一定意味着社会和谐发展。经济增长型的水资源配置方式，虽取得了经济的迅速增长，却带来了环境污染和生态破坏，对人类的生存和发展构成了威胁；只有人口、资源、环境、经济相互协调的发展，才是最佳的发展模式。这种持续发展的协调型水资源配置方式，是在保护生态环境的同时，促进经济增长和社会繁荣，保证可持续发展顺利进行。

1.1.3 促进工程水利向资源水利的转变

水资源合理配置虽然无法从数量上增加可供水量，但它是减缓水

资源供需矛盾的最经济、最快速的方法，同时它还使科学技术渗透到水资源管理工作中，提高管理者的科学意识和管理水平，促进工程水利向资源水利的转变[6]。

我国是一个水资源短缺的国家，水资源缺乏且时空分布不均已对中华民族的生存和发展构成重大威胁，南水北调对解决水资源问题将起到重要的作用。1992年，江泽民总书记提出要抓紧南水北调等跨世纪特大工程兴建，南水北调工程的实施被提上国家的议事日程。南水北调中线工程的水源区具有水质好、覆盖面大、自流输水等优点。此项目为举世瞩目的特大型工程，预计工程投资1 170亿元，其中一期工程总引水量为92亿m^3，河南省一期工程预计分得净水资源37.3亿m^3，占总水量的40.5%。受水范围涉及河南省12个市(地区)，总面积23 600km^2，占全省范围的14.1%。该工程的建设与运用对改善河南省严重缺水状况，改善生态环境，保证河南省的国民经济持续发展，均具有十分重大的影响。因此，通过引进先进的理论方法、计算机技术，结合工程实际，开展复杂系统水资源合理配置理论与方法的研究，对于优化工程运行管理，实现水资源的合理配置，提高工程管理工作的科技含量和提高水资源的利用效率及利用效益，具有非常重要的作用，并且将产生十分巨大的经济效益、社会效益和环境效益。

本项研究是结合河南省2004年杰出人才创新基金资助项目“南水北调工程河南段水资源优化利用与管理决策软件研制”进行的。

1.2 国内外研究现状

1.2.1 复杂水资源系统动力学特征及系统要素预测

混沌研究的鼻祖是法国的庞加奈(H.Poincane，1854～1912)，他在研究能否从数学上证明太阳系的稳定性问题时，发现即使只有三个星体的模型，仍产生明显的随机结果。1902年，庞加奈在《科学验证》一书中提出了庞加奈猜想，把动力学系统和拓扑学有机地结合起来，提出了三星问题在一定范围内求解是随机的，这实际上是一种保守系统中的混沌，后经柯尔莫哥洛夫、洛伦兹、李天岩和约克等人的发展[7~9]，到20世纪80年代，人们重点研究从有序进入新的混沌，以及混沌的性质和特点。法国数学家曼德布罗特(Mandelbrot)在1950年用计算机绘出了第一张Mandelbrot集的混沌图像。20世纪80年代初期,Takens、Rechard、Farmer等人根据Whitney拓扑嵌入定理,提出了动力学轨道相空间的延迟法,Graciberger、Procaccia首次选用这种相空间重构法,从实验数据时间序列计算出实验系统的奇怪吸引子的统计特征,如分维数、Lyapunov指数和Kolmogorov熵等混沌特征量,从而使得混沌理论进入实际应用阶段[10,11]。

自20世纪90年代以来,混沌科学与其他科学相互渗透,在数学、物理学、生命科学、地球科学、信息科学、经济学、天文学等领域,均得到了广泛的应用[12]。林振山用混沌科学和相空间重构理论系统地研究了长期天气预报问题[13,14],并从动力学的角度出发,以非线性动力学系统的两个最为重要的特征物理量——分维数和Lyapunov指数为指标来区划中国气候等[15];郝海、高红兵、韩秀文等在石油价格动力学系统、股市趋势、投资和资本市场等,做出了许多开创性工作[16~18]。

国外,Hense等[19]于1987年首次提出降雨序列可能存在混沌,利用关联维数法分析Nauru岛1 008个月降雨量资料组成的序列,计算出关联维数一般为2.5~4.5,进而指出月降雨量序列可能存在混沌现象,为混沌分析方法在水文学中的应用开辟了先河,后来许多学者相继对此问题进行了积极的探讨。Rodriguez Lturbe等在1989年分析了美国波士顿的一次自记暴雨过程,发现其具有一定的混沌特性,进而讨论了混沌理论在水文学中的应用潜力。Jayawardena等[20]在1994年分别应用Lyapunov指数法、Kolmogorov熵法、关联维数法以及非线性预测法,研究了香港地区3个雨量站的日降雨量序列和2个水文站的径流量序列的混沌特性,指出香港地区的日降雨径流序列确实存在着混沌现象。Puente等[21]在1996年利用Kolmogorov熵法、Lyapunov指数法、关联维数法,分析了Boston城的日降雨量序列,从多种途径均得出日降雨量序列存在混沌特征。Porporato等[22]在1997年以意大利Po河的支流Dora Baltea河流的日径流资料为例,利用关联维数法和非线性预测法来研究由14 246个数据组成的日径流量序列,结果表明存在着明显的混沌特征。

S.Bordignon、F.Lisi[23]分析了意大利 Adige 河流 1955～1981 年的日平均流量时间序列的混沌特性，并利用 Poincare section 方法、Grassberger－Procaccia 饱和关联维数法、最大 Lyapunov 指数计算法，计算了混沌特征量和嵌入参数，认为系统是带噪声的混沌非线性确定性系统，并采用一阶多项式拟合，以邻域内局域线性化的非线性模型和 1，2，…，15 的步长预测了 850 个数据。与随机 AR 模型比较，混沌时间序列预测明显较好，并且另外采用了降雨和流量的二维时间序列，预测效果明显改善。

Jiri Stehlik[24]在 2000 年对降雨量和温度每隔 30 分钟采样，分别为 7 500 个和 17 520 个数据，进行混沌时间序列特征值的计算，分析认为这 2 种时间序列是具有混沌可能性的，并将最大 Lyapunov 指数的倒数 48 分钟作为可以预测的长度。

M.N.Islam，B.Sivakumart[25]于 2002 年采用非线性动力系统理论研究了 1975～1993 年 9 年间的 Lindenborg 日流量时间序列。首先用自相关函数法和傅里叶功率谱法获得序列的基本性质信息，认为系统具有混沌系统应有的特征。采用互信息法计算时间延迟，饱和关联积分法计算嵌入维数，采用局域二阶多项式进行预测，以一天为步长作一步预测，预测一年 365 个数据。通过预测效果的比较认为，由于噪声的影响，随着嵌入维数的增大，预测误差在到达一个最小值以后又趋于上升趋势。

国内，傅军、丁晶等[26]1996 年对金沙江屏山站 1950～1985 年共 36 年的汛期日径流过程进行混沌分析，认为日流量过程的丰枯变化对揭示洪水变化会造成干扰，故将枯水季节阶段概化为一点，而仅取汛期日径流，共 5 508 天的数据。通过饱和关联维数法、最大 Lyapunov 指数、Kolmogorov 熵，这些混沌特征指数表明汛期日径流数据可能具有混沌特征。

1996 年丁晶等[27]进一步作了预测研究，对汛期径流序列采用邻近点的多点加权平均和线性回归两种局域预测，预见期为 3 天，数据长度为 1 年。预测结果认为，两种方法合格率均为 90％以上。赵永龙等[28]1998 年继续分析了上述汛期日流量序列，用小波基函数网络模型进行一步预测,按水文中常用的合格标准,相对误差不超过实测值的20%~30%,模型合格,且优于多元回归预测。

魏一鸣等[29]1998年分析了九江1985~1996年降水序列,用饱和关联维法计算了关联维数和Kolmogorov熵,认为符合混沌特征。杨思全等[30]1999年研究了河冰湖和冰川突发洪水的混沌特征量,对近40年的将近20次突发洪水的洪峰流量序列进行研究,认为该类洪水的洪峰流量时序列具有混沌特征。陈云浩等[31]2001年对上海市1994~1998年的旬降雨量时间序列进行研究和分析,计算了最大Lyapunov指数、关联维数和Kolmogorov熵,认为符合混沌特征。袁鹏等[32]2002年对6个水文站的月降雨量数据进行混沌特征分析,指出月降水系统可能存在混沌现象。周寅康等[33~35]研究了淮河流域洪涝变化动力系统,进行了500年的年洪涝特征序列的研究,计算了关联维数、最大Lyapunov指数和Renyi熵K_2,认为淮河流域洪涝系统是一个混沌动力系统。陈南祥等[36]用重构一维水文时间序列方法对水文时间序列的可预报时间尺度进行了研究,发现该序列具有混沌特征,同时指出水文要素在一定时段内是可预报的。柳景青[37]2004年对城市1小时和24小时两种时间间隔的用水量进行连续时间的最大尺度预测,结果表明用水量系统具有混沌特性。

宋宇等[38]利用相空间重构技术、G-P算法及Wolf提出的从单变量时间序列中提取Lyapunov指数方法,分别计算了太原盆地4组地下水水位时间序列的关联维数和Lyapunov指数。结果揭示在自然状态下,太原盆地某些空隙潜水和空隙承压水水位变化存在明显的混沌特征。这为以后建立地下水数学模型提供了理论依据,也为运用分形理论研究地质参数的时空变异性以及含水层结构的自相似性提供了进一步支持。

虽然近来很多论文和文献的水文混沌时间序列的研究表明水文序列不能排除混沌性质,也作了预测效果检验,但是对于水文时间序列的混沌性质以及混沌时间序列的预测方法现在仍有很多争论。

2002年Daniel Schertzer、Ioulia Tchiguirinskaia[39]与Bellie Sivakumar、Ronny Berndtsson、Jonas Olsson、Kenji Jinno[40]在Hydrological Science 展开了水文的混沌性质的讨论。B.Sivakumart[41] 认为,当前对于混沌时间序列方法的置疑主要是由于两方面的原因,一是由于混沌时间序列的无噪声序列无限长的前提条件不能满足,二是由于当前的理论条件不能够对混沌的存在提供无可辩驳的证明。文中回顾了近年来水文混沌序列研究的现状,指出混沌理论的前提条件,即无噪声以及时间序列无限长,对于预测和计算的影响。文中认为,时间序列长度的影响并不是像想象中那么严重,数据序列的长度依赖于吸引子的类型和维数。而噪声的影响却比较大,且噪声对于混沌预测的影响大于它对关联维数计算的影响。文中同时提出,混沌时间序列预测的低精度主要是由于噪声导致的,并且提出应该采用多种技术,对不同方法的计算结果进行比较,验证其是否一致,从而更有力地证明混沌存在。

当前水资源系统领域对于混沌方法的置疑,主要是由于一直以来对水资源系统研究是考虑要素的多变量和随机性。当前的研究结果支持看似复杂的水资源系统,可能是由于低维的简单的确定性系统导致的。因此,水资源系统的混沌性假设是合理的,并且为水资源动力系统的描述和模拟提供了一种新的代替方法,必将获得更多的支持。

1.2.2 水资源配置研究

1.2.2.1 以水量配置为主的水资源优化配置研究

国外,以水资源系统分析为手段、水资源合理配置为目的的各类研究工作,首先源于 20 世纪 40 年代 Masse 提出的水库优化调度问题。50 年代以后,随着系统分析理论和优化技术的引入以及 60 年代计算机技术的发展,水资源系统模拟模型技术得以迅速研究和应用,水资源系统模拟模型和优化模型的建立、求解以及应用研究不断得到提高。比较正式的研究始于 60 年代初期,1960 年科罗拉多的几所大学对计划需水量的估算及满足未来需水量的途径进行了研讨,体现了水资源优化配置的思想。N·伯拉斯所著《水资源科学分配》[42](1983),可以说是较早的系统研究水资源分配理论和方法的专著。该书简要阐述了 20 世纪 60～70 年代发展起来的水资源系统工程学内容,较为全面地论述了水资源开发和计算机技术在水资源工程中的应用。正如作者所说,此书是“数学分析应用在水资源工程中的研究成果及其推广的结果”。

水资源合理配置研究的发展，是与水资源的持续利用和人类社会协调发展密不可分的。同时，水资源系统优化调度和分配、水资源宏观区域规划、水环境战略保护以及采取全面节水措施、营造节水型社会等方面都有很大的进步。随着水利工程的不断实施，水资源合理配置基础设施建设和管理手段的进一步完善，真正意义上的水资源合理配置已成为可能。

20世纪70年代以来，伴随数学规划和模拟技术的发展及其在水资源领域的应用，水资源优化配置的研究成果不断增多。Pearson等[43]（1982）利用多个水库的控制曲线，以产值最大为目标，输水能力和预测的需求值作为约束条件，用二次规划方法对英国 Nawwa 区域的用水量优化分配问题进行了研究。同年，英国学者 P.W.Herbertson等[44]，针对潮汐电站的特点，考虑多部门利益的相互矛盾，利用模拟模型对潮汐海湾的新鲜水量分配进行了模拟计算，展现了模拟技术的优越性；荷兰学者 E.Romjin、M. Taminga[45]考虑了水的多功能性和多种利益的关系，强调决策者和决策分析者间的合作，建立了 Gelderlandt Doenthe 的水资源量分配问题的多层次模型，体现了水资源配置问题的多目标和层次结构的特点。G. Yeh[46]（1992）对系统分析方法在水库调度和管理中的研究与应用曾作了全面评述，他把系统分析在水资源领域的应用分为线性规划、动态规划、非线性规划和模拟技术等。Willis[47]（1987）应用线性规划方法求解了1个地表水库与4个地下水含水单元构成的地表水、地下水运行管理问题，地下水运动用基本方程的有限差分式表达，目标为供水费用最小或当供水不足情况下缺水损失最小，同时，用 SUMT 法求解了1个水库与地下水含水层的联合管理问题。

国内，水资源配置是以水库（群）调度和地下水管理以及地表水与地下水联合运用管理为先导的。水资源优化配置的理论研究经历了“以需定供”、“以供定需”、“基于宏观经济的水资源配置”三个阶段，以及目前的“可持续发展的水资源配置”第四个阶段。进入20世纪80年代以后，我国系统地开展了水资源科学分配方面的研究和应用工作，特别是在水资源优化配置的基本概念、优化目标、基本平衡关系、需求管理、供水管理、水质管理、经济机制、决策机制及各主要模型的数学描述等方面，均有新的研究成果。20世纪80年代初，以华士乾教授为首的课题组对北京地区的水资源利用系统工程方法进行了研究，并在“七五”国家重点科技攻关项目中加以水量的区域分配、水资源利用效率、水利工程建设次序以及水资源开发利用对国民经济发展的作用，成为我国水资源配置研究的雏形。“水资源优化配置”一词在我国正式提出是1991年[48,49]。

流域水资源优化配置方面：黄河水利委员会(1998)进行了“黄河流域水资源合理分配及优化调度研究”，综合分析区域经济发展、生态环境保护与水资源条件，是我国第一个对全流域进行的水资源配置研究，对构建模型软件，实施大流域水资源配置起到了典范作用。王浩、秦大庸等[50](2001)在黄淮海流域水资源合理配置研究中首次提出水资源“三次平衡”的配置思想，系统地阐述了基于流域水资源可持续利用的系统配置方法，其核心内容是在国民经济用水过程和流域水资源循环转化过程两个层面上分析水量亏缺问题，并在统一的用水竞争模式基础上研究水资源配置问题。王浩、秦大庸等[51](2002)系统地阐述了在市场经济条件下，水资源总体规划体系应建立以流域系统为对象、以流域水循环为科学基础、以合理配置为中心的系统观，以多层次、多目标、群决策方法作为流域水资源规划的方法论。

区域水资源优化配置方面：“九五”期间，针对西北内陆干旱区的实际情况，提出了内陆干旱区水资源演化的“天然－人工”二元水循环模型，从单纯配置国民经济用水，向同时配置国民经济用水和生态环境用水过渡。吴泽宁等[52](1997)以跨流域水资源系统的供水量最大为目标，将模拟技术和数学规划方法相结合，建立了具有自优化功能的流域水资源系统模拟规划模型，并以大通河和湟水流域为例对模型进行验证，提出了跨流域调水工程的规模。甘泓、尹明万等[53](2004)结合新疆的实际情况，研制出可适用于巨型水资源系统的智能型水供需平衡模型，该模型有两个突出特点：一是考虑了生态需水问题；二是考虑水系统结构复杂、要素众多等特点，采用了智能化技术，确保了计算精度和加速了计算速度。马斌等[54](2001)对多库多目标最优控制运用的模型与方法、灌区渠系优化配水、大型灌区水资源优化分配模型、多水源引水灌区水资源调配模型及应用进行了研究。薛小杰等[55](2001)从水资源可持续利用系统的目标参量入手,建立了水资源可持续利用的多目标分析评价核心模型。方创琳等[56](2001)以柴达木盆地为例,采用以投入产出模型、AHP法等定性为主的决策方法和以系统动力学模型、生产函数模型等定量为主的决策方法,提出水资源优化配置基准方案;游进军、王浩等[57](2006)系统地介绍了水资源系统模拟模型的研究进展。贺北方、周丽等[58](2002)将大系统分解协调技术应用于区域水资源优化配置模型,将模型分解为二级递阶结构,同时探讨了多目标遗传算法在区域水资源二级递优化模型中的应用。赵建立等[59](2002)应用复杂适应系统理论,提出了水资源配置系统分析模型。冯耀龙[60]等(2003)系统分析了面向可持续发展的区域水资源优化配置的内涵与原则,建立了优化配置模型,给出了其实用可行的求解方法。刘建林等[61](2003)建立了南水北调东线工程联合调水仿真模型,提出了调度模型的计算过程以及调算的水文系列和计算时段。

城市水资源优化配置方面:甘泓、尹明万[62](2003)结合地级市水资源管理项目,率先在地市一级行政区域研究和应用了水资源配置动态模拟模型,并开发出界面友好的水资源配置决策支持系统。谢新民等[48](2003)针对珠海市水资源开发利用面临的问题和水资源管理中出现的新情况,采用现代的规划技术手段,包括可持续发展理论、系统论和模拟技术、优化技术等,根据国家新的治水方针,在国家"九五"重点科技攻关研究成果的基础上,建立了珠海市水资源配置模型——基于原水-净化水耦合配置的多目标递阶控制模型,并通过3种配置模式和750多种配置方案的模拟计算与综合对比分析,给出了2种优先推荐的配置模式和70多个推荐配置方案,为珠海市未来20年时间尺度上的水资源优化配置和统一管理提供了科学的依据。

宏观经济多目标水资源系统分析方面:许新宜、王浩、甘泓等[64](1997)提出了基于宏观经济的水资源合理配置理论与方法,包括水资源配置的定义、内涵、决策机制和水资源配置多目标分析模型、宏观经济分析模型、模拟模型,以及多层次多目标群决策计算方法、决策支持系统等。王劲峰、刘昌明等[65](2001)针对我国水资源供需平衡在空间上的巨大差异造成了区际调水的需求,提出了水资源在时间、部门和空间上三维优化分配理论模型体系,该系统包括三大相互关联的模块:区域社会经济发展目标模块、水资源供给模块、总量时空优化模块,用户可以使用此决策系统找到研究区社会经济发展与水资源协调的方案。赵建世、王忠静、翁文斌[66](2002)在分析了水资源配置系统复杂性及其复杂适应机理的基础上,构架出全新的水资源配置系统分析模型。

1.2.2.2 考虑水质因素的水资源优化配置研究

20世纪90年代以来,由于水污染和水危机的加剧,传统的以供水量和经济效益最大为水资源优化配置目标的模式已不能满足需要,国外开始在水资源优化配置中注重水质约束、水资源环境效益以及水资源可持续利用研究。尤其是决策支持技术、模拟优化的模型技术和资源价值的定量方法等的应用,使得水资源量与质管理方法的研究产生了更大的活力[67,68]。Afzal Javaid 等[69](1992)针对 Pakistan 的某个地区的灌溉系统建立了线性规划模型,对不同水质的水量使用问题进行优化。在劣质地下水和有限运河水可供使用的条件下,模型能得到一定时期内最优的作物耕种面积和地下水开采量等成果,在一定程度上体现了水质水量联合优化配置的思想。Watkins David W[70](1995)介绍了一种伴随风险和不确定性的可持续水资源规划模型框架,建立了有代表性的水资源联合调度模型。Wong Hugh S 等(1997)提出支持地表水、地下水联合运用的多目标多阶段优化管理的原理和方法,在需水预测中考虑了当地地表水、地下水、外调水等多种水源的联合运用,并考虑了地下水恶化的防治措施,体现了水资源利用和水资源保护之间的关系[71]。Carlos Percia 和 Gideon Oron(1997)以经济效益最大为目标,建立了以色列南部 Eilat 地区的污水、地表水、地下水等多种水源的管理模型,模型中考虑了不同用水部门对水质的不同要求。

我国对考虑水质因素的水资源优化配置研究才刚刚开始,过去只注重水质的变化对水域生态系统的影响,在水资源配置中考虑较少[72]。邵东国、郭宗楼[73](2000)以河北省洋河水库为例,建立了涵盖引水、供水、灌溉、防洪的综合利用的水库水量水质统一调度大系统多目标分解聚合模型。赵斌、董增川、徐德龙等[74]（2004）在考虑需水量的基础上，兼顾不同用水部门对水质的不同需求，在水质水量联合优化配置方面进行了研究，讨论了水资源合理配置的内涵、定义、原则和目标；提出了水资源合理配置的分质供水思想；建立了水资源配置分质供水数学模型。

1.3 研究存在问题及发展趋势

1.3.1 研究存在问题

1.3.1.1 水资源系统的动力学特征

从动力条件的角度看来，水资源系统中包括自然动力作用和人类活动作用，水资源系统按其存在形式又可分为大气水子系统、地表水子系统和地下水子系统（浅层地下水子系统和深层地下水子系统）。目前重点研究的是地表水的混沌特征，对一个流域来说，应综合考虑大气水、地表水和地下水三个子系统的混沌特征，以及在自然动力作用下各子系统的混沌特征和人类活动作用下各子系统的混沌特征。

把混沌理论应用到实践中，首先要解决的就是判断系统是否具有混沌性，但目前的方法主要是研究系统的吸引子轨迹和特征指数，在同样的参数下也会出现不一致的结果，尽管研究人员结合其他的特征指数联合进行判断，但理论上并不严密。重构相空间所需的参数也存在着同样的问题，在计算中利用不同方法得到的重构参数彼此差距很大，所以如何有效地选取参数成为混沌诊断中的关键。

水资源系统规律的认识及其时间序列的预测，特别是应用混沌理论的研究还处在一个萌芽阶段，许多方法和数学模型的应用条件需要进一步研究，混沌时间序列的基本理论和基本特征仍需要继续研究，应用的范围有待进一步拓展。

1.3.1.2 水资源合理配置

水资源合理配置的流域化发展，水资源的配置也逐步形成了多水源、多用户和多目标的复杂系统。目前对水资源合理配置的研究偏重于水量调度，对水质考虑较少。水资源合理配置的技术方法还有待完善,常用的模拟模型和优化模型各有千秋,如何发挥各自的长处,耦合使用,使水资源合理配置模型技术更趋完善是需要研究的;还有水资源合理配置目标的度量问题,尤其是生态环境目标的度量需深入研究。

1.3.2 发展趋势

1.3.2.1 水资源系统的动力学特征

(1)有关"混沌"的统一定义尚未形成,不同领域对混沌的理解也很不相同。这样,就使得在不同学科的交流中出现了许多歧义。因此,为"混沌"下一个严格的、能够适用于不同学科要求的数学定义是当务之急。

(2)混沌理论起源于自然科学的研究中,这部分地决定了混沌理论的研究绝大部分集中在自然科学领域这一事实。但相对于自然系统而言,各种社会经济系统是更为复杂的非线性巨系统,而混沌是非线性系统所特有的现象,因此若能把非线性混沌理论系统地引入到各类社会经济系统的研究分析中,必然是混沌理论应用的一大创新。

(3)混沌理论在水资源领域的应用过程中应该和数理统计理论紧密联系,使得各个特征指数的计算理论更加科学和严密。

(4)将研究成果应用于实践,分析其实用性、有效性和可靠性,深化对水资源动力学系统的复杂性及其运动规律的认识,为各级水管理部门提供决策支持和理论依据,具有重要的理论意义和现实意义。

(5)非线性理论在水资源系统领域应用和研究不够。目前对降雨、径流和地下水位变化的混沌诊断方法研究得比较多,而对混沌预测的研究相对较少,所以需要在预测理论上加以研究。

1.3.2.2 水资源合理配置

在水资源合理配置研究中,可持续发展的水资源配置理论的完善与创新、水质和水量问题、水资源合理配置的全局性、水务一体化管理、跨流域调水、污水资源化、水权交易等,这些都是水资源合理配置中必须认真对待和深入分析的问题。在模型研究中,模型向多功能方向发展,用模型系统取代整体模型,大系统多目标分析技术,水资源配置决策支持系统(WRDSS)是其发展方向[48]。

(1)水质水量联合优化配置研究。按照水资源可持续利用支撑和保障经济社会的可持续发展的要求，在水资源配置研究中应充分考虑代际间发展和用户之间分配的公平性，以及经济发展与水资源、环境之间的相互协调。因此，如何从理论和技术上体现水资源配置的公平性及水资源配置与经济、环境、人口的协调，是水资源配置研究必须解决的问题之一。一方面，随着经济社会发展，水资源开发程度的加剧，各行业用水量大幅度增加，相应的污水排放量也急剧增加；另一方面，根据水功能区划的要求，一定区域范围内的水体纳污能力是有限的。这就客观要求将反映水质特征的水环境容量视为一种资源，和水资源量统一协调地进行配置。可见，水体的水环境容量，污水与用水之间的关系，污水排放和水体纳污量之间的关系，以及水质水量联合配置的理论、模型和方法，是水资源合理配置的重要研究课题[75]。

(2)优化方法和模拟计算相结合。由于水资源配置的复杂性，仅使用数学优化方法难以贴近于实际，完全采用模拟的方法则又难以有效控制众多的参数、条件，以经验处理大量的组合因素必然忽略许多可能的优解。当前计算机的软硬件技术飞速发展，大规模复杂系统的优化技术也有很多创新和提高，使得复杂模型能够得到求解。所以，可以采用优化—模拟—评价的总体思路得到水资源配置模型的决策方案结果，通过在简化目标和约束下寻求优解，再利用模拟模型得到进一步的结果，便于方案选取评价。这样便于发挥优化方法的搜索能力，在庞大的可行空间中寻找到优或次优的配置方案集，同时发挥模拟模型仿真性、可靠性强的优势。

(3)提高决策方案的比选和配置效果的评价水平。配置方案的选择始终是一个多目标决策问题，不能仅在水资源问题本身层次上完成方案的比较和评价，应当以完善可行的指标体系对得到的方案集进行比较选择，在综合社会、经济和环境各个方面影响的基础上，分析各种可行方案的经济、社会和环境各方面的效益进行取舍。由于涉及面宽，决策因素众多，各方面的效益指标在价值量度上也不统一，并且具有不确定性，所以必须引入合适的多目标决策方法。在得出合理可行的推荐配置方案后，还应当对其实施后可能产生的效果作尽量全面的评估，并考虑到所有能涉及的方面，组成全面的评价体系，广泛吸收各方面专家的提议和社会公众需求，并能依据新形势、新问题进行调整[75]，采用合适的方法对方案评价，才能获得合理的配置方案。

1.4 本书主要研究内容

本书针对复杂水资源系统水资源合理配置研究中比较薄弱的部分进行研究，主要研究水资源系统动力学特征分析方法、复杂水资源系统水文水资源要素预测、复杂水资源系统水资源合理配置理论与方法、复杂水资源系统多目标优化配置模型求解方法等，并以南水北调中线工程河南段受水区为实例，讨论水资源系统动力学特征及系统演化规律，建立水文水资源要素预测模型、基于优化技术与模拟技术耦合的多水源多用户多目标水资源合理配置模型。具体的研究内容有：

(1)水资源系统动力学特征分析方法研究。将混沌理论和相空间重构理论引入到水资源动力学特征及演化规律的分析研究，建立水资源动力学特征及演化规律的定量分析和描述方法。

(2)南水北调中线工程河南段受水区水资源系统动力学特征研究。通过对水资源系统中大气降水、地表水、浅层地下水和深层地下水等子系统的代表性变量的时间序列动力学特征分析，讨论系统的分形特征、系统的复杂程度和系统演化类型。

(3)复杂水资源系统水文水资源要素预测。将相空间重构技术与神经网络技术、偏相关分析技术与神经网络技术有机耦合，建立适用于水文水资源要素预测的相空间重构神经网络耦合模型、偏最小二乘回归神经网络耦合模型。

(4)复杂水资源系统水资源合理配置理论与方法。以可持续发展思想为指导，以系统工程技术为手段，探讨水资源合理配置目标的度量、合理配置中的平衡关系，建立基于优化模型和模拟模型耦合的水资源合理配置模型。

(5)复杂水资源系统多目标优化配置模型求解方法。针对水资源系统是个复杂巨系统和多目标决策变量存在的不可公度等问题，采用大系统分解协调技术和多目标遗传算法，提出水资源优化配置模型的求解方法。

(6)以南水北调中线工程河南受水区为例,建立基于优化技术和模拟技术耦合的多水源、多用户、多目标的水资源合理配置模型,给出不同水平年水资源合理配置结果。

1.5 拟采用的技术路线

拟采用理论分析、计算机模拟和实例验证相结合的研究方法,以南水北调中线工程河南受水区为例进行研究。将混沌理论、相空间重构理论、神经网络技术及偏相关回归分析技术引入到水资源动力学系统特征分析及演化规律分析。在对水资源系统动力学特征及演化规律定量描述的基础上,对复杂水资源系统水文水资源要素预测模型进行研究;以可持续发展思想为指导,以系统工程技术为手段,建立基于优化技术和模拟技术耦合的水资源合理配置模型,提出水资源优化配置模型的求解方法;以南水北调中线工程河南受水区为例,建立基于优化技术和模拟技术耦合的多水源、多用户、多目标的水资源合理配置模型,给出不同水平年水资源合理配置结果。

具体的技术路线如图 1-1 所示。

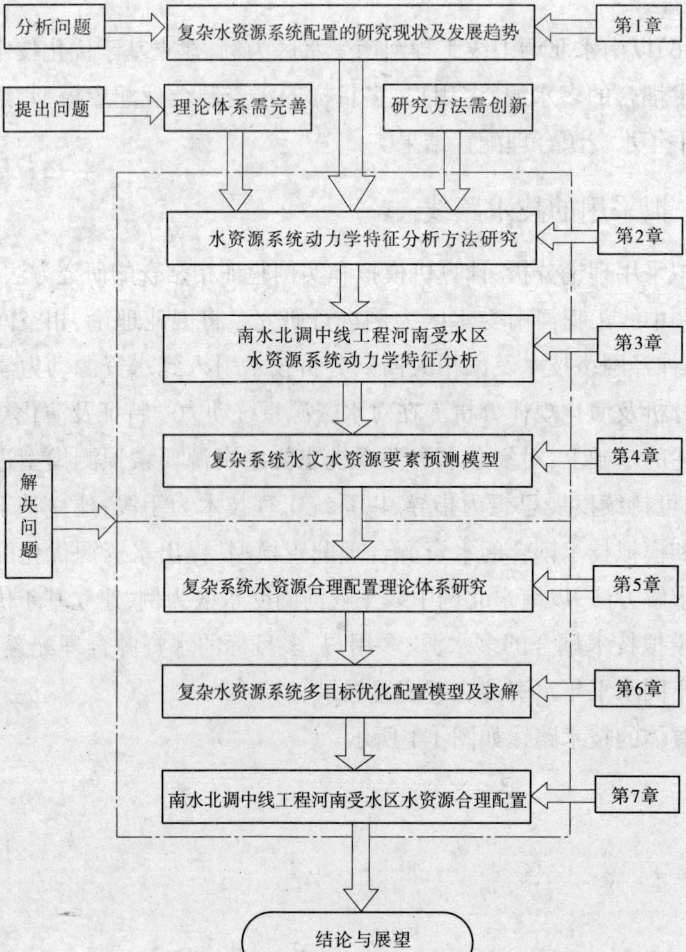
分析问题
复杂水资源系统配置的研究现状及发展趋势
第1章
提出问题
理论体系需完善
研究方法需创新
水资源系统动力学特征分析方法研究
第2章
南水北调中线工程河南受水区
水资源系统动力学特征分析
第3章
复杂系统水文水资源要素预测模型
第4章
解决问题
复杂系统水资源合理配置理论体系研究
第5章
复杂水资源系统多目标优化配置模型及求解
第6章
南水北调中线工程河南受水区水资源合理配置
第7章
结论与展望

图 1-1　技术路线图

第2章　水资源系统动力学特征分析方法研究

2.1　水资源系统

2.1.1　水资源系统的内涵

系统是由若干个既有相互区别又有相互联系和相互作用的部分所组成,并处于同一的外部环境之中,具有实现一个或若干个目标要求的有机整体。任何系统均包括两个方面,一是系统本身;二是系统所处的环境(亦称系统外部界限)。系统本身含有三个要素:系统输入、系统处理(又称系统运行)、系统输出。系统的功效在于,针对某个特定环境,对输入进行处理,产生输出。

水资源系统是由水资源自然分系统和人工分系统合成的复杂系统。前者由流域降水、地表径流、地下水、水文、地质、地貌、植被等自然要素(子系统)组成。水资源系统与一般系统的性质差别,主要反映在组成系统的物质形式是水和与水有关的自然、社会因素;除此之外,其他特性与一般的系统相比,并无本质上的差别。不过,正是由于这一特殊物质形式构成的特定系统,形成了水资源系统区别于其他系统的一些特性与特征。这些特性与特征主要反映在系统的自然性与社会性两个方面:其一,水资源系统是自然系统的一员,与自然界的生态、环境有着天然的渊源;其二,它又是社会系统的一部分,与人类社会和经济发展有着密切的关系。因此,水资源系统是一个典型的开放复合系统。

水资源系统是天然系统(包括随机的降水、径流及地下水和相对稳定的地貌、河系、岩石、土层及植被等)和人造系统(包括修建的地面水库、水电站、井源灌区、运河、输水管渠、防洪堤及分洪区、排涝站、城市供水系统等)相结合组成的复杂系统。在一定时间内,该系统承受着不可控制的及可控制的降水、径流和能量等的输入,作用于系统内有关联的部分,通过系统处理,产生出相应的供水量、能量及其他效益的输出,实现系统的功效。

水资源系统是一个充满不确定性因素、变化复杂的系统。首先,以地下水位为例,由于受气候、降水、土壤、生物和人类活动的影响,是一个不确定性的过程,同时渗入地下的水量随时间和空间变化也是不确定的;其次,以水资源系统的水资源供需平衡关系为例,工业、农业和生活用水量变化存在不确定性,各用水高峰期多变,其中,生活用水量与城市规模大小、生活条件、生活水平、生活习惯、生活环境和城市气候等因素有关,工业用水量则与城市企业发展状况、工业结构等因素密切相关,农业用水量与季节、气候、农作物生长状况等条件密切相关;最后,水资源系统中的大气水、地表水、土壤水、地下水转化关系复杂[76],包括水质和水量。该转化系统既受气候、地形、地貌、土壤、植被、地质构造、水文地质条件等自然因素的影响,也随人类经济活动(灌溉、排水、人畜工副业用水等)的改变而改变。同时,各子系统之间的耦合作用存在不确定性及外部干扰的不确定性等。

此外,在水资源系统中,无论是水质水量供需平衡监测,或是各子系统之间的耦合关系观测主要是在自然条件下进行的,不能不受到自然条件的限制。在自然条件下观测只能获得一些片断的、局部的信息,只能反映这些地区的历史状况,而不能反映目前和未来大规模的人类活动影响条件下的城市水环境的行为和动态。所以,基于以上原因,依据复杂性理论,集非线性和不确定性为一体,该系统具有复杂系统的特征,所以水资源系统为一个复杂系统。

2.1.2 水资源系统动力学

系统动力学(System Dynamic,简称 SD),是一种以反馈控制理论为基础,以计算机仿真技术为手段的研究复杂社会经济系统的定量方法。它是由美国麻省理工学院 J.W. Forrester 教授于 20 世纪 50 年代中期创立的,用来研究社会发展战略与策略,所以又被称为战略与策略研究室[77]。系统动力学自 20 世纪 80 年代传入我国,发展比较快,最初主要用于社会经济发展战略研究。例如,上海交通大学应用该模型进行了发展战略研究;华东师范大学为福建建阳做了地区发展战略研究;北京大学为内蒙古东部做了发展战略研究等。目前,系统动力学已经成为许多决策模拟的主要工具之一,并被企业系统管理、环境保护、城市发展与规划、国际和地方经济社会系统发展规划、国土开发与整治等许多领域所采用[78,79]。

水资源配置涉及社会、经济、环境和人口等诸多方面，具有因素众多，相互关联，存在复杂的多重反馈关系等特征。因此，需要从系统整体出发，用系统论的观点进行研究。系统动力学方法的理论基础是系统论、控制论和信息论。它能够解决非线性、高阶次、多要素、多重反馈的复杂系统问题[80]。水资源系统动力学以现实存在的水资源系统为前提，根据历史数据、实践经验和系统内在的机制关系建立起动态仿真模型，对各种影响因素可能引起的系统变化进行实验，从而寻求改善水资源系统行为的机会和途径。这是一种不需要在真实系统上实验，节省人力、物力和时间的科学方法，可研究微观经济、宏观经济、系统演化过程和发展趋势以及分析政策因素对系统的作用等[81,82]。

水资源系统动力学特征研究对象目前还不是系统的动力学方程，而是从另外一个角度研究系统解的特征。从动力条件的角度，水资源系统中包括自然动力作用和人类活动作用，水资源系统按其存在形式又可分为大气水子系统、地表水子系统、土壤水子系统和地下水子系统，目前对大气降水、地表水的混沌特征研究得比较多。对一个流域来说，应综合考虑大气降水、地表水和地下水三个子系统的混沌特征，以及各子系统混沌特征的区别、联系及演化规律。

水资源作为一个非线性复杂系统，它的状态方程很难找到，甚至不可能找到，但可以利用系统理论的方法来认识它，所以本章研究水资源系统的特征不是从系统的动力学方程着手，而是研究它的一些特征指数，通过对特征指数的研究可以加深对系统本质的认识。

2.1.3 水资源系统中的混沌

研究一个真实的物理系统，它与时间的依赖关系是确定的，即系统的运动可以用微分或差分方程表示。水资源系统作为一个真实的物理系统，当然也具有一个物理系统的特征。过去人们认为，只要给定水资源系统初始条件，就可以通过运动方程计算出该系统未来的特征，这是因为，人们主观地假定确定性运动（如连续微分方程）相当的规则，其演化是连续的，所以有这样的结论。

水资源系统的某个状态,在一定条件下表现出可能出现,也可能不出现,则该系统即被认为存在随机性。过去人们对于随机性有一种不变的单一认识,即随机性就是由系统外在的各种无法确定的干扰导致的系统不确定性。但是,通过对于非线性系统的深入研究,人们发现,即使不考虑任何外部因素,系统也会在一定的条件下表现出与上述随机性极为相似的不确定性。通过对系统的研究,人们终于认识到,这种随机性完全是源自系统内部,所以叫内禀随机性[83]。它的根源在于系统的非线性机制,而与系统的计算误差导致的不确定性完全无关。

水资源系统的混沌运动来自系统的非线性(线性微分方程和差分方程可以用傅里叶变换求解,因此不会产生混沌),但是值得注意的是,非线性只是产生混沌的必要条件。在水资源系统中非线性是不可避免的,确定性与随机性之间存在着某种联系,于是人们遇见了极为复杂系统的挑战。奥地利数学家 K.Godel 的不完备理论提到,任何一个有意义的数学系统都是不完备的,在任何特殊的逻辑系统中都可以提出很难回答甚至不能回答的问题,"确定性系统中存在着内禀的随机性"这一事实,已经逐渐被不同领域的科学家所理解,这种内禀的随机性被人们称为混沌现象[83]。近年来,由于混沌理论研究取得重大进展,计算机运算能力的增强和精细的实验技巧,人们已经逐渐地认识到混沌是一种普遍的自然现象,同时混沌理论已经被逐渐渗透到自然科学的许多分支中,当然也是水资源系统领域研究的一个新的方向。

2.2 混沌理论

混沌的发现是由许多人(多得在此无法一一列举)做出的。它的出现,是由三个相互独立的进展汇合而成的。第一个是科学重点的变化,从简单模式(如重复的循环)趋向更复杂的模式;第二个是计算机技术的发展,它使得能够容易且迅速地找到动力学方程的近似解;第三个是关于动力学的数学新观点——几何观点而非数值观点。第一个进展提供了动力,第二个进展提供了技术,第三个进展则提供了认识。

2.2.1 混沌的内涵

尽管 20 世纪末混沌现象已经引起学术界的广泛关注,但到目前为止，混沌没有一个普遍的数学定义[84]。有的学者认为，在不严格的意义上，如果一个系统同时具有对初值的敏感性以及出现非周期运动，则可以认为系统是混沌的。但是更多的学者认为，给出混沌的定义是相当困难的事情。这是因为，首先，不使用大量的技术用语就不能定义混沌；其次，不同领域的学习对混沌有不同的定义是有所不同的。突变论的创始人 Tome 更是认为，“混沌”不可能有精确的定义。尽管这样，不同领域的学者都是基于各自对混沌的理解进行相应领域的研究。

非线性动力学对混沌的研究是迄今为止最为系统、最为严密的。在非线性动力学中提出了一些可供理论判定的定义和实际测量的标度，尽管这些还只是从数学和物理学的角度给混沌下的定义，但它却给混沌学的建立和发展打下了一个基础。其中 Li－Yorke 定理是比较公认的、影响较大的混沌数学定义。

在 1975 由李天岩（Li Tianyan）和约克（Yorke·J A）首先提出混沌一词。1975 年他们在“周期 3 意味着混沌”的文章中给出了混沌的一种数学定义，现称为 Li－Yorke 定义[85]。

Li－Yorke 定理：设 $f(x)$ 是 $[a,b]$ 上的连续自映射，若 $f(x)$ 有 3 周期点，则对任何正整数 n，$f(x)$ 有 n 周期点。

混沌定义：设连续自映射 $f: I \to I$ 包含于 R，I 是 R 中的一个子区间，如果存在不可数集合 S 真包含于 I 满足

（1）S 中不包含周期点。

（2）任给 $X_1, X_2 \in S (X_1 \neq X_2)$ 有

$$\limsup_{t \to \infty} | f^t(X_1) - f^t(X_2) | > 0 \tag{2-1}$$

$$\liminf_{t \to \infty} | f^t(X_1) - f^t(X_2) | = 0 \tag{2-2}$$

这里 $f^t(\cdot) = f(f(\cdots f(\cdot)))$ 表示 t 重函数关系。

（3）任给 $X_1 \in S$ 及 f 的任意周期点 $P \in I$ 有

$$\limsup_{t \to \infty} | f^t(X_1) - f^t(P) | > 0 \tag{2-3}$$

则称 f 在 S 是混沌的。

这个定义是根据一个集合提出的，但它表明了混沌的重要特征。首先，存在可数无穷多个稳定的周期解；其次，存在不可数无穷多个稳

定的非周期轨道;最后,至少存在一个不稳定的非周期轨道。

当然,仅仅从非线性动力学,或者数学、物理学的角度来定义混沌是远远不够的。混沌作为一种自然界与人类社会中普遍存在的运动形态也不可能完全纳入某一学科的范畴。只能以此为一个研究的起点,逐步扩展对混沌的研究。

2.2.2 吸引子

吸引子实际是系统的一种特殊的平衡状态,它只存在于耗散系统中。通常人们把与外界有物质和能量交换的开放及远离平衡态的这种系统称之为耗散系统。耗散系统的相空间收缩,最终趋向维数比原来相空间低的极限集合。这种过程可以看做一个"吸引"的过程。它意味着随着系统的演化,系统中各个子系统的自由行动将越来越少,而相空间的联系和整体约束将越来越强。然而,这一过程并不单纯使有序程度不断提高,系统往往会经过高级的有序阶段发展到混沌阶段。耗散系统的这种吸引,将混沌的特征集中地由混沌吸引子表现出来。

耗散系统中引入吸引子的概念可使系统的整个状态描述起来比较容易。因为吸引子对开放系统是具有普遍性的,它把系统与外界环境视为一个相互联系和相互影响的整体,总是把系统置于一定环境条件下来进行研究。在耗散系统中常有四种吸引子[86]:定常吸引子(不动点吸引子)、极限环(周期吸引子)、拟周期吸引子(准周期吸引子)和混沌吸引子(奇怪吸引子)。

(1)定常吸引子是一个零维的吸引子,在相空间中是一个点,它表示系统做平衡运动。如一维系统中稳定的定常解或不动点,二维系统中稳定的结点和焦点。

(2)极限环是一个一维吸引子,在相空间中是环绕平衡点的一条闭合曲线,它对应周期运动。极限环是系统的一个解,但不是定常解。若随着时间趋近无穷,它邻近轨道渐近的趋向它或远离它,当极限环内有一个稳定的平衡点时,该极限环是稳定的极限环;当极限环内有一个不稳定的平衡点时,则该极限环被称为不稳定的极限环。如果轨道随着时间从无穷趋向它,而从另一边远离它,则称它为半稳定的极限环。

(3)拟周期吸引子表现为相空间的二维环面,轨道在状态空间的表面绕行。这种运动有两个频率，一是轨道沿较短方向绕环面运动所决定的频率，二是轨道绕整个环面运动所决定的频率，这两个频率不可以公约，它是准周期运动。

(4)20 世纪 70 年代以来，人们越来越清楚地看到准周期轨道变成吸引子的可能性不大，更可能出现的是奇怪吸引子。奇怪吸引子的概念是 1971 年法国物理学家 Ruelle 和 Takens 首先为耗散系统引入的，用以描述由于耗散而使相空间收缩，同时又出现局部不稳定的复杂情况。奇怪吸引子是轨道不稳定和耗散系统容积收缩两种现象在同一系统同时发生，轨道不稳定性使轨道局部分离；而耗散性使相空间收缩到低维平面上，它表现为结构紊乱的吸引子。它具有如下特征：对初始条件的敏感依赖性；它的功率谱是一个宽谱；系统中存在着拉伸和折叠现象；具有非常奇特的拓扑结构和几何形式。

2.2.3 混沌时间序列相空间重构

一个动力学系统的行为可以用状态向量在相空间中运动轨迹来表示。但状态向量往往无法直接通过观测得到，一般情况下，我们只能通过测量手段得到一组反映系统状态的时间序列。混沌时间序列信号处理方法注重从动力学系统的角度进行研究，这与传统时间序列处理方法注重于对时间序列进行各种变换和处理不同，为了从时间序列中获取系统的信息，Packard[87] 等人首先提出了相空间重构技术，后由 Taken[88] 进一步发展并从数学上加以证明，称为相空间重构定理（Takens 定理）。

目前相空间重构方法主要有延迟坐标法（Delay Coordinates）、主元分析法（Principal Component Analysis，PCA）及微分坐标法（Derivative Coordinates）。由于实际观测得到的时间序列不可避免地存在噪声干扰，导致这三种相空间重构方法的结果有一定的差别。对于微分坐标法，只要嵌入维数足够大就能获得一个重构，但它对噪声较敏感，重构的结果受噪声的影响较大。延迟坐标法是最常用的重构方法，其优点是在每个分量上信噪比能够保持一致，缺点是重构的质量依赖于重构窗口的选择，并且坐标间存在线性依赖及人为的对称性。主元分析法在延迟重构的基础上将时间序列分解到线性独立的坐标系上，消除了坐标之间的线性依赖性及人为的对称性，同时可以区分信号成分和噪声平台，从而确定出最小嵌入维数。

重构相空间的轨线反映了系统状态的演化规律。Pakard 等建议用原始系统中某变量的延迟坐标来重构相空间，Takens 证明了可以找到一个合适的嵌入维数，即如果延迟坐标的维数 $m \geqslant 2D+1$（D 是动力系统的关联维数），在嵌入维空间里可以把有规律的轨迹吸引子恢复出来。同时，复杂性理论说明，要对系统的未来演化行为做出预测，就必须了解系统的吸引子拓扑结构，而相空间则是刻画系统吸引子拓扑结构最理想、最直观的状态空间，即在重构的相空间的轨线上原动力系统保持微分同胚（一一对应），它为混沌时间序列预测奠定了坚实的理论基础。

对 n 维变量的动力系统（即一组 n 个一阶微分方程）[8]

$$\frac{\mathrm{d}x_i}{\mathrm{d}t} = f_i(x_1, \cdots, x_n) \qquad (i = 1, 2, \cdots, n) \tag{2-4}$$

可通过消元法，使其变换为一个 n 阶线性微分方程

$$x^{(n)} = f(x, x^{(1)}, \cdots, x^{(n-1)}) \tag{2-5}$$

变换后，系统的轨迹

$$\vec{x}(t) = [x(t), x'(t), \cdots, x^{(n-1)}(t)] \tag{2-6}$$

描述了同样的动力学问题，它在由坐标 $x(t)$ 加上 $(n-1)$ 阶导数 $x'(t), \cdots, x^{(n-1)}(t)$ 所形成的相空间中演变。代替这种连续变量 $x(t)$ 和它的导数，可以考虑不连续的时间序列和它的 $(n-1)$ 时滞位移

$$\vec{x}(t) = \{x(t), x(\tau), \cdots, x[t + (n-1)]\} \tag{2-7}$$

将时滞 τ 选作时间序列的长尺度研究，将会保证研制坐标线性无关。因此，如果①动力系统存在单一状态变量 $x(t)$；②它的轨迹在时间位移坐标所张成的相空间中演变，则动力系统的吸引子可以被重建在一个未改变它的拓扑特征的具有滞后坐标的新的相空间中。

此外，Takens 提出了嵌入定理，表明了只要相空间的维数 $m(2D+1)$ 足够大，它就可以刻画混沌吸引子。

在实际应用问题中，对于给定的时间序列

$$x(t_0), x(t_1), \cdots, x(t_i), \cdots, x(t_n) \tag{2-8}$$

通常是将其扩展到三维或更高的维数中去,以便把时间序列中蕴藏的全部信息充分地显露出来,这就是延迟坐标状态空间重构法。将上面的时间序列延拓成 m 维相空间的一个相形分布:

$$\begin{bmatrix} x(t_0) & x(t_1) & \cdots & x(t_i) & \cdots & x(t_n-(m-1)\tau) \\ x(t_0+\tau) & x(t_1+\tau) & \cdots & x(t_i+\tau) & \cdots & x(t_n-(m-2)\tau) \\ x(t_0+2\tau) & x(t_1+2\tau) & \cdots & x(t_i+2\tau) & \cdots & x(t_n-(m-3)\tau) \\ \vdots & \vdots & & \vdots & & \vdots \\ x(t_0-(m-1)\tau) & x(t_1-(m-1)\tau) & \cdots & x(t_i(m-1)\tau) & \cdots & x(t_n) \\ X(t_0) & X(t_1) & \cdots & X(t_i) & \cdots & X(t'_0) \end{bmatrix} \tag{2-9}$$

这里 $\tau=k\Delta t(k=1,2,\cdots)$为延迟时间,而上式中的每一列构成 m 维相空间中的一个相点,任一相点 $X(t_i)$有 m 维分量$[x(t_i),x(t_i+\tau),\cdots,x(t_i-(m-1)\tau)]$。上述的 $t_i-(m-1)\tau$ 相点在 m 维相空间中构成一个相形,而相点间的连线,描述了系统在 m 维相空间中的演化轨线。

2.2.4 相空间重构参数的选取

Takens 定理只给出了确定嵌入维数的原则,并没有提到延迟时间的选择方法。在实际应用中,测量得到的时间序列不可避免地带有噪声,因此在进行相空间重构时,延迟时间 τ 的选择就显得非常重要,相应的方法有多种,如自相关法、复自相关法、互信息法等[89]。延迟时间 τ 选择的原则是使得嵌入向量各分量间的相关性达到最小,并保证由嵌入向量构成的轨迹矩阵远离病态,以降低有关数值计算的计算误差。同样,由于原始系统的维数一般是未知的,嵌入维数 m 的选择也非常重要,其方法也有很多种,如 C—C 方法、伪邻近点法、奇异值分解法等。总之,两个重构参数的选择决定了重构效果的好坏,进一步会影响到后续的研究,因此在选择重构参数时应针对不同的情况选取合适的方法。

2.2.4.1 时间序列相空间嵌入维数

对于动力系统,在固定地点观测得到的时间序列 $x_1,x_2,\cdots,x_{n-1},x_n$ 与系统的整体动力学行为之间存在着密切的关系。实际上,只要这一时间序列足够长,足够细致,其动力学行为原则上可以利用这一时间序列构造出系统的相空间吸引子。

在一般情况下，如果已知某一物理量 x 随时间 t 的变化过程，那么适当选取延迟时间 τ，系统 t 时刻的状态可以由下面 m 个延迟状态参量

$$x(t), x(t+\tau), x(t+2\tau), \cdots, x(t+m\tau) \quad (2\text{-}10)$$

来等价描述。等价的含义是指状态空间之间相差一个一对一的变换，m 个延迟参量是用不同的变量对系统的完备描述，所以原则上可以从时间序列中获得系统状态的演化信息，分析提取系统的动力学行为。在实际问题中，不可能测得连续时间序列，只能获得有限长的离散时间序列。另外，即使系统的动力学行为清晰，但由于时间序列中一般都存在噪声，具体分析起来很难获得精细的结果，通常只是讨论吸引子的拓扑行为，例如确定吸引子的关联维、分形维、Lyapunov 指数等。在混沌运动特征的计算中，一般情况，所需的嵌入空间最小维数取决于要提取的物理量。在相图中，嵌入维数大于二倍的关联维数 D 即可。

另外，Roux 等人认为，在大多数情况下，嵌入维数值可取比 $m \geqslant 2D+1$ 的不等式所确定的值小一些。Wolf 等人在讨论 Lyapunov 指数计算时也得出了类似的结论。多数意见认为，m 值的选取应通过反复试算来确定。Roux 等人建议让 m 值逐次加 1，直到相图没有附加的结构出现。

2.2.4.2 时间序列时间延迟

为了从时间序列构造出相空间，除了确定参数 m 外，还必须给出适当的采样间隔，即确定 τ。理论上来说，τ 值的选取几乎是任意的。但在实际系统中，τ 值的选取也是通过反复试算来确定的。如 τ 值过小，那么序列的相邻值 x_i 和 $x_{i+\tau}$ 在数值上彼此接近，因此不能相互独立，相空间的轨道趋于一条直线；反之，τ 值过大会使数据点集中在一个小的区域内，不能从重构的相图中得到吸引子的局部结构。在重构相空间中，时间延迟 τ 和嵌入维数 m 的选取具有重要的意义，同时这种选取也是困难的。关于时间延迟和嵌入维数的选取主要有两种观点：一种认为两者是互不相关的，即 τ 和 m 的选取是独立进行的，常用方法如填充因子法、平均位移法和摆动量法等；另一种认为 τ 和 m 是

相关的，即 τ 和 m 的选取是互相依赖的，如时间窗口法、$C—C$ 方法可同时计算出时间延迟和时间窗口。

1999 年 R.Eykholt 和 J.D.Salas 提出 $C—C$ 方法[89]。该方法应用关联积分能够同时估计出时间序列的延迟和延迟时间窗口，设 Y_i 是相空间中的相点，则嵌入时间序列的关联积分定义为以下函数：

$$C(m,N,r,t)=\frac{2}{M(M-1)}\sum_{1\leqslant i\leqslant j\leqslant M}H(r-\|Y_i-Y_j\|),r>0 \tag{2-11}$$

其中，m 是嵌入维数；N 为序列大小；$M=N-(m-1)\tau$；H 为 Heaviside 函数。

对于一般的时间序列，将其分成 t 个不相交的子序列，然后定义每一个子序列的 $S(m,N,r,t)$ 为：

$$S(m,N,r,t)=\frac{1}{t}\sum_{s=1}^{n}[C(m,\frac{N}{t},r,t)-C_s^{m}(1,\frac{N}{t},r,t)] \tag{2-12}$$

令 $N\to\infty$，且选择对应的最大和最小两个半径 r，定义差量为：

$$deltS(m,t)=\max S(m,r_j,t)-\min S(m,r_j,t),m=2,3,\cdots \tag{2-13}$$

根据 BDS[91] 的统计结论，取 $m=2,3,4,5,r_j=\frac{j\delta}{2},j=1,2,3,4$。其中 δ 为均方差

$$S(t)=\frac{1}{16}\sum_{m=2}^{5}\sum_{j=1}^{4}S(m,r_j,t) \tag{2-14}$$

$$deltS(t)=\frac{1}{4}\sum_{m=2}^{5}deltS(m,t) \tag{2-15}$$

$$Scor(t)=S(t)+|deltS(t)| \tag{2-16}$$

可依据上述计算结果作图，取其中 $delt\bar{S}(t)$ 的第一个极小值 t 对应的时间延迟，或 $S(t)$ 的第一个零点 t 对应的时间延迟，或 $Scor(t)$ 的最小值 t 对应的时间延迟。

2.2.5 相空间重构的作用

相空间重构的基本思想是，通过重构技术使得时间序列中包含的

系统状态的信息显现出来。这是因为系统中任意分量的演化都是由与之相互作用的其他分量所决定的,所以某一分量的动态信息就包含了其他分量的信息。通过选取适当的相空间重构参数,可以保证重构后的系统与原系统的几何特性保持不变,如吸引子的分形维数、状态轨迹的 Lyapunov 指数不变[90]。

一般来说,非线性系统的相空间维数很高,甚至无穷,但是在大多数情况下维数并不知道。最早提出相空间重构理论的目的是在高维空间中恢复出混沌吸引子。构造相空间,需要测量出系统一切自变量的时间序列。但在实际问题中,往往得到的是系统的一个或几个等时间间隔的时间序列,甚至仅有一个时间序列。传统的做法就是直接从这个时间序列去研究和分析它的时间演变过程,这有很大的局限性。

然而,任一时间序列都是系统中多个变量因子综合作用的反映,它蕴含着参与运动的全部变量的轨迹。从形式上看,时间序列资料的得到是随机的,但实际上可能包含着混沌的信息,而混沌运动至少在三维自治动力系统中才能出现。这样就出现了一个问题,就是如何把一维时间序列扩展到三维或更高维的相空间中去,才能把时间序列中的混沌信息充分地显露出来,这就必须采用相空间重构方法。

在水资源系统时间序列的分析中,决定预测的可观测因素很多,而且相互作用的动力学方程往往是非线性的。同时受测量精度的限制、计算的复杂性以及可能存在的本质上的非确定性因素等多方面的困难,严重制约着人们对时间序列内在机制的理解。在确定性的基础上,对水资源时间序列动力学因素进行分析,目前广泛采用的是延迟坐标状态空间的重构法。

2.3 动力学系统混沌特征及测度

2.3.1 混沌特征

混沌现象一般仅出现在非线性动力系统之中,它是既普遍又复杂的现象。混沌运动是一种始终局限于某一有限区域的且轨道永不重复的、性态复杂的运动。它有时被描述为具有无穷大周期的周期运动或貌似随机的运动等。混沌运动还具有通常确定性运动所没有的几何和统计特征,如局部不稳定而整体稳定、无限自相似、连续的功率谱、分维、正的 Lyapunov 指数和正的测度熵等。

2.3.1.1 敏感依赖于初始条件

动力学系统的行为和运动轨道取决于两个因素:一个是系统的运行演化规律,在数学上就是动力学方程;另一个是系统的现在状态,数学上的初始条件。初始条件并非系统构造之初存在的条件,它们往往是一个试验或计算开始时的条件,也可以是研究者感兴趣所在的任意时段开始时的条件。对初始条件的敏感依赖性并不意味着两个状态之间随时间简单地增大。

经典力学学说认为,确定性的系统(微分方程或映射),只要初始条件和边界条件给定,方程的解随之就确定了。但混沌现象的出现表明:初始条件的微小差别将会导致最后根本不同的现象。从两个极其邻近的初值出发的两条轨道,在短时期内似乎差距不大,但在足够长的时间以后(这里所说的短期与长期在不同系统中有不同的尺度,彼此差别可能很大),必然呈现出显著的差异来。从长期行为看,初值的小改变在运动中不断被放大,导致轨道发生巨大偏差。就是说,初值的信息经过若干次迭代后已经消耗殆尽,结果已经与初值没有什么关系了。这就是混沌敏感依赖于初始条件的性质。这种性质决不是计算误差形成的,而是非线性系统的固有特性。

混沌敏感的依赖初始条件的性质必然导致系统的长期行为是很难预测的,甚至是不可预测的结论。

2.3.1.2 伸长和折叠

从 Logistic 映射形成的混沌可以看到,混沌具有伸长和折叠特性,这是一个动力系统形成敏感依赖于初始条件的主要机制。伸长是指系统内部局部不稳定所引起的点之间距离的扩大;这是造成轨道发生分散所必需的内部作用,实际系统中不允许无限延伸,而被限制在有限区域内,因此系统还必须有折叠机制。折叠是指系统整体稳定所形成的点之间距离的限制,是最强烈的非线性作用,能造成许多奇异特性。仅有伸缩还不足以造成复杂性,不足以搅乱相空间轨道。只有伸缩和折叠同时进行,并且不断反复,才能产生轨道的指数分离、汇聚,形成对初始条件的敏感性。系统经过有限多次变换后,就进入稳定的平衡态或周期态[87]。一个耗散的动力系统,经过多次的伸长和折叠,轨道就被搅乱了,便形成了混沌。

2.3.1.3 具有丰富的层次和自相似结构

从 Logistic 映射形成的混沌可以看到,混沌决不能等同于随机运动,形成混沌的区域具有丰富的内涵。混沌区内有窗口(稳定的周期解),窗口里面还有混沌,这种结构无穷多次重复着,并具有各态历程和层次分明的特征。同时,由于伸长和折叠的存在,混沌具有大大小小的、无特征的各种尺度精细结构,这些都被称为自相似结构。

2.3.1.4 非线性系统中存在混沌吸引子

混沌吸引子概念对动力系统理论的意义在于,它刻画的是系统的长远目标,因而也称为目的点或目的环。有了吸引子的概念,就可以把目的概念推广到一般的动力学系统。耗散混沌系统的长期行为是稳定于相空间的一个低维点集合上,系统到这个集合以后,不可能再离开它。这是该集合的稳定性一面,因而是一种吸引子。但在这个集合的内部,运动又是极不稳定的。混沌系统的吸引子都是相空间中的分形几何体,具有的分数维数几何图像极为复杂。

2.3.2 混沌特征的测度

2.3.2.1 Hurst 指数

Hurst 在大量实证研究的基础上,提出了 Hurst 指数和 R/S 分析法,可有效得出系统变量时间序列是不是有分形结构和相关持久性。

考察时间序列$\{X_i\}$,把它分为 a 个长度为 n 的等长子区间,对于每个子区间,定义均值[92,93]

$$\bar{x}_a = \frac{1}{n}\sum_{t=1}^{n} x(t) \qquad (n = 1,2,3,\cdots) \tag{2-17}$$

$$X(a,t) = \sum_{i=1}^{t}(X_{n(a-1)+i} - \bar{x}_a) \qquad (t = 1,2,3,\cdots,n) \tag{2-18}$$

式中:$X(a,t)$为第 a 个区间的累积离差;$X_{n(a-1)+i}$为区间 a 的第 i 个观测值;$\bar{x}_a$ 为区间 a 的平均值。

对每一个区间,可得到 n 个累积离差,这 n 个离差中的最大值和

最小值的差就是极差和标准差

$$R = \max(X(a,t)) - \min(X(a,t)) \qquad (2\text{-}19)$$

$$S(a) = \left[\frac{1}{n}\sum_{t=1}^{n}(x(t) - \bar{x}_a)^2\right]^{\frac{1}{2}} \qquad (a = 1,2,3,\cdots) \quad (2\text{-}20)$$

为比较不同类型的时间序列,Hurst 用原来观测值的标准差去除极差,可建立如下关系式

$$R/S = (CN)^H \qquad (C\text{ 为常数}) \qquad (2\text{-}21)$$

于是有统计资料序列,用线性回归方法从下式中得出

$$\lg(R/S) = H\lg N + H\lg C \qquad (2\text{-}22)$$

式中:H 为 Hurst 指数,且 $0 \leqslant H \leqslant 1$;$R/S$ 表示重标极差。

对每一个子区间计算出 R/S,可得 a 个 R/S 的平均值,并计算等平均值。即为用 n 等分时间序列下的 R/S 的估计值,用不同的常数 n 来等分,可得对应的 R/S 值。

时间序列的 Hurst 指数介于 0~1 之间,以 0.5 为间隔。时间序列在不同的区间表现为不同的特性:

(1)当 $H \in (0,0.5)$ 时,分形布朗运动。此时,时间序列的未来数据倾向于返回历史点,其发散比布朗运动慢。该序列在理论上会无数次地返回它的历史出发点。

(2)当 $H = 0.5$ 时,标准布朗运动。此时,表现为马氏链特征。

(3)当 $H \in (0.5,1)$ 时,长期 Persistence 和定周期的循环。此时,时间序列有混沌性。因此,一定范围内的记录会持续相当长的时期,从而形成一个大的循环。但是这些循环没有固定的周期,难以依靠过去的数据预测未来的变化。

(4)当 $H = 1$ 时,可完全预测。此时,时间序列为一条直线,未来完全可以用现在进行预测。

可以看出,Hurst 指数能很好地揭示出时间序列中的趋时性成分,并可根据 H 值的大小来判断趋势性成分的强度。

2.3.2.2 Kolmogorov 熵

Kolmogorov 熵用来度量系统运动的混乱或无序的程度,它是精确化的信息熵,用它可以区分规则运动、混沌运动和随机运动。在传统的

热力学中熵的定义为[92]

$$E = -\sum_{i=1}^{n} P_i \lg P_i \tag{2.23}$$

熵 E 是系统无序程度的量度，$P_i(i=1,2,\cdots,n)$为每种状态出现的概率。系统越无序，越无法知道系统所处的状态，E 值越高。Shannon 将熵的概念引入信息论，提出了信息熵的概念。Kolmogorov 熵是对信息熵的精确化，它是用来度量系统运动的混乱或无序的程度。事实上，Kolmogorov 熵即 q 阶广义熵（Renyi 熵）的一个特殊情形。Kolmogorov 熵定义为[7]

$$K = -\lim_{\tau\to 0}\lim_{\varepsilon\to 0}\lim_{m\to\infty}\frac{1}{m\tau}\sum_{i_0\cdots i_m} P(i_0,i_1,\cdots,i_m)\ln P(i_0,i_1,\cdots,i_m) \tag{2-24}$$

q 阶 Renyi 熵的定义为

$$K_q = -\lim_{\tau\to 0}\lim_{\varepsilon\to 0}\lim_{m\to\infty}\frac{1}{m\tau}\frac{1}{q-1}\lg\sum_{i_0\cdots i_m} P(i_0,i_1,\cdots,i_m) \tag{2-25}$$

当 $q=2$ 时，有 Grassberger 和 Procaccia 提出的 K_2 熵

$$K_2 = -\lim_{\tau\to 0}\lim_{\varepsilon\to 0}\lim_{m\to\infty}\frac{1}{m\tau}\log_2 C_m{}^2(\varepsilon) \tag{2-26}$$

当固定时间延迟为 τ，嵌入相空间维数分别为 m 和 $m+\Delta m$ 时，有

$$K_2 = \lim_{\tau\to 0}\lim_{\varepsilon\to 0}\frac{1}{\tau\Delta m}\log_2\frac{C_m^2(\varepsilon)}{C_{m+\Delta m}^2(\varepsilon)} \tag{2-27}$$

一般取 $\Delta m=1$，从理论上讲，当 $m\to\infty$ 时，$K_2\to K$。实际上，当 m 达到一定值时，K_2 更趋于稳定，可将此时相对稳定的 K_2 作为 K 的估计值

$$K_2 = \frac{1}{\tau}\log_2\frac{C_m^2(\varepsilon)}{C_{m+1}^2(\varepsilon)} \tag{2-28}$$

τ 及 m 的选择是十分重要的，它们直接影响着分维数、Lyapunov 指数及熵的计算。因此，在实际研究中，既要考虑嵌入空间维数 m 的大小，又要考虑合适的 τ 值。

Kolmogorov 熵 K 与 Lyapunov 指数有一定关系，即所有正的 Lyapunov 指数之和,给出测度熵的上限。实践中,等式往往成立,即培津(Ya B Pesin)等式[94]

$$K = \sum_{\{i:\lambda_i > 0\}} \lambda_i \tag{2-29}$$

使用 K 值可判断系统运动的性质,$K=0$,表明系统是规则运动的;K 等于正无穷,表明系统做随机运动;$0<K<+\infty$ 表明系统做混沌运动,K 值越大,那么信息损失速度越大,系统的混沌程度越大,系统也就越复杂,见表 2-1。

表 2-1　几种常见的运动形态与 Kolmogorov 熵

运动形态	吸引子	维数	Kolmogorov 熵
稳定态	点	0	0
周期运动	闭曲线	1	0
随机运动	无	∞	∞
混沌运动	奇异吸引子	非整数	$0<K<\infty$

2.3.2.3　Lyapunov 指数

Lyapunov 指数是定量描述混沌运动对初值条件的敏感性的吸引子特征量。两个很靠近的初值所产生的轨道,随时间推移按指数方式分离,这种指数即 Lyapunov 指数。Lyapunov 指数用于量化初始相近的轨道的指数发散和估计系统的混沌量,从整体上反映了动力系统的混沌量水平,表征了系统的混沌性质。Lyapunov 指数就是从整体上定量描述轨道的平均分离或者收缩的快慢。n 维的动力系统具有 n 个 Lyapunov 指数,代表了 n 个不同方向系统的轨道之间的分离程度。因此,最大 Lyapunov 指数为正,常常被作为判断混沌性质的重要条件,而最大 Lyapunov 指数的倒数可以作为最大可预测长度的估计值。

对于一般的 n 维动力系统,定义 Lyapunov 指数如下:设 F 是 $R^n \to R^n$ 上的 n 维映射,若系统的初始条件用一个无穷小的 n 维的球表示,随着时间的演变系统变为椭球。将 n 维椭球的 n 个主轴按其长度顺序排列,$\lambda_1 \geqslant \lambda_2 \geqslant \cdots \geqslant \lambda_n$,那么第 i 个 Lyapunov 指数根据第 i 个主

轴的长度$P_i(n)$的增加速率定义为

$$\lambda_i = \lim_{n\to\infty} \frac{1}{n} \ln \frac{P_i(n)}{P_i(0)} \qquad (i = 1,2,3,\cdots,n) \tag{2-30}$$

n 个 Lyapunov 指数表示了系统在相空间的 n 个方向的收缩或者扩张的性质。椭球的主轴长度按 e^{λ_i} 增加，前 i 个 Lyapunov 指数的和表示了前 i 个主轴定义的 i 维立体体积按指数增加的长期平均速率。最大的 Lypunov 指数决定了轨道发散覆盖整个吸引子的快慢，最小的 Lyapunov 指数决定了轨道收缩的快慢，而所有 Lyapunov 指数大体上表征了轨道总的平均发散快慢。

系统吸引子类型主要通过 Lypunov 指数的正负号来分类[90]。区分不同类型的吸引子的重要标志就在于混沌吸引子具有正的 Lyapunov 指数。以三维相空间的系统为例，定常吸引子的 Lyapunov 指数谱为(－，－，－)，这三个负号表示轨道在每个方向上都是收缩的，即对应于不动点。极限环周期吸引子，它的 Lyapunov 指数谱为(0，－，－)，为 0 表示沿极限环方向的轨道长度不发散也不收敛，小于 0 表示其他两个横截极限环的方向其轨道应收敛到极限环上。二维环面的周期运动，其 Lyapunov 指数为(0,0，－)，其中 0、0 分别表示环面外两边的轨道都收敛到环面上。对于混沌吸引子(奇怪吸引子)，其 Lyapunov 指数谱为(＋,0，－)，大于 0 表示敏感初始条件的增长性质，等于 0 表示沿流的方向不发散，小于 0 表示吸引子的折叠性。这四种吸引子中只有奇怪吸引子具有正的 Lyapunov 指数。正的 Lyapunov 指数是混沌的重要判据之一。在正的 Lyapunov 指数方向上，其轨道迅速分离，长期行为对初始条件敏感，表明运动是混沌的，见表 2-2。

表 2-2 几种常见运动形态与 Lyapunov 指数之间的关系

运动形态	吸引子	维数	Lyapunov 指数
稳定态	点	0	<0
周期运动	闭曲线	1	0
随机运动	无	∞	∞
混沌运动	奇异吸引子	非整数	最大 $\lambda_1>0$

2.3.2.4　关联维数

吸引子的分维数性质是混沌的基本特征之一。混沌态具有的非整数维,不是描述其系统的几何外形,而是用来描述系统运动轨道在相空间的行为特征。混沌运动在相空间中的某个区域内无限次折叠,构成一个有无穷层次的自相似结构,这个自相似结构的维数是分数而不是整数,这个维数称为分维数,而自相似结构称为奇怪吸引子。分维数是系统复杂度的估计,目前已经发展出多种不同的维数定义以及相应的多种计算方法。非线性系统的相空间可能维数颇高,甚至无穷,有时还不清楚维数是多少,而吸引子的维数一般都低于相空间维数。关联维具有保守性、计算简洁性和稳定性等特点,因而常采用相关维计算系统的分形维,其基本原理是[7]:

对于时间序列 $x_1, x_2, \cdots, x_n$,构造一批 m 维矢量支起一个嵌入空间。只要嵌入维数 m 足够高($m \geqslant 2D+1$, D 是吸引子维数),就可以在相差拓扑变换的意义下恢复原来的动力系统。构造 m 维矢量的办法常采用时间差法,即按间隔 τ 从时间序列($x_1, x_2, \cdots, x_n$)中取数,作为分量:

$$y_i = (x_i, x_{i+\tau}, x_{i+2\tau}, \cdots, x_{i+(m-1)\tau}) \qquad (i = 1,2,\cdots) \tag{2-31}$$

构造好矢量 y_i 之后,定义它们之间的距离:

$$| y_i - y_j | = \max_{1 \leqslant \alpha \leqslant m} | y_{i\alpha} - y_{j\alpha} | \tag{2-32}$$

凡是距离小于给定数 ε 的矢量,称为有关联的矢量,若一共构造了 M 个矢量,M、N 为同量级的大数,数一下有多少对关联矢量。它在一切可能的 M^2 种配对中所占比例称为关联积分:

$$C(\varepsilon) = \frac{1}{M^2} \sum_{i,j=1}^{1} \theta(r - | y_i - y_j |) \tag{2-33}$$

其中

$$\theta(x) = \begin{cases} 1 & (x > 0) \\ 0 & (x \leqslant 0) \end{cases} \tag{2-34}$$

如果 ε 取得太大,任何一对矢量都发生关联,$C(\varepsilon)=1$,取对数后为零;如果 ε 取得合适,原始数据客观地反映出相应的标度性质,就可以定义关联维数:

$$D = \lim_{\varepsilon \to 0} \ln C(r) / \ln r \tag{2-35}$$

如果 ε 取得太小,低于环境噪声和测量误差造成的矢量差别,上式计算的就不是关联维数,而是嵌入维数。在实际计算中,往往改变 m 的值,看能否得到不变的 D,即双对数坐标 $\lg C(r) \sim \lg r$ 中的直线段。

2.4 本章小结

本章在系统地讨论了水资源系统的内涵、水资源系统动力学的概念的基础上,引进了混沌理论,介绍了混沌的概念、混沌时间序列的相空间重构技术,探讨了水资源系统的混沌现象,提出了水资源系统动力学特征的测度,即:①Hurst 指数;②Kolmogorov 熵;③Lyapunov 指数;④关联维数。本章完善了复杂系统水资源动力学特征分析的理论体系,为后面章节的实例分析打下了理论基础。

第 3 章　南水北调中线工程河南受水区水资源系统动力学特征分析

南水北调中线工程河南受水区水资源系统受自然—人工二元驱动力的作用，是一个复杂的非线性系统。从水资源的赋存形式，可将其分为大气降水子系统、地表水子系统、浅层地下水（潜水）子系统和深层地下水（承压水）子系统。本章重点讨论这四个子系统的动力学特征及其演化规律。

3.1　系统特征指数计算

3.1.1　大气降水子系统

在大气降水子系统中，选择区内鸭河口站、唐河县气象站、薄山水库站、板桥站、临颍气象站、大吴气象站等 6 个代表站的降水系列资料为单变量时间序列进行分析，各站的降水特征、丰枯过程等相似，现以河南平顶山市大吴气象站的降水时间序列为例。本地区降水主要集中在 7、8 月和 9 月，多年平均降水量为 640mm 左右，占全年降水量的 70%～80%。利用该气象站 1970～1999 年 5 日观测一次的累积降水量时间序列资料（共 1 260 个数据），构成单变量时间序列，如图 3-1 所示。由于本地区冬春季降水量较小，这里对 1、2、3、11 月和 12 月 5 个月看做一点，建立数学模型。

3.1.1.1　参数选取

（1）时间延迟的选取。利用 $C—C$ 方法，选择不同序列长度，计算时间延迟，结果如图 3-2 所示。图中 S、$deltS$、$Scor$ 是分别依据式（2-14）、式（2-15）和式（2-16）的计算结果所作，下同。

通过图 3-2 降水时间序列 $S—t$ 曲线分析，可以发现时间序列长度大小对时间延迟的影响不是很大，时间延迟的范围介于 2～4 之间，其存在的关系如表 3-1 所示。当时间序列长度 $t = 1\ 260$ 时，选取

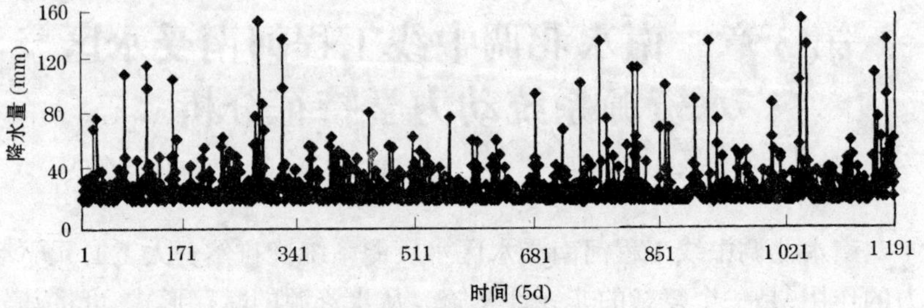

图 3-1　降水过程线

deltS 第一个极小值所对应的时间,即 $\tau=3$。

表 3-1　不同时间长度的降水时间序列对应的时间延迟计算结果

序列长度(t)	1 260	1 176	1 092	1 008	924	840	756	672
时间延迟(τ)	3	3	2	2	2	2	2	2

(2)关联维数的计算。使用关联积分法,选择不同序列长度,计算关联维数,结果如图 3-3 所示。

通过对不同长度降水时间序列 $\ln C$—$\ln r$ 曲线分析得到表 3-2。使用关联积分法计算关联维数时,维数 D 是从 $\ln C$—$\ln r$ 图区域的斜率计算出来的,其图形的形状和走向也基本一致;从数据上来看,降水时间序列的关联维数在 4.5～5 之间,受数据长度的影响不大。

表 3-2　不同时间长度降水资料与关联维数之间的关系

序列长度(t)	1 260	1 176	1 092	1 008	924	840
关联维数(D)	4.15	4.20	4.24	4.27	4.33	4.27

根据关联维数的计算方法,图 3-3 给出了降水时间序列对应嵌入维数 $m=3,4,5,\cdots,14$ 时,$\ln C$ 和 $\ln r$ 之间的变化关系;图 3-4 为降水时间序列对应的分维数 D 与嵌入维数 m 之间的变化关系。根据图 3-4 可以得到,当嵌入维数大于 9 以后,D—m 曲线趋于平稳,此时斜率约为 4.15,所以选取最小嵌入维数为 10。

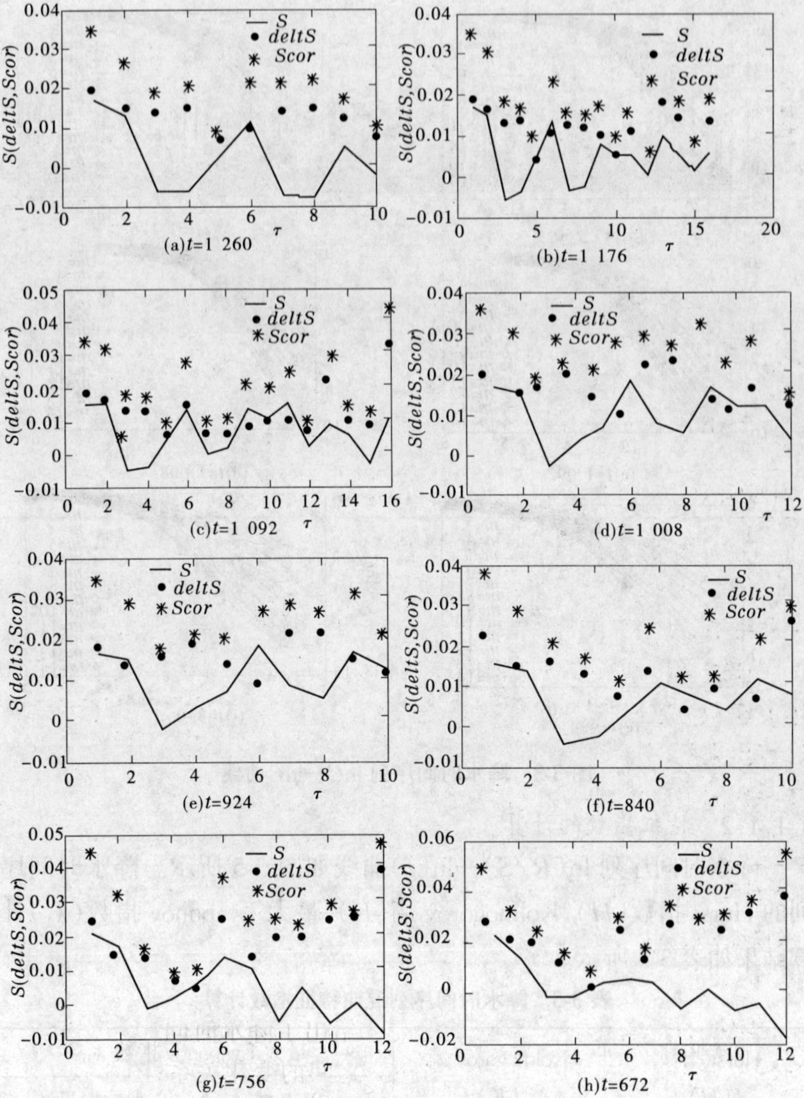

图 3-2　降水时间序列 $S—t$ 曲线

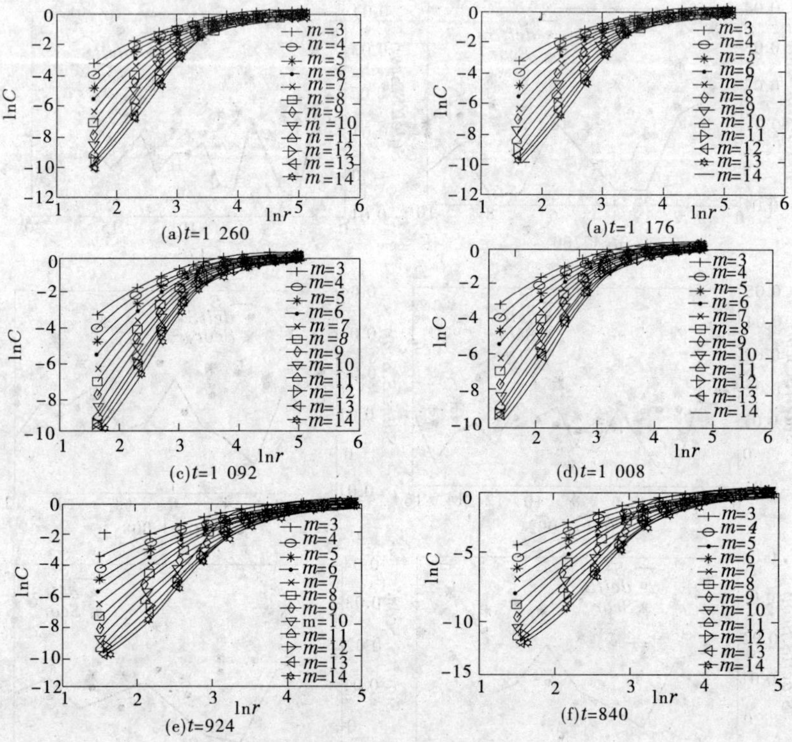

图 3-3 降水时间序列 lnC—lnr 曲线

3.1.1.2 特征指数的计算

降水时间序列 ln(*R*/*S*)—ln(*t*)曲线如图 3-5 所示。降水时间序列的 Hurst 指数(*H*)、Kolmogorov 熵(*K*)、最大 Lyapunov 指数(λ_1)计算结果如表 3-3 所示。

表 3-3 降水时间序列混沌特征指数计算

Hurst 指数(*H*)	Kolmogorov 熵(*K*)	最大 Lyapunov 指数 λ_1	
		Wolf 法	小数据量法
0.75	无穷	0.093 0	0.026 5

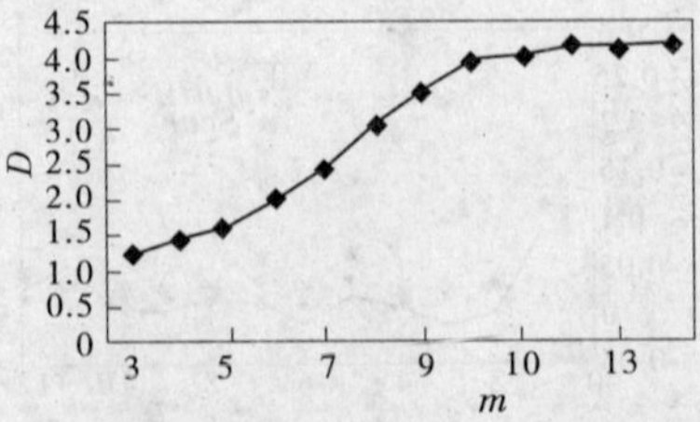

图 3-4　降水 $D—m$ 曲线

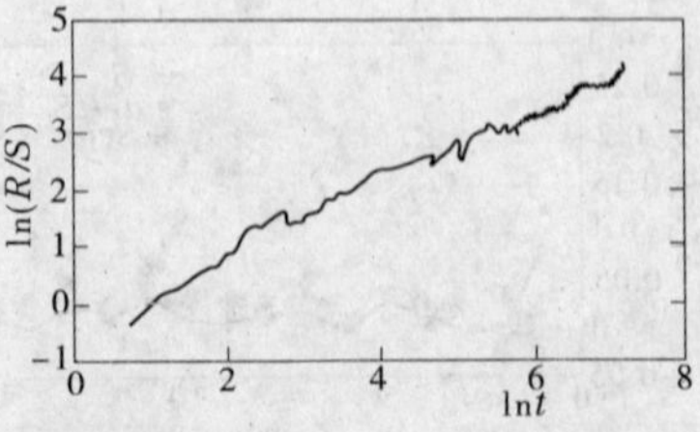

图 3-5　降水 $\ln(R/S)—\ln(t)$ 曲线

3.1.2　地表水子系统

地表水子系统选择区内薄山水库水文站、板桥水文站、宿鸭湖水文站、官寨水文站、漯河水文站等 5 个代表站的河川径流系列资料为单变量时间序列进行了分析，其各站的径流特征、丰枯过程等基本一致，以河南平顶山市叶县沙河流域官寨水文站 1979～1999 年共 21 年的 5 日径流时间序列为例，如图 3-6 所示。

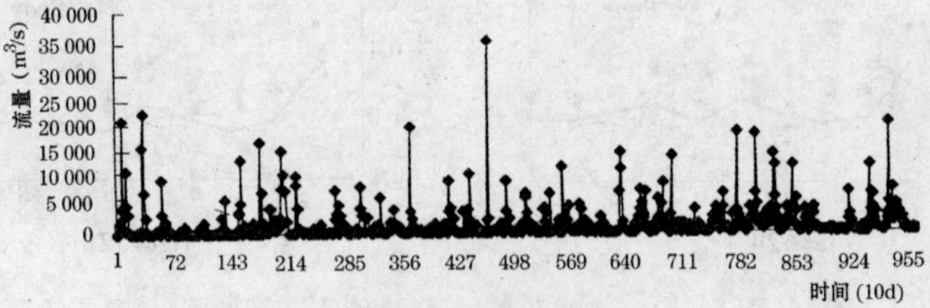

图 3-6　径流过程线

3.1.2.1　参数选取

(1)时间延迟的选取。利用 $C—C$ 方法，选择不同序列长度，计算时间延迟，结果如图 3-7 所示。

通过图 3-7 对径流时间序列 $S—t$ 曲线分析，可以发现时间序列长度大小对时间延迟的影响几乎没有，其存在的关系如表 3-4 所示。当时间序列长度 $t=1\ 008$ 时，选取 *deltS* 第一个极小值所对应的时间，即 $\tau=4$。

(2)关联维数的计算。使用关联积分法，选择不同序列长度，计算关联维数，结果如图 3-8 所示。

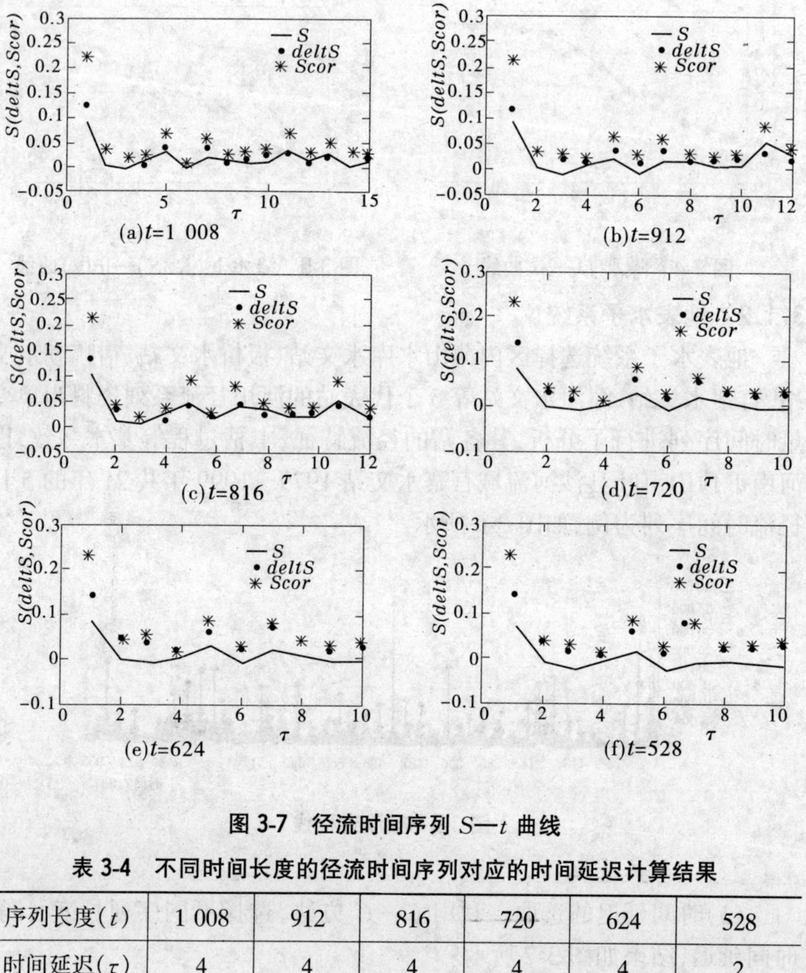

图 3-7 径流时间序列 S—t 曲线

表 3-4 不同时间长度的径流时间序列对应的时间延迟计算结果

序列长度(t)	1 008	912	816	720	624	528
时间延迟(τ)	4	4	4	4	4	2

通过对不同长度径流时间序列 $\ln C$—$\ln r$ 曲线分析得到表 3-5。使用相关积分法计算关联维数时，维数 D 是从 $\ln C$—$\ln r$ 图区域的斜率计算出来的，其图形的形状和走向也基本一致；从数据上来看，径流时间序列的关联维数在 3～3.5 之间，波动不大，受数据长度的影响不大。

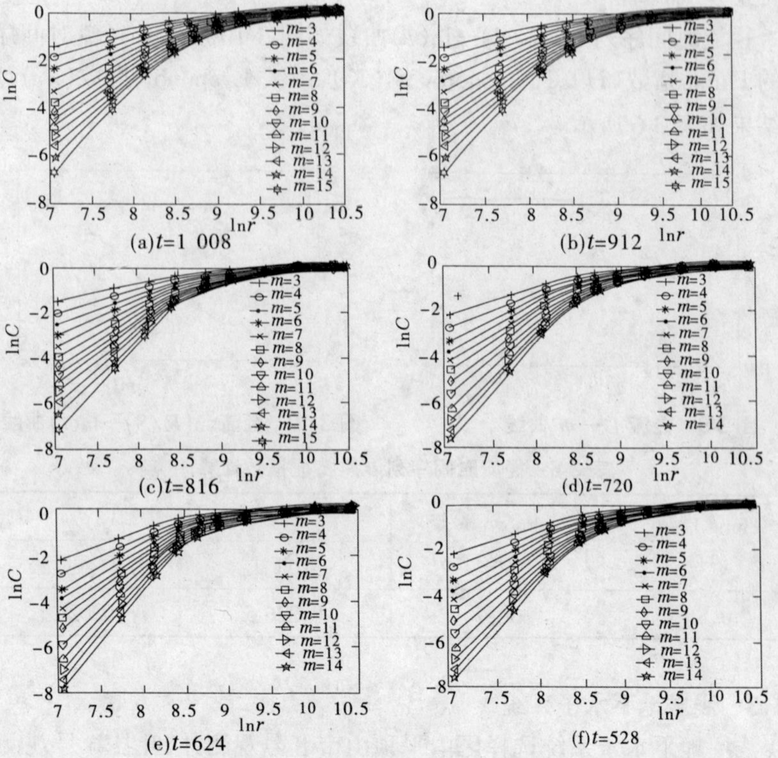

图 3-8　径流时间序列 lnC—lnr 曲线

表 3-5　不同长度径流时间序列与关联维数之间的关系

序列长度(t)	1 008	912	816	720	624	528
关联维数(D)	3.02	3.00	3.10	3.12	3.08	3.05

根据关联维数的计算方法，图 3-8 给出了径流时间序列对应嵌入维数 $m=3,4,5,\cdots,14$ 时，ln(R/S)和 ln(t)之间的变化关系；图 3-9 为地表径流时间序列对应的分维数 D 与嵌入维数 m 之间的变化关系。根据图 3-9 可以得到，当嵌入维数大于 9 以后，D—m 曲线趋于平稳，此时斜率约为 3.02，所以选取最小嵌入维数为 8。

3.1.2.2 特征指数

径流时间序列 $\ln(R/S)$—$\ln(t)$ 曲线如图 3-10 所示。径流时间序列的 Hurst 指数(H)、Kolmogorov 熵(K)、最大 Lyapunov 指数(λ_1)计算结果如表 3-6 所示。

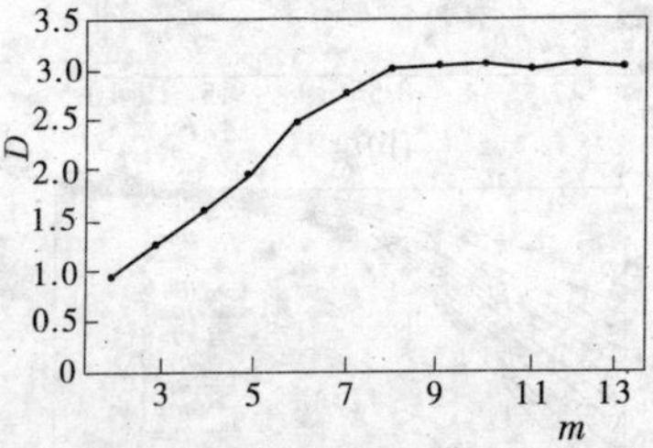

图 3-9 径流 D—m 曲线

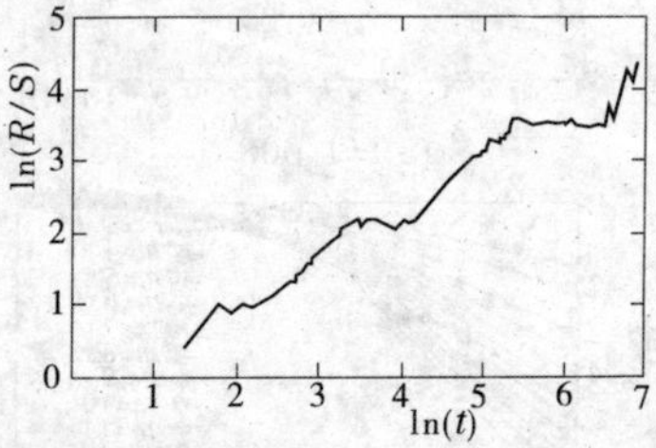

图 3-10 径流 $\ln(R/S)$—$\ln(t)$ 曲线

表 3-6 径流时间序列混沌特征指数计算

Hurst 指数(H)	Kolmogorov 熵(K)	最大 Lyapunov 指数(λ_1)	
		Wolf 法	小数据量法
0.86	无穷	0.226 5	−0.020 1

3.1.3 浅层地下水子系统

浅层地下水子系统选择区内平顶山市 8 号观测井、叶县 6 号观测井、驻马店市 10 号观测井、许昌市 3 号观测井、漯河市 11 号观测井等 5 个浅层地下水长观站地下水位系列资料为单变量时间序列进行了分析,各观测井地下水的赋存条件、动态特征等基本相同,以河南平顶山市叶县 6 号地下水长观站 1979～1999 年的地下水位时间序列为例,如图 3-11 所示。

3.1.3.1 参数选取

(1)时间延迟的选取。利用 C—C 方法,选择不同序列长度,计算时间延迟,结果如图 3-12 所示。

通过图 3-12 对潜水位时间序列分析,可以发现时间序列长度大小对时间延迟的影响不是很大,时间延迟的范围介于 6～7 之间,其存在的关系如表 3-7 所示。当时间序列长度 $t=1\ 512$ 时,选取 $deltS$ 第

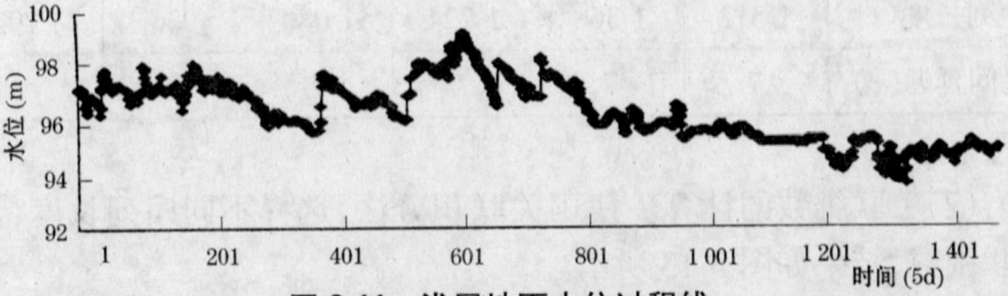

图 3-11　浅层地下水位过程线

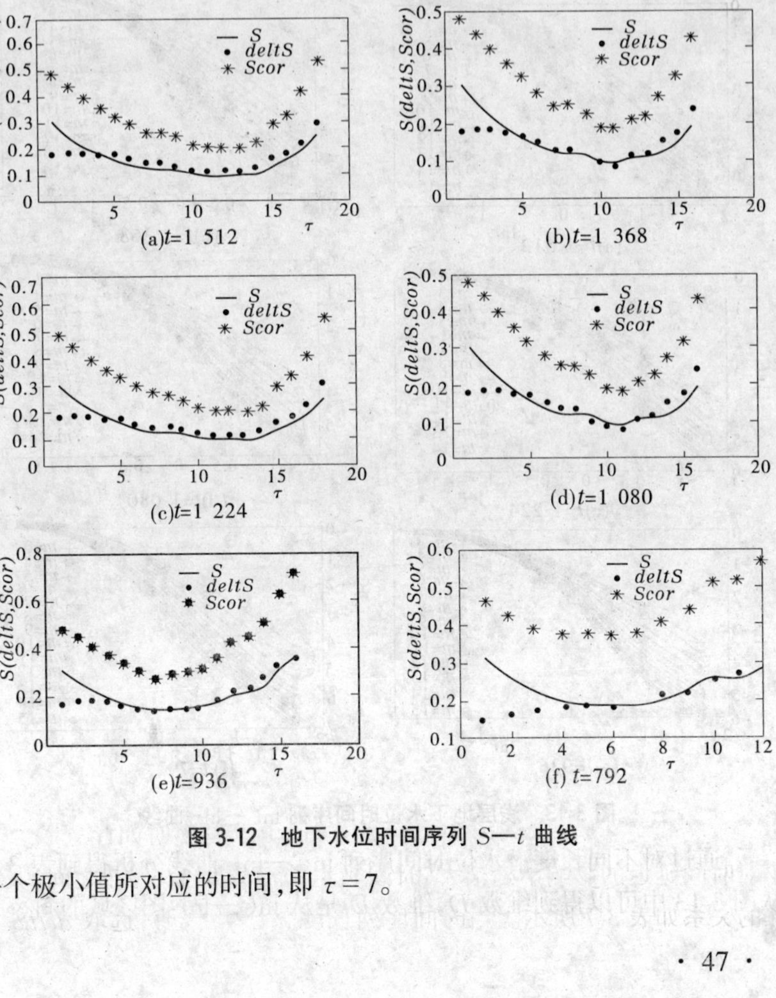

图 3-12　地下水位时间序列 S—t 曲线

一个极小值所对应的时间，即 $\tau=7$。

表 3-7　不同时间长度的浅层地下水位时间序列对应的时间延迟计算结果

序列长度(t)	1 512	1 368	1 224	1 080	936	792
时间延迟(τ)	7	7	7	7	7	6

(2)关联维数的计算。使用关联积分法,选择不同序列长度,计算关联维数,结果如图 3-13 所示。

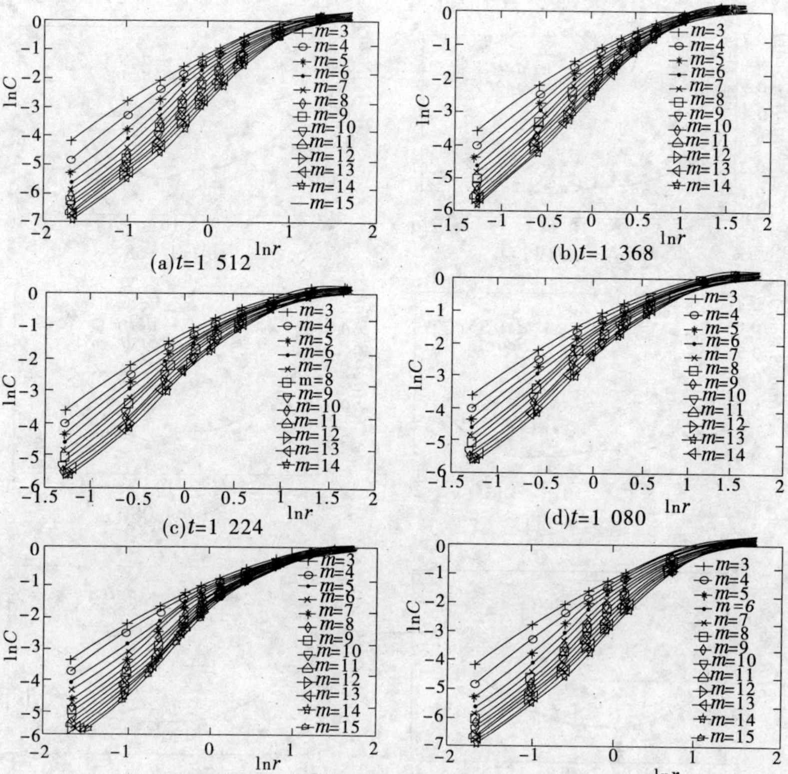

(a)t=1 512　(b)t=1 368　(c)t=1 224　(d)t=1 080　(e)t=936　(f)t=792

图 3-13　浅层地下水位时间序列 lnC - lnr 曲线

通过对不同长度潜水位时间序列 lnC—lnr 曲线分析得到表 3-8。从图 3-13 中可以得到维数 D,维数 D 是从 lnC—lnr 图区域的斜率计算出来的，其图形的形状和走向也基本一致；从数据上来看，地下水位时间序列的关联维数在 2～3 之间，受数据长度的影响不大。

表 3-8　不同长度浅层地下水位时间序列与关联维数之间的关系

序列长度(t)	1 512	1 368	1 224	1 080	936	792
关联维数(D)	2.53	2.55	2.45	2.44	2.51	2.46

根据关联维数的计算方法，图 3-13 给出了浅层地下水位时间序列对应嵌入维数 $m=3,4,5,\cdots,14$ 时，$\ln C$ 和 $\ln r$ 之间的变化关系；图 3-14 为浅层地下水位时间序列对应的分维数 D 与嵌入维数 m 之间的变化关系，可以得到，当嵌入维数大于 8 以后，D—m 曲线趋于平稳，此时斜率约为 2.53，所以选取最小嵌入维数为 7。

3.1.3.2　特征指数

浅层地下水位时间序列 $\ln(R/S)$—$\ln(t)$ 曲线如图 3-15 所示。浅层地下水位时间序列的 Hurst 指数(H)、Kolmogorov 熵(K)、Lyapunov 指数(λ_1)计算结果如表 3-9 所示。

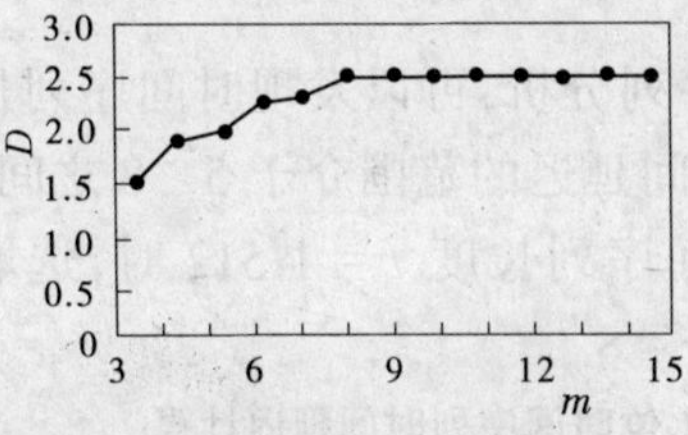

图 3-14　浅层地下水位 D—m 曲线

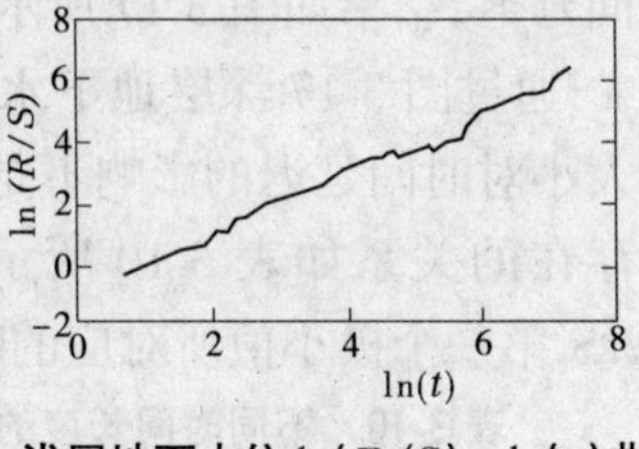

图 3-15　浅层地下水位 $\ln(R/S)$—$\ln(t)$ 曲线

表 3-9　浅层地下水位时间序列混沌特征指数计算表

Hurst 指数(H)	Kolmogorov 熵(K)	最大 Lyapunov 指数(λ_1)	
		Wolf 法	小数据量法
0.95	0.055	0.048 3	0.004 9

3.1.4　深层地下水子系统

深层地下水子系统选择区内平顶山市 2 号观测井、叶县 9 号观测井、驻马店市 12 号观测井、许昌市 8 号观测井、漯河市 14 号观测井等 5 个深层地下水长观站地下水位系列资料为单变量时间序列进行了分析，各观测井地下水的赋存条件、动态特征等基本相同，以河南平顶山市叶县 9 号深层地下水长观站 1979～1999 年的地下水位时间序列为例，如图 3-16 所示。

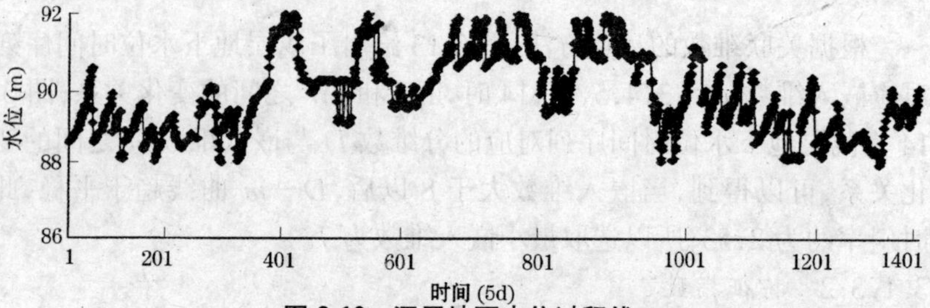

图 3-16　深层地下水位过程线

3.1.4.1　参数选取

(1)时间延迟的选取。利用 *C*—*C* 方法，选择不同序列长度，计算时间延迟，结果如图 3-17 所示。

通过图 3-17 深层地下水位时间序列分析，可以发现时间序列长度大小对时间延迟的影响不是很大，时间延迟的范围介于 5～8 之间，其存在的关系如表 3-10 所示。当时间序列长度 $t=1\ 512$ 时，选取 *deltS* 第一个极小值所对应的时间，即 $\tau=8$。

表 3-10　不同时间长度的深层地下水位时间序列时间延迟计算

序列长度(t)	1 512	1 368	1 224	1 080	936	792
时间延迟(τ)	8	8	6	5	5	5

(2)关联维数的计算。使用关联积分法，选择不同序列长度，计算关联维数，结果如图 3-18 所示。

通过对不同长度深层地下水位时间序列 ln*C*—ln*r* 曲线分析得到表 3-11。从图 3-18 中可以得到维数 *D*，从计算结果来看，深层地下水位时间序列的关联维数在 3～4 之间。

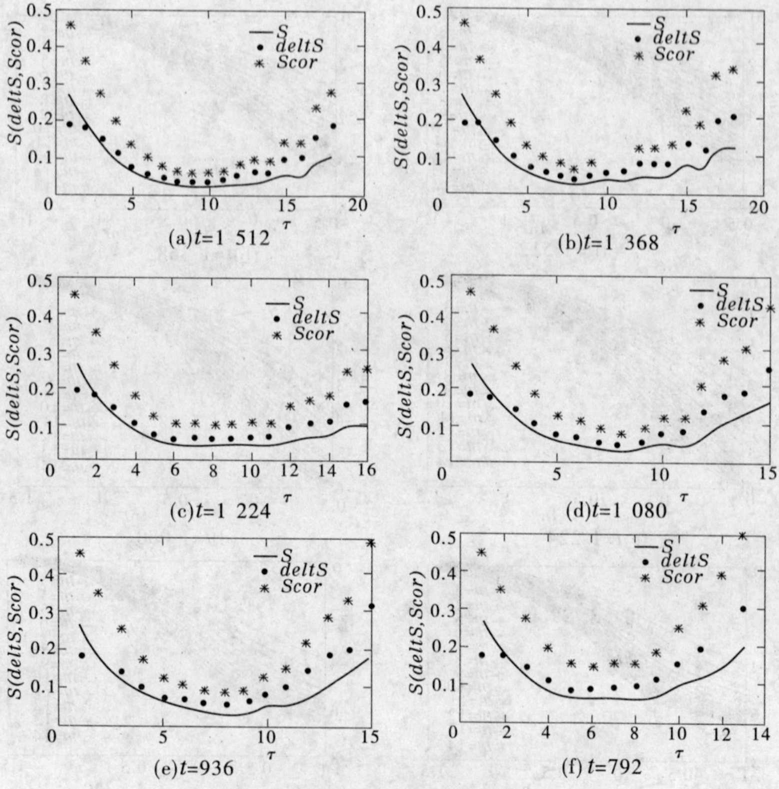

图 3-17　深层地下水位时间序列 $S—t$ 曲线

表 3-11　不同长度深层地下水位与关联维数之间的关系

序列长度(t)	1 512	1 368	1 224	1 080	936	792
关联维数(D)	3.35	3.57	3.5	3.46	3.5	3.47

根据关联维数的计算方法，图 3-18 给出了深层地下水位时间序列对应嵌入维数 $m=3,4,5,\cdots,14$ 时，$\ln C$ 和 $\ln r$ 之间的变化关系；图 3-19 为深层地下水位时间序列对应的分维数 D 与嵌入维数 m 之间的变化关系，可以得到，当嵌入维数大于 9 以后，$D—m$ 曲线趋于平稳，此时斜率约为 3.35，所以选取最小嵌入维数为 8。

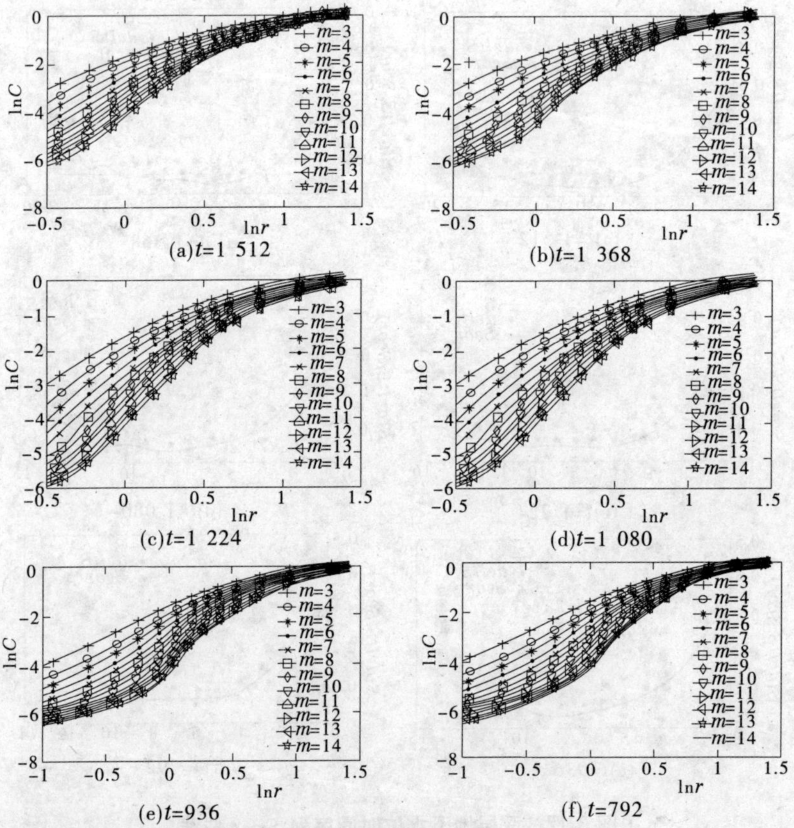

图 3-18 深层地下水位时间序列 lnC—lnr 曲线

3.1.4.2 特征指数

深层地下水位时间序列 ln(*R*/*S*)—ln(*t*)曲线如图 3-20 所示。深层地下水位时间序列的 Hurst 指数(*H*)、Kolmogorov 熵(*K*)、最大 Lyapunov 指数(λ_1)计算结果如表 3-12 所示。

表 3-12 深层地下水位时间序列混沌特征指数计算

Hurst 指数(*H*)	Kolmogorov 熵(*K*)	最大 Lyapunov 指数(λ_1)	
		Wolf 法	小数据量法
0.97	0.075	0.058 7	−0.007 0

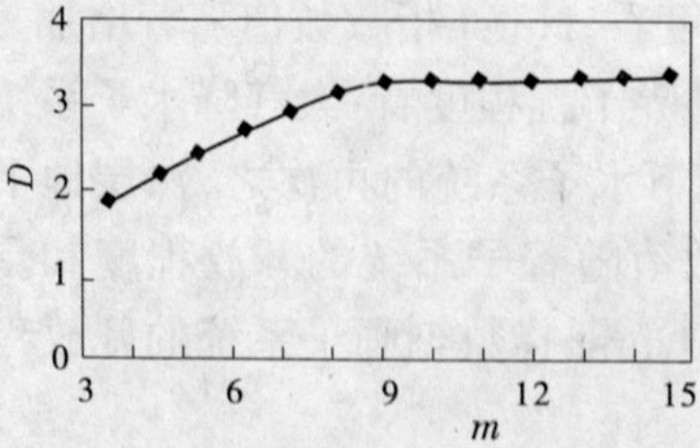

图 3-19　深层地下水位 D—m 曲线

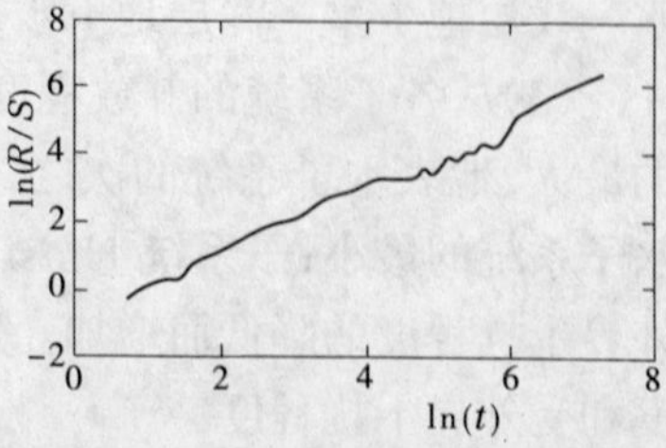

图 3-20　深层地下水位 $\ln(R/S)$—$\ln(t)$ 曲线

3.2　系统动力学特征分析

非线性复杂系统的动力学特征可以从系统的分形特征、系统的复杂程度和系统的演化类型来讨论[16]。

3.2.1　系统的分形特征

Hurst 指数和 R/S 分析法(Rescaled Analysis)可有效得出系统变量时间序列是不是具有分形结构和相关持久性。南水北调中线工程河南受水区水资源系统各子系统代表性变量时间序列的 Hurst 指数计算结果如表 3-13 所示。

表 3-13　各子系统的 Hurst 指数

子系统名称	大气降水子系统	地表水子系统	浅层地下水子系统	深层地下水子系统
代表性变量	降水量	径流量	地下水位	地下水位
Hurst 指数	0.75	0.86	0.95	0.97

表 3-13 中各子系统的 Hurst 指数数值反映出以下几个特点：

(1)表 3-13 中各子系统的 Hurst 指数数值均在 0.5～1.0 之间，表明各子系统的代表性变量的时间序列有混沌性，即各子系统均具有混沌性，各子系统所构成的水资源系统具有混沌性。

(2)表 3-13 中各子系统的 Hurst 指数数值，大气降水子系统最小，为 0.75；地表水子系统略大，为 0.86；浅层地下水子系统更大，为 0.95；深层地下水子系统最大，为 0.97。从宏观的大气降水—地表水—浅层地下水—深层地下水循环角度看，Hurst 指数数值随着增加。

(3)从各子系统的开放程度和受外界干扰程度看：大气降水子系统的最大，地表水子系统的次之，浅层地下水子系统的再次之，深层地下水子系统的最小；子系统 Hurst 指数数值随着子系统的开放程度和受外界干扰程度的降低而增加。这表明 Hurst 指数刻画了系统的开放程度和受外界干扰程度。

3.2.2 系统的复杂程度

分形维是描述非线性系统复杂程度的主要指标，并可以此确定系统受几个主要状态变量影响。即状态变量的数目及对系统影响程度的改变可通过分形维反映出来。因此，分形维可作为一个指数，在一定程度上预测系统未来的变化。计算分形维的方法有拓扑维、Hausdorff 维、信息维和相关维，其中相关维具有保守性、计算简洁性和稳定性等特点，因而采用相关维计算系统的分形维。

南水北调中线工程河南受水区水资源系统各子系统代表性变量时间序列的相关维(D)计算结果如表 3-14 所示。

表 3-14　各子系统的相关维(D)

子系统名称	大气降水子系统	地表水子系统	浅层地下水子系统	深层地下水子系统
代表性变量	降水量	径流量	地下水位	地下水位
相关维(D)	4.15	3.02	2.53	3.35

表 3-14 中各子系统的相关维(D)数值反映出以下几个特点：

(1)大气降水子系统的相关维最大，这也说明了大气降水子系统是个开放程度最大、受外界干扰程度最大、最为复杂的系统，系统至少要用 5 个主要状态变量来描述。

(2)地表水子系统的相关维次之，这也说明了地表水子系统的开放程度和受外界干扰程度低于大气降水子系统，系统的复杂程度略小于大气降水子系统，系统至少要用 4 个主要状态变量来描述。

(3)浅层地下水子系统的相关维最小，这也说明了除深层地下水子系统外，浅层地下水子系统的开放程度和受外界干扰程度最低，系统的复杂程度最小，系统至少要用3个主要状态变量来描述。

(4)深层地下水子系统在所有水资源子系统中是个相对封闭的系统，受外界干扰最小，但本次计算的几个深层地下水位时间序列的相关维，其数值均大于地表水子系统和浅层地下水子系统的相关维，这从成因上是比较反常的。分析其原因，一是选用的深层地下水位时间序列资料的代表性有问题；二是本次研究的深层地下水系统的混沌特性不明显，对照深层地下水子系统的 Hurst 指数接近于1和最大 Lyapunov 指数为负值的现象，这个原因应是主要的。

3.2.3 系统的演化

对于一个非线性系统，长时间在相空间中演化，最终表现为：轨线或者趋近一个点，或者趋近一条封闭曲线，也有可能在一定的参数范围内，轨线在相空间被吸引到一个区域，即不趋于一个点也不趋于一个环，而是呈无规则随机运动。最后这种情况即系统存在着奇怪吸引子，具有混沌特征(仪垂详，1995)。利用 Kolmogorov 熵和关联维数定性地描述系统演化特征，而 Lyapunov 指数的符号组合能很好地判别系统的演化类型。

3.2.3.1 Kolmogorov 熵

Kolmogorov 熵是表征吸引子混沌程度的测度，它实际表征系统信息的损失程度，可以用 Kolmogorov 熵来研究混沌预测的定量度量。和 Lyapunov 指数、关联维数一样，Kolmogorov 熵也不是混沌系统特有的，它的取值可以表征系统的混沌特征，但不是系统混沌性的充分条件。对于守恒系统，Kolmogorov 熵为0；对于混沌系统，Kolmogorov 熵为0到正无穷之间的数；对于随机系统，Kolmogorov 熵趋于无穷大。

南水北调中线工程河南受水区水资源系统各子系统代表性变量时间序列的 Kolmogorov 熵计算结果如表3-15所示。浅层地下水子系统和深层地下水子系统的 Kolmogorov 熵均是不为零的正数，表明这两个子系统均具有混沌特性；而大气降水和地表径流时间序列的 Kolmogorov 熵均为无穷，表明大气降水子系统和地表水子系统是否具有混沌特性，仅用 Kolmogorov 熵还无法判定。

3.2.3.2 关联维数

由于混沌系统具有某种意义上的自相似性,因此对混沌吸引子的描述往往采用分形几何学的方法。分形的维数有多种,这里我们研究最具代表性的关联维数。

分维数的取值情况是系统混沌与否的一个表征。一般确定系统的关联维数是一个 1~3 之间的整数;随机系统的维数为无穷大;而混沌系统的维数为一个正的分数,所以称之为分维。分维数除了标志着混沌过程结构的自相似规律外,并不能完全揭示出产生相应结构的动力学特征,要证明系统的混沌性质还必须借助其他方法。

基于相空间重构和 $G—P$ 算法,得到反映嵌入维数与关联维数的曲线图。由计算结果知,在 m 大于等于一个整数时,关联维数稳定在某一数值处。由此可以判定系统具有混沌系统的分维特征。

南水北调中线工程河南受水区水资源系统各子系统代表性变量时间序列的关联维数计算结果如表 3-15 所示。四个子系统的关联维数数值均为正的分数,表明四个子系统均具有混沌特性。

表 3-15 各子系统的演化特征指数

子系统名称	大气降水子系统	地表水子系统	浅层地下水子系统	深层地下水子系统
代表性变量	降水量	径流量	地下水位	地下水位
Hurst 指数	0.75	0.86	0.95	0.97
相关维	4.15	3.02	2.53	3.35
Kolmogorov 熵	无穷	无穷	0.055	0.075
Lyapunov 指数	0.093 0	0.226 5	0.048 3	0.058 7
运动形态	混沌	混沌	混沌	混沌

3.2.3.3 Lyapunov 指数符号的判别

系统对初始条件的敏感性是混沌系统的首要特征,它指的是混沌系统中,两个初始条件仅有微小差异的点,由于其相空间轨道演化按指数关系分离,使得该微小差异最终产生了巨大的差别。将这个差别定量化可以用来测量混沌系统的混沌程度。从预测的角度看,该定量反映的是系统演化过程中对初始信息的记忆和保留,也是对下一轨道趋势的暗示。

Lyapunov 指数描述了系统轨道演化过程的特性,度量了系统对于初始条件依赖的敏感性,其各指数符号组合能很好地判断出系统演化最终是否会出现混沌现象,并能区分可能出现的吸引子的类型。根据时间序列的 Lyapunov 指数中的符号正负可以确定系统的演化类型。将计算的 Lyapunov 指数分别由大到小排列为 $\sigma_1 \geqslant \sigma_2 \geqslant \sigma_3, \cdots, \geqslant \sigma_m$:

若 $\sigma_1 < 0$,则表明系统有吸引子存在;

若 $\sigma_1 = 0$,则表明系统有极限环存在;

若 $\sigma_1 > 0$,则表明系统有奇怪吸引子存在。

对于三维系统,其运动性质与 Lyapunov 指数值的关系如表 3-16 所示。

表 3-16 运动性质与 Lyapunov 指数值的关系

σ_1	σ_2	σ_3	演化类型
–	–	–	一个平衡点(或称不同点)
0	–	–	极限环(周期运动)
0	0	–	二维环(准周期运动)
+	0	–	混沌运动或奇怪吸引子

Kolmogorov 熵、Hurst 指数、关联维和 Lyapunov 指数的计算结果(见表 3-15)基本上都同时表明了水资源系统具有明显的分形结构和混沌特征,为一个非线性系统,且系统有大于零的最大 Lyapunov 指数,意味着水资源系统演化存在一个奇异吸引子。

3.3 本章小结

本章以南水北调中线工程河南受水区为例,将受水区水资源系统划分为大气降水、地表水、浅层地下水和深层地下水 4 个子系统。以大气降水量、地表径流量、浅层地下水位和深层地下水位分别为大气降水子系统、地表水子系统、浅层地下水子系统和深层地下水子系统的代表性变量,进行了 Hurst 指数、Kolmogorov 熵、Lyapunov 指数和关联维数等特征值的计算,讨论了各子系统的分形特征、复杂程度和演化类型,得到了几点结论:

(1)构成水资源系统的各子系统都具有混沌性。

(2)从宏观的大气降水—地表水—浅层地下水—深层地下水循环角度看,Hurst 指数数值随着增加。Hurst 指数刻画了系统的开放程度和受外界干扰程度,Hurst 指数的数值随系统的开放程度和受外界干扰程度增加而减小。

(3)分形维是描述非线性系统复杂程度的主要指数,并可以此确定系统受几个主要状态变量影响。从大气降水—地表水—浅层地下水的水循环过程,分形维(相关维数值)由 4.15 减小到 2.53,表明在整个水资源系统中,大气降水子系统最为复杂,地表水子系统次之,浅层地下水子系统相对简单,这是符合水资源系统实际的。

第 4 章　复杂系统水文水资源要素预测模型

水文水资源要素预测是水资源合理配置的基础,本章重点讨论相空间重构神经网络预测模型、加权一阶局域法多步预测模型和偏最小二乘回归神经网络预测模型在水文水资源要素预测中的应用。

4.1　相空间重构神经网络预测模型

混沌现象的发现开创了对时间序列分析的一种新途径:一方面,混沌现象利用固有的确定性表明许多随机现象实际上是可以预测的;另一方面,混沌现象所固有的对初值的敏感依赖性又意味着预测能力受到新的根本性限制。随着混沌理论和应用技术研究的不断深入,混沌时间序列的建模和预测已成为混沌研究领域中的热点[95]。但在实际应用中,由于受研究对象的数据太少和噪声等因素影响,预测模型的精度无法令人满意。进入 20 世纪 90 年代,以神经网络为代表的非线性预测理论在认识时间序列混沌行为中的应用取得重大进展,拓宽了应用前景。在水文水资源领域中引入混沌理论,将混沌理论与神经网络理论有机结合,必将开创一条新的研究途径,大大丰富水文水资源学的研究内容[96]。

4.1.1　神经网络的基本原理

人工神经网络(ANN)是一种模拟人的神经系统而建立起来的非线性动力学模型,具有自组织、自学习和联想记忆功能,并具有分布式、并行性和高度鲁棒性等特点。目前在系统识别、预测预报中常用的是 BP 网络模型,并以 3 层 BP 网络为主,其结构如图 4-1 所示,输入层有 h 个结点 $x_1, x_2, \cdots, x_h$,输出层为 1 个结点 y,其隶属函数为

$$f(u) = \frac{1}{1 + e^{-u}} \tag{4-1}$$

隐含层数目由参考文献[97]的方法确定。设输入层与隐含层之间的权为 V_{ij},阈值为 θ_j,隐含层与输出层之间的权为 W_{j0},阈值为 γ,则

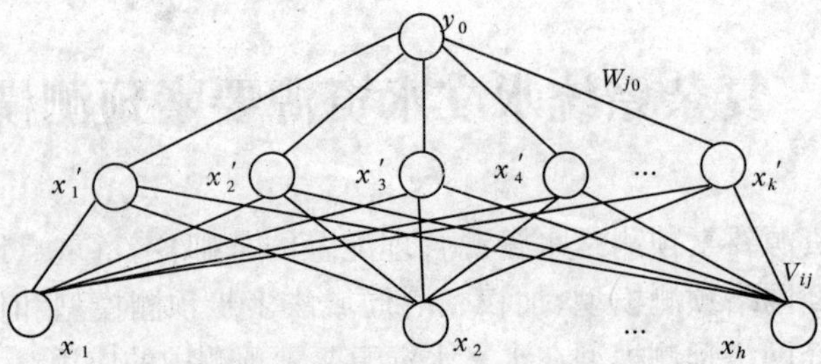

图 4-1　三层前馈 BP 网络

各层神经元的输出满足下列公式

$$y_0 = f(\sum_{j=1}^{p} W_{j0} x_j' - \gamma) \tag{4-2}$$

$$x_j' = f(\sum_{i=1}^{h} V_{ij} x_i - \theta_j) \tag{4-3}$$

定义其输出误差为

$$E_{总} = \frac{1}{2} \sum_{k=1}^{p} (\hat{y}_0^k - y_0^k)^2 \tag{4-4}$$

式中：p 为样本数；$\hat{y}_0^k$、y_0^k 分别为第 k 个样本学习算法的输出值和实际值。

4.1.2　相空间重构与神经网络耦合的径流量预测模型的建立[98]

通常河川径流量是一个典型的时间序列$\{x(t_i), i=1,2,\cdots,n\}$，其观察时间间隔为 Δt。对于这样的时间序列，首先根据前述相空间重构理论，按延滞时间 τ 对单变量时间序列$\{x(t_i)\}$作漂移，拓展成 m 维序列；其次，构造 BP 网络的结构形式；然后，选取学习网络的输入样本和期望输出；最后，据此模型预测$\{x(t_n+l), l=1,2,\cdots\}$。

4.1.2.1　确定相空间饱和嵌入维数 m 和延滞时间 τ

时间延迟 τ 和嵌入维数 m 的选取可据 2.2.4 所介绍的方法计算。m 的计算要求数据资料序列较长，在实际应用中，对较短资料序列，可根据相空间重构理论的基本思想，在确定预测模型的结构时，直接分别取 2,3,4,…维来重构相空间，以最好的模拟预测结果来筛选嵌入维的取值。

4.1.2.2 建立网络

根据混沌时间序列的嵌入维数 m,用 $m-1$ 作为网络的输入层节点数,输出层节点为1。网络的输入、输出为:

$$
\underbrace{\begin{bmatrix} x(1) & x(2) & \cdots & x(n-(m-1)\tau) \\ x(1+\tau) & x(2+\tau) & \cdots & x(n-(m-2)\tau) \\ x(2+\tau) & x(3+\tau) & \cdots & x(n-(m-3)\tau) \\ \vdots & \vdots & & \vdots \\ x(1+(m-1)\tau) & x(2+(m-1)\tau) & \cdots & x(n-1) \end{bmatrix}^{\mathrm{T}}}_{\text{学习样本输入}} \quad \underbrace{\begin{bmatrix} x(1+(m-2)\tau) \\ x(2+(m-2)\tau) \\ x(3+(m-2)\tau) \\ \vdots \\ x(n) \end{bmatrix}}_{\text{期望输出}}
$$

4.1.2.3 学习

在确定网络的输入、输出的结构后,可从已知序列中提取学习样本构成训练集,对网络进行训练,直至达到一定的误差精度要求为止。

4.1.2.4 预测

网络训练成功后,把最后 $m-1$ 维相空间加入到网络输入中,可实现对 $x(t_n+l)$的预测,即建成了相空间重构与神经网络的耦合预测模型。

4.1.3 应用实例

以平顶山市叶县沙河流域官寨水文站 1979～1999 年共 21 年的月径流量序列为例。取 1979～1997 年实测数据作为相空间重构和神经网络学习的基本数据,将 1998～1999 年的实测数据作为预报检验。

为了尽可能满足 BP 网络 Trainscg 函数条件,对一维径流量数据 $Q(t_i)$序列作归一化处理,即:

$$x_i = (Q(t_i) - Q_{\min})/(Q_{\max} - Q_{\min}) \tag{4-5}$$

式中:$Q_{\max}$和 $Q_{\min}$分别为样本序列中的最大值和最小值。

用 C—C 方法求得时间延迟 $\tau=4$。对饱和嵌入维数 m 的确定,考虑到本例实测数据系列不是很长,首先用 G—P 算法计算得 $m=8$,然后根据对河川径流混沌特征的研究经验,在确定预测模型的基本结构时,取 $m=7$、8、9、10 分别组合来重构相空间,以最好的预测结果来筛选饱和嵌入维数 m。经计算模拟训练和预测结果检验,当 $\tau=4$ 和

$m = 8$ 时误差最小。

采用的 3 层网络的输入层为 7 个节点，隐含层为 15 个节点，输出层为 1 个节点，经 12 547 次迭代，收敛误差达到标准，学习结束。网络学习的拟合值与实测值的比较见图 4-2(因数据太多，这里仅给出了 4 年的数据)。

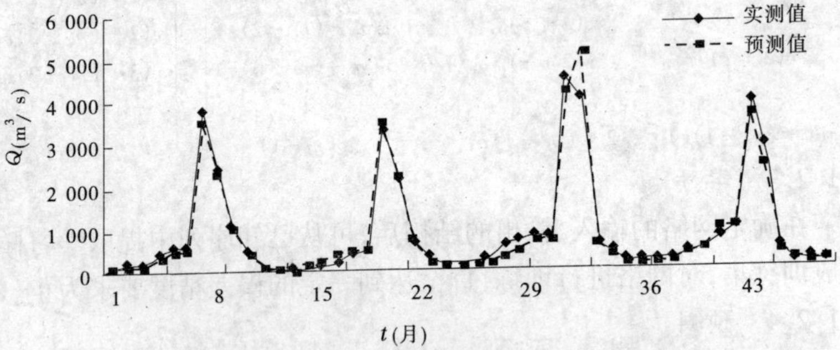

图 4-2　3 层 BP 网络期望输出和实际输出

由图 4-2 可见，所建相空间重构与神经网络的耦合预测模型的拟合精度是很高的。根据训练好的网络参数，预测 1998～1999 年的平均月径流量，并与实测数据比较见表 4-1。结果表明，当 $\tau = 4$ 和 $m = 8$ 时所建预测模型的预测效果较好，大部分预测数据的相对误差小于 10%，仅个别预测数据的相对误差超过 20%。

4.1.4　小结

(1)一维时间序列中包含着吸引子的结构，通过相空间重构，把一维时间序列拓展为多维序列，而多维序列包含着各态的信息，因而使预测更符合实际。

(2)基于相空间重构理论与神经网络理论，提出的径流量时间序列相空间重构与神经网络耦合预测模型，通过对平顶山市白龟山水文站月径流量预测，结果表明，该模型有很高的预测精度。

(3)本次研究的是月径流过程，满足水资源合理配置的时段要求。月径流过程常常掩盖了实际径流过程的复杂性，因此本模型所适用的时间尺度需要深入研究。

表 4-1 沙河官寨站平均月径流量实测值和预测值对比

年度	项目	1月	2月	3月	4月	5月	6月	7月	8月	9月	10月	11月	12月
1998	预报值(m^3/s)	69.4	81.9	69.0	185.6	357.1	410.9	1 798.0	3 012.6	1 789.3	601.7	232.4	89.9
	实测值(m^3/s)	69.0	80.0	66.0	181.0	331.0	446.0	2 278.0	3 599.0	1 520.0	464.0	185.0	78.0
	相对误差(%)	0.6	2.3	4.2	2.4	7.3	8.5	15.2	19.5	19.1	22.8	20.2	13.3
1999	预报值(m^3/s)	117.8	103.5	95.3	212.8	346.5	1 218.4	2 798.9	3 303.3	1 234.5	416.9	213.1	105.5
	实测值(m^3/s)	99.0	94.0	87.0	172.0	362.0	1 378.0	3 399.0	3 405.0	1 391.0	399.0	195.0	84.0
	相对误差(%)	16.0	9.2	8.4	19.2	5.4	13.1	14.1	2.9	12.7	4.3	8.5	20.4

4.2 加权一阶局域法一步及多步预测模型

4.2.1 加权一阶局域法一步预测模型

设中心点 Y_M 的邻近点为 Y_{Mi}, $i=1,2,\cdots,q$,并且到 Y_M 的距离为 d_i,设 $d_{\min}$ 是最小值,定义点 Y_{Mi} 的权值为 P_i:

$$P_i = \frac{\exp[-(d_i - d_{\min})]}{\sum_{i=1}^{q} \exp[-(d_i - d_{\min})]} \tag{4-6}$$

则一阶局域线性拟合为:

$$Y_{Mi+1} = ae + bY_{Mi} \qquad (i = 1,2,\cdots,q) \tag{4-7}$$

式中:a、b 为拟合所需的实系数;e 为 q 维单位向量,$e=(1,1,\cdots,1)^{\mathrm{T}}$;$Y_{Mi+1}$是 Y_{Mi} 演化一步后的相点。

当嵌入维数 $m=1$ 时,应用加权最小二乘法有:

$$\sum_{i=1}^{q} P_i(x_{Mi+1} - a - bx_{Mi})^2 = \min \tag{4-8}$$

将上式看成 a、b 的二元函数,两边求偏导即可得到方程组系数 a、b,将 a、b 代入一步预测公式 $Y_{M+1}=ae+bY_M$,即可得到演化一步后的相点预测值 Y_{M+1}:

$$Y_{M+1} = (x_{M+1}, x_{M+1+\tau}, \cdots, x_{M+1+(m-1)\tau}) \tag{4-9}$$

这里,Y_{M+1}中前$(m-1)$个元素为原序列中已知值,其第 m 个元素 $x_{M+1+(m-1)\tau}$即为原序列的一步预测值$\hat{x}_{N+1}$。此即加权一阶局域法一步预测模型。

4.2.2 加权一阶局域法多步预测模型

加权一阶局域法一步预测模型的实质是在重构的相空间中找到与参考点最相似的$(m+1)$个相点,并根据这$(m+1)$个相点演化一步的规律进行一步预测[99]。

对于混沌时间序列,相空间中一对最近邻点随时间演化遵循的是一种指数规律 $\mathrm{e}^{-\lambda}$,参数 λ 是最大 Lyapunov 指数,体现了系统初始闭轨道的指数发散速率。因此,当嵌入维数 $m>1$,且需进行 $k(k>1)$步预测时,可以类似加权一阶局域法一步预测模型,根据这$(m+1)$个相

点演化 k 步的规律进行 k 步预测。具体推导如下：

设中心点 Y_M 的参考向量集 $\{Y_{Mi}\}, i=1,2,\cdots,q$，其演化 k 步后的相点集为 $\{Y_{Mi+k}\}$，一阶局域线性拟合为：

$$Y_{Mi+k} = a_k e + b_k Y_{Mi} \qquad (i = 1,2,\cdots,q) \tag{4-10}$$

根据加权最小二乘法有：

$$\sum_{i=1}^{q} P_i \Big[\sum_{j=1}^{m} (x_{Mi+k}^j - a_k - b_k x_{Mi}^j)^2 \Big] = \min \tag{4-11}$$

将式(4-11)看成是关于未知数 a_k、b_k 的二元函数，两边求偏导得：

$$\begin{cases} \sum_{i=1}^{q} P_i \sum_{j=1}^{m} (x_{Mi+k}^j - a_k - b_k x_{Mi}^j) = 0 \\ \sum_{i=1}^{q} P_i \sum_{j=1}^{m} (x_{Mi+k}^j - a_k - b_k x_{Mi}^j) x_{Mi}^j = 0 \end{cases} \tag{4-12}$$

根据式(4-12)求得 a_k、b_k，代入 k 步预测公式 $Y_{M+k} = a_k e + b_k Y_M$，即可得到演化 k 步后的相点预测值 Y_{M+k}：

$$Y_{M+k} = (x_{M+k}, x_{M+k+\tau}, \cdots, x_{M+k+(m-1)\tau}) \tag{4-13}$$

这里，Y_{M+k} 中的第 m 个元素 $x_{M+k+(m-1)\tau}$，即为原序列的 k 步预测值 $\hat{x}_{N+k}$。

4.2.3 实例计算

以河南省平顶山市叶县的地下水位时间序列为例，建立地下水位数学模型。浅层含水层以中细砂为主，富水性中等。地下水主要接受大气降水补给和地表水入渗补给，消耗主要是人工开采。地下水位动态比较复杂，具有周期性变化规律，每年最高水位在雨季后期的 9 月出现，最低水位在 12 月到翌年 1 月之间，水位年变幅 0.20～3.00m。

根据灌区 6 号地下水长观孔 1979～1999 年五日观测一次的地下水位序列共 21 年资料构成单变量时间序列。根据 3.1.3 计算时间延迟 $\tau=7$，饱和嵌入维数 $m=7$。用加权一阶局域法多步预测模型对 1999 年 11 月到 12 月的地下水位进行 12 步预测。

由表 4-2 可见，误差能够满足预测要求，说明混沌时间序列作短期多步预测是可行的，并且预测精度较高，从误差数据的大小分布来看，前 5 步的预测精度都非常高，但随着预测时间和步长的增多，预测误差越来越大，这个结论与混沌时间序列的本质特征是相符的。因为，一方面混沌时间序列的确定性表明许多混沌现象短期是可以预测的；另一方面，混沌现象所固有的对初值敏感性又意味着预测能力受到根本性限制。混沌现象是短期可以预测的，而长期不能预测的。

表 4-2　1999 年 6 号长观孔地下水位的实际观测值及预测值

（单位：m）

步长	1	2	3	4	5	6
预报值	94.48	94.54	94.59	94.61	94.62	94.57
实测值	94.43	94.50	94.61	94.66	94.67	94.70
绝对误差	−0.05	−0.04	0.02	0.05	0.05	0.13
步长	7	8	9	10	11	12
预测值	94.60	94.56	94.52	94.57	94.67	94.71
实测值	94.67	94.71	94.72	94.66	94.49	94.64
绝对误差	0.07	0.15	0.20	0.09	−0.18	−0.07

4.2.4　小结

(1)加权一阶局域法多步预测模型是基于一步预测模型的进一步推广，预测结果表明，多步预测模型精度较高。但同时可以看出混沌系统的耗散性和对初值的极端敏感性，在短期内精度较高，随着预测时间的增长，预测精度逐渐下降。

(2)正的最大 Lyapunov 指数存在表明：地下水位观测序列中除了通常认为的趋势性、周期性及随机扰动性成分以外，还存在有较为明显的混沌成分；混沌系统的不可长期预测性决定了地下水位的不可长期预测。尽管可以进行多步预测，但预测长度仍是非常有限的。

4.3　偏最小二乘回归神经网络预测模型[99]

科学地预测矿坑涌水量可为排水设计提供依据；同时可以通过预测矿坑排水分析对区域水资源的影响，为矿坑排水的充分利用提供规划依据。目前,矿坑涌水量预测以统计学方法应用最为广泛。统计模型一般采用回归分析方法,对事先拟定的因子进行筛选和系数求解。但拟定的因子之间有时会存在严重的相关性,这种相关性有时会对分析效果产生较大的影响,甚至使分析失效。而偏最小二乘回归可以有效地解决变量之间的多重相关性问题[100]。偏最小二乘回归是一种新型的多元统计数据分析方法,它集多元线性回归、典型相关分析和主成分分析的基本功能于一体,将建模类型的预测分析方法与非模型式的数据内涵分析方法有机地结合起来,通过对数据信息进行分解和筛选的方式,有效地提取对系统解释性最强的综合变量,剔除多重相关信息和无解释意义信息的干扰,从而克服了变量多重相关性在系统建模中的不良作用。

影响矿坑充水的因素多且复杂,矿坑涌水量预测模型主要考虑降水、地表水、引水灌溉等影响因素,因变量和自变量的关系比较复杂,采用线性回归模型有时难以反映客观规律或反映不甚满意,并影响预测精度和效果。神经网络以其独有的结构和处理方法,具备自组织、自学习和联想记忆功能,理论上可以实现任意函数的逼近,它克服了模型必须是基本观测数据的线性和非线性组合的局限。

本节将偏最小二乘回归分析方法和神经网络方法有机耦合,建立矿坑涌水量预报模型,以提高模型的学习能力和表达能力。

4.3.1 偏最小二乘回归的原理

设有 q 个因变量$\{y_1,y_2,\cdots,y_q\}$和 p 个自变量$\{x_1,x_2,\cdots,x_p\}$,为了研究因变量与自变量的统计关系,采集 n 个样本点,构成自变量与因变量的数据表:$X=[x_1,x_2,\cdots,x_p]_{n\times p}$ 和 $Y=[y_1,y_2,\cdots,y_q]_{n\times q}$,偏最小二乘回归分别在 X 和 Y 中提取主成分 t_1 和 u_1,也就是 t_1 是 $x_1,x_2,\cdots,x_p$ 的线性组合,u_1 是 $y_1,y_2,\cdots,y_q$ 的线性组合。在提取这两个成分时,为了回归分析的需要,要求 t_1 和 u_1 应尽可能多地携带它们各自数据表中的变异信息,且 t_1 和 u_1 的相关程度达到最大。这表明:t_1 和 u_1 应尽可能好地代表数据表 X 和 Y,同时自变量的成分 t_1 对因变量的成分 u_1 又有最强的解释能力。

在第1个成分 t_1 和 u_1 被提取后,偏最小二乘回归分别实施 X 对 t_1 的回归以及 Y 对 t_1 的回归,利用 X 对 t_1 解释后的残余信息以及 Y 被 t_1 解释后的残余信息进行第2个成分提取。如此往复,直到能达到一个较满意的精度为止,精度可以通过交叉有效性来判别。

偏最小二乘回归方程一般不需要选用全部成分 $t_1,t_2,\cdots,t_n$ 进行回归建模,而是采用截尾的方式选用前 m 个成分($m<A,A=$ 秩(X)),仅用这 m 个成分 $t_1,t_2,\cdots,t_n$ 就可以得到预报性能良好的模型。事实上,当后续的成分已经不能为解释 Y 提供更有意义的信息时,采用更多的成分只会破坏对统计趋势的认识,引导错误的预报结论。m 的选取可采用类似于抽样测试法的工作方式:除去某个样本点 i 的所有样本点组成新的样本,使用 h 个成分拟合一个回归方程,得到 y_i 在样本点 i 上的拟合值 $\hat{y}_{hj(-i)}$。对每一个样本点重复上述计算,并定义 y_i 的预测误差平方根和为 $PRESS_{hj}$,有:

$$PRESS_{hj}=\sum_{i=1}^{n}(y_{ij}-\hat{y}_{hj(-i)})^2 \tag{4-14}$$

定义 Y 的预测误差平方和为 $PRESS_h$,有:

$$PRESS_h=\sum_{j=1}^{q}PRESS_{hj} \tag{4-15}$$

显然,如果回归方程的稳健性不好,误差很大,它对样本点的变动就会十分敏感,这种扰动误差的作用就会加大 $PRESS_h$ 值。另外,在采用所有的样本点拟合含 h 个成分的回归方程时,第 i 个样本点的预测值为 $\hat{y}_{hji}$,则可定义 y_i 的误差平方和为 SS_{hj},即:

$$SS_{hj}=\sum_{i=1}^{n}(y_{ji}-\hat{y}_{hji})^2 \tag{4-16}$$

定义与 Y 的误差平方和为 SS_h,有:

$$SS_h=\sum_{j=1}^{q}SS_{hj} \tag{4-17}$$

一般说来,总是有 $PRESS_h$ 大于 SS_h,而 SS_h 总是小于 SS_{h-1}(SS_{h-1}是用全部样本点拟合的具有$(h-1)$成分的方程的拟合误差)。

如果 h 个成分回归方程的含扰动的误差能在一定程度上小于$(h-1)$个成分回归方程的拟合误差,则认为增加一个成分 t_h,全部预测的精度明显提高。因此,总希望 $PRESS_h/SS_{h-1}$ 的比值能越小越好。一般认为,当临界值 $Q_h^2=1-PRESS_h/SS_{h-1}\geqslant 0.0975$ 时,增加 t_h 是有益的;否则,可以认为增加新的成分 t_h 对减小方程的预测误差无明显的改善作用。

当 $q=1$ 时,则上述问题成为单因变量的偏最小二乘回归模型,它是多因变量偏最小二乘回归模型的一种特例。天然泉流量预报常常可归结为单因变量回归问题。

4.3.2 偏最小二乘回归的算法

首先将数据进行标准化处理,X 经标准化处理后的数据矩阵记为:$E_0=[E_{01},E_{02},\cdots,E_{0p}]_{n\times p}$,$Y$ 经标准化处理后的数据矩阵记为:$F_0=[F_{01},F_{02},\cdots,F_{0q}]_{n\times q}$。记 t_1 是 E_0 的第 1 个成分;w_1 是 E_0 的第 1 个轴,它是一个单位向量,即 $\|w_1\|=1$。

(1)求矩阵 $E'_0F_0F'_0E_0$ 最大特征值所对应的特征向量 w_1,求成分 t_1,得

$$t_1 = E_0w_1 \tag{4-18}$$

$$E_1 = E_0 - t_1p'_1 \tag{4-19}$$

式中:

$$p_1 = E'_0t_1/\|t_1\|^2 \tag{4-20}$$

(2)求矩阵 $E'_1F_0F'_0E_1$ 最大特征值所对应的特征向量 w_2,求成分 t_2,得

$$t_2 = E_1w_2 \tag{4-21}$$

$$E_2 = E_1 - t_2p'_2 \tag{4-22}$$

式中:

$$p_2 = E'_1t_2/\|t_2\|^2 \tag{4-23}$$

(3)至第 h 步,求成分 $t_h=E_{h-1}w_h$,w_h 是矩阵 $E'_{h-1}F_0F'_0E_{h-1}$ 最

大特征值所对应的特征向量。

根据交叉有效性，确定其提取 h 个成分 $t_1, t_2, \cdots, t_h$ 可以得到一个满意的预测模型。

4.3.3 偏最小二乘回归神经网络模型

采用 3 层 BP 网络建模，其结构如图 4-1 所示，输入层为偏最小二乘回归求得的 h 个成分，即输入层有 h 个结点 $x_1, x_2, \cdots, x_h$ 分别对应 h 个成分 $t_1, t_2, \cdots, t_h$，输出层为 1 个结点 y，对应于偏最小二乘回归的单因变量，其神经网络模型与 4.1.1 相同。

4.3.4 应用实例

以鹤壁煤业集团八矿的矿坑涌水为例。鹤壁矿区地处河南省北部太行山东麓和华北平原交接地带，煤层位于石炭系下部。矿坑充水的来水构成上主要有煤层顶板、底板的砂岩含水层，太原群灰岩含水层和奥陶系岩含水层。大气降水是地下水的主要补给来源，降水对矿坑涌水有滞后效应，次月的降水量对矿坑涌水量影响是主要的，但当月降水量对矿坑涌水量也有较大影响。在建立预测模型时，当月降水量是未知的，为使所建预测模型更具实用性，在建模中不取当月的降水量作为自变量。取矿坑涌水量为因变量 y，综合考虑各影响因素及滞后效应，经相关性检验，建立鹤壁煤业集团八矿的矿坑涌水量预测模型为：

$$y_t = f(y_{t-1}, y_{t-2}, y_{t-3}, P_{t-1}, P_{t-2}, P_{t-3}, P_{t-4}, P_{t-5}) \qquad (4\text{-}24)$$

式中：y_t、y_{t-1}、y_{t-2}、y_{t-3}分别为第 t、$t-1$、$t-2$、$t-3$ 月的矿坑涌水量（m^3/s）；P_{t-1}、P_{t-2}、P_{t-3}、P_{t-4}、P_{t-5}分别为第 $t-1$、$t-2$、$t-3$、$t-4$、$t-5$ 月的降水量（mm）。

利用 1981～2000 年实测的矿坑涌水量和降水量资料，建立模型。首先将实测数据系列$\{y_t, y_{t-1}, y_{t-2}, y_{t-3}, P_{t-1}, P_{t-2}, P_{t-3}, P_{t-4}, P_{t-5}\}$作标准化处理，得标准化数据系列$\{y'_t, y'_{t-1}, y'_{t-2}, y'_{t-3}, P'_{t-1}, P'_{t-2}, P'_{t-3}, P'_{t-4}, P'_{t-5}\}$，利用偏最小二乘回归对标准化数据系列提取成分，并计算交叉有效性，结果见表 4-3。

表 4-3　交叉有效性判别

成分数	1	2	3	4	5	6
Q_h^2	0.841 6	0.673 1	0.431 3	0.301 8	0.106 6	0.025 8
临界值	0.097 5	0.097 5	0.097 5	0.097 5	0.097 5	0.097 5

由于 $Q_6^2<0.097\,5$,所以选择 $h=5$,也就是说,提取 t_1、t_2、t_3、t_4、t_5 共 5 个成分即可。5 个成分的表达式为:

$$\begin{bmatrix} t_1 \\ t_2 \\ t_3 \\ t_4 \\ t_5 \end{bmatrix} = \begin{bmatrix} 0.718\,7 & 0.488\,8 & -0.055\,4 & 0.409 & 0.127 \\ 0.483\,8 & -0.257\,9 & -0.500\,6 & -0.377\,5 & -0.437\,2 \\ 0.348 & -0.314 & -0.461\,5 & -0.182 & -0.186\,4 \\ 0.277\,9 & 0.110\,5 & -0.083\,4 & -0.224\,5 & 0.147\,9 \\ 0.182\,3 & -0.442 & -0.460\,8 & -0.238\,7 & 0.430\,2 \\ 0.121\,1 & -0.473\,7 & -0.448\,3 & 0.373\,5 & 0.512\,8 \\ 0.047\,3 & -0.349\,3 & -0.304\,8 & 0.518\,3 & -0.244\,7 \\ -0.031\,4 & -0.204\,9 & -0.142\,5 & 0.376\,3 & -0.477\,7 \end{bmatrix}^{\mathrm{T}} \times \begin{bmatrix} y'_{t-1} \\ y'_{t-2} \\ y'_{t-3} \\ P'_{t-1} \\ P'_{t-2} \\ P'_{t-3} \\ P'_{t-4} \\ P'_{t-5} \end{bmatrix}$$

将提取的 t_1、t_2、t_3、t_4、t_5 作为神经网络模型的输入,y_t 作为输出,进行训练求解,当训练达到 2 116 次时,误差函数趋于稳定并满足给定的精度要求,训练结束。

为了评价偏最小二乘回归神经网络耦合模型的效果,采取偏最小二乘回归神经网络耦合模型进行数据拟合[100],结果是:252 个数据中,仅 5 个数据的相对误差超过 20%,11 个数据的相对误差在 10%～20%之间,其余 236 个数据的相对误差均小于 10%,见图 4-3(因数据较多,这里仅列出 1996～2000 年的数据)。

为检验所建预测模型的预报效果,用该模型预报 2001～2002 年鹤壁矿区八矿的矿坑涌水量,并与 2001～2002 年鹤壁矿区八矿的矿坑涌水量的实测值进行比较,结果见表 4-4。24 个预报数据中,21 个数据的相对误差小于 10%,仅有 3 个数据的相对误差超过 10%,分别为 10.2%、13.4%和 14.3%。经检验,所建预报模型的预报精度比较高。

4.3.5　小结

(1)矿坑涌水系统中,矿坑涌水量受诸多因素影响,系统建模时,将

表 4-4 鹤壁八矿矿坑涌水量预测值和实测值对比

年度	项目	1月	2月	3月	4月	5月	6月	7月	8月	9月	10月	11月	12月
2001	预报值(m^3/h)	412.5	411.3	370.6	407.9	378.5	436.7	445.9	493.7	453.1	458.2	389.4	442.6
	实测值(m^3/h)	385.0	394.0	379.0	370.0	355.0	385.0	442.0	471.0	457.0	436.0	417.0	408.0
	相对误差(%)	7.1	4.4	2.2	10.2	6.6	13.4	0.9	4.8	0.8	5.1	6.6	8.6
2002	预报值(m^3/h)	414.2	418.5	395.4	380.8	378.9	403.9	401.7	404.7	447.1	398.2	405.4	413.8
	实测值(m^3/h)	399.0	394.0	387.0	372.0	362.0	378.0	399.0	405.0	391.0	399.0	395.0	404.0
	相对误差(%)	3.8	6.2	2.1	2.4	4.7	6.7	0.7	0.1	14.3	0.2	2.6	2.4

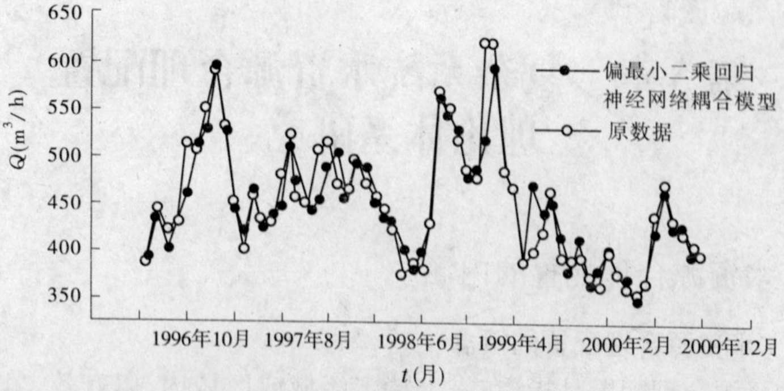

图 4-3　1996 年 1 月～2000 年 12 月的数据拟合比较图

自变量利用偏最小二乘回归处理，提取对因变量影响强的成分，既可以克服变量之间存在的相关性问题，提高模拟精度，又可以降低神经网络的输入维数，简化网络结构，增强网络的稳定性。

(2)利用神经网络建模可以较好地解决普通回归模型难以解决的非线性问题。将偏最小二乘回归与神经网络耦合，建立了矿坑涌水量预报模型，实例表明，本模型的拟合和预报精度均优于独立使用偏最小二乘回归或神经网络建模的拟合和预报精度。

4.4　本章小结

根据前面几章研究，从定量的角度说明了水资源系统具有混沌特征，本章用混沌理论的相空间重构技术研究水文水资源要素的预测问题，建立了加权一阶局域法多步预测模型，并应用于受水区的浅层地下水位动态预测；将相空间重构技术与神经网络技术耦合建立了相空间重构神经网络预测模型，并应用于受水区地表径流预测；将偏最小二乘回归分析技术和神经网络技术耦合建立了偏最小二乘回归神经网络预测模型，并应用于受水区的矿坑涌水量预测。应用结果表明，所建模型有较高的预测精度。本章研究成果丰富了水文水资源要素预测模型。

第5章 复杂系统水资源合理配置理论体系研究

5.1 水资源合理配置的内涵

5.1.1 水资源合理配置的概念

水资源合理配置是指,在一个特定流域或区域内,以有效、公平和可持续的原则,对有限的、不同形式的水资源,通过工程与非工程措施在各用水户之间进行时间和空间上的科学分配,以支持流域或区域内的社会、经济、环境和生态的健康协调发展。

水资源的合理配置是由工程措施和非工程措施组成的综合体系实现的。其基本功能涵盖两个方面:在需求方面,通过调整产业结构、建设节水型社会并调整生产力布局,抑制需水增长势头,以适应较为不利的水资源条件;在供给方面,则协调各项竞争性用水,加强管理,并通过工程措施改变水资源的天然时空分布来适应生产力布局。两个方面相辅相成,以促进区域的可持续发展。

合理配置中的合理,反映在水资源分配中解决水资源供需矛盾、各类用水竞争、上下游左右岸协调、不同水利工程投资关系、经济与生态环境用水效益、当代社会与未来社会用水、各种水源相互转化等一系列复杂关系中相对公平的、可接受的水资源分配方案。合理配置是人们在对稀缺资源进行分配时的目标和愿望。一般而言,合理配置的结果对某一个体的效益或利益并不是最高、最好的,但对整个资源分配体系来说,其总体效益或利益是好的。而优化配置则是人们在寻找合理配置方案中所利用的方法和手段[101]。

5.1.2 水资源合理配置与供需平衡的关系

水资源供需分析是水资源配置的基础和手段。供需分析的主要任务是:对流域或区域内水资源的供水、用水、耗水、排水等进行长系列调算或典型年分析,得出不同水平年各流域(区域)的供水满足程度、余缺水量及时空分布、水环境状况等指标；明确缺水性质和缺水原因，确定解决缺水措施的顺序；分析水资源供需结构、利用效率和工程布局的合理性，分析计算分区内挖潜增供、治污、节水和外调水边际成本，为生成水资源配置方案提供基础信息。

水资源配置通过反复进行水资源供需分析获得不同需水、节水、供(调)水、水资源保护等组合条件下水资源配置方案，方案生成遵循——立足于现状开发利用模式、充分考虑流域内节水和治污挖潜、考虑流域外调水——“三次平衡”思想。在现状供需分析和对各种合理抑制需求、有效增加供水、积极保护生态环境的可能措施进行组合及分析的基础上，进行多次供需反馈并协调平衡，力求实现对水资源的合理配置[102]。

5.1.3 水资源合理配置的主要任务

水资源合理配置是针对水资源短缺和用水竞争提出的，可通过水资源配置系统来实现。水本身的资源、环境、社会和经济属性，决定了水资源合理配置所涉及的内容相当广泛，而对其研究的主要任务则包括[101,102]以下几个方面：

(1)在经济社会发展与水资源需求方面，探索适合流域或区域现实可行的经济社会发展规模和发展方向，推求合理的生产布局。研究现状条件下的用水结构、用水效率及相应的技术措施，分析预测未来生活水平提高、国民经济各部门发展以及生态环境保护条件下的水资源需求。

(2)在水环境与生态环境质量方面，评价现状水环境质量，分析水环境污染程度，制定合理的水环境保护和治理标准；分析生产过程中各类污染物的排放率及排放总量，预测河湖水体中主要污染物浓度和环境容量。开展生态环境质量和生态保护准则研究、生态耗水机理与生态耗水量研究，分析生态环境保护与水资源开发利用的关系。

(3)在水资源开发利用方式与工程布局方面，开展水资源开发利用评价、供水结构分析、水资源可利用量分析；研究多水源联合调配，规划水利工程的合理规模及建设顺序；分析各种水源开发利用所需的投资、运行费以及防洪、发电、供水等综合效益。

(4)在供需平衡分析方面，开展不同水利工程开发模式和区域经济发展模式下的水资源供需平衡分析，确定水利工程的供水范围和可供水量，各用水单位的供水水源构成、供水量、供水保证率、缺水量、缺水过程及缺水破坏深度分布等情况。

(5)在水资源管理方面，研究与水资源合理配置相适应的水资源科学管理体系，包括：建立科学的管理机制和管理手段，制定有效的政策法规，确定合理的水资源费、水价、水费征收标准和实施办法，分析水价对社会经济发展的影响及对水需求的抑制作用，培养水资源科学管理人才等。

(6)在水资源配置技术与方法方面，研究和开发与水资源配置相关的模型技术与方法，如建模机制与方法、决策机制与决策方法、模拟模型、优化模型与评价模型、管理信息系统、决策支持系统、GIS高新技术应用等。

5.2 水资源配置的原则及目标

5.2.1 水资源配置的原则和措施

5.2.1.1 配置原则

从宏观上看，根据稀缺资源分配的经济学原理，水资源合理配置应遵循高效性与公平性的原则，在水资源利用高级阶段，还应同时遵循水资源可持续利用的原则，即高效性、公平性和可持续性应是水资源合理配置的基本原则；从微观上看，水资源的配置还应遵循分质供水、优水优用原则及资源短缺情景下的最小破坏原则。

(1)高效性原则。水资源的高效性原则是基于水资源作为经济社会行为中的商品属性确定的。经济上有效的资源分配，是资源利用的边际效益在各用水部门中都相等，以获取最大的社会效益。换句话说，在某一部门增加一个单位的资源利用所产生的效益，在任何其他部门也应是相同的。如果不同，社会将分配这部分水给能产生更大效益或回报的部门。由此可见，对水资源的利用应以其利用效益作为经济部门核算成本的重要指标，而其对社会生态环境的保护作用（或效益）作为整个社会健康发展的重要指标，使水资源利用达到物尽其用的效益。

但是，这种有效性不是单纯追求经济意义上的有效性，而是同时追求对环境的负面影响小的环境效益，以及能够提高社会人均收益的社会效益，是能够保证经济、环境和社会协调发展的综合利用效益。这需要在水资源合理配置问题中设置相应的经济目标、环境目标和社会发展目标，并考察目标之间的竞争性和协调发展程度，满足真正意义上的有效性原则。

(2)公平性原则。水作为人类生存必不可少的资源，不能单纯考虑效益准则，必须满足不同区域间、不同社会各阶层和集团间都具有生存的条件。首先，生活用水是人类生存的必要条件，从人人具有平等的生存权来说，无论贫富，每个人都具有使用保证生存的必要的水的权利；其次，不同发展水平的地区都具有发展权，特别是欠发达地区，如果不在资源配置上给予必要的照顾，必然形成“贫者愈贫，富者愈富”的“马太效应”，破坏区域发展的协调性，违背建设和谐社会的发展战略。资源分配部门也具有这样的义务来保证这种公平性不被资源利用的高效性原则所忽略。

(3)可持续原则。也可以理解为代际间的资源分配公平性原则，它是研究以一定时期内全社会消耗的资源总量与后代能获得的资源量相比的合理性。它要求近期与远期之间、当代与后代之间对水资源利用上需要有一个协调发展、公平利用的原则，而不是掠夺性地开采和利用，甚至破坏，严重威胁子孙后代的发展能力。

(4)短缺情景下的最小破坏原则。短缺情景下的最小破坏原则与水资源利用的高效性原则既可能一致，但在更多情况下又可能不一致。可能出现不一致的原因在于，整体效益最高，不等于局部破坏最小。在水资源短缺的情况下，必然对社会、经济和生态带来一定程度的损害。水资源的配置应将这种损害降到最低。这种损害可以集中在一个领域、一个行业、一个地区，造成“窄深式破坏”；也可以分散到所有的领域、行业和地区，形成“宽浅式破坏”。在缺水量不是十分大的情况下，“宽浅式破坏”可以充分利用用水的弹性，使其对整个社会的影响最小，甚至避免破坏。“窄深式破坏”则容易形成局部严重危机，进而影响整个社会。

(5)分质供水、优水优用原则。水资源的配置不仅要考虑水量问题,还要考虑水质问题。不同用户对水质的要求不同,而不同水质的水也具有不同的价格。通过优化和模拟技术,从经济效益、社会效益、保证率等多方面综合确定不同水源对应不同用户的水量。

5.2.1.2 配置措施

从以上配置原则出发,水资源合理配置要从以下几个方面着手:

(1)空间配置。根据国民经济布局、供水水源和缺水状况,合理确定供水范围,使水资源保障条件与生产力布局相互间更加适应。

(2)时间配置。根据水资源年内、年际的变化规律,通过水库、湖泊和地下水库的调节,以实现水资源量在时间尺度上的合理配置。

(3)用水目标配置。根据用水户的用水特点和各水源的供水能力,确定各供水目标的供水次序,进行部门间的水量分配。重点在于解决经济建设用水挤占生态环境用水,城市与工业用水占用农业用水,以及水资源多目标利用中的竞争性用水问题。

(4)水量配置。地表水、浅层地下水、中深层地下水、污水回用水、南水北调水等多种水源的合理调配,提高供水总量和供水保证率,同时减少无效蒸发等损失,高水高用、补偿调节,以节约资源和能源。

5.2.1.3 有利持续发展

水资源利用配置的好坏,不仅关系到它所依托的生态经济系统的兴衰,更关系到对可持续发展战略支撑能力的强弱,必须加强研究和实践,以利社会、经济的持续发展[103]。

合理配置水资源在水资源可持续利用规划与管理的层面上,还应把握下列几点具体原则:

(1)在维持生态经济系统均衡的前提下,从水资源利用系统本身的质和量与空间和时间上,从宏观到微观层次上,从开发、利用、保护水资源及其环境同步规划和同步实施角度上,综合配置水资源及其有关资源,从而取得环境、经济和社会协调发展的最佳综合效益。

(2)水资源是一种再生资源,具有时空分布不均和对人类利害并存的特点。对它的开发利用要有一定限度,必须保持在承载能力之内,以维持自然生态系统的更新能力和永续地利用;对水患的防治也只能保持在一定的防洪标准之内，达到防灾、减灾的目的，不可能也无须采用所谓的完全消灭水害的措施。

(3)在水资源利用和水患防治系统范围内，生产、生活废弃物的排放应尽可能地减少到最低程度，即保持在环境容量范围之内，从而消除和减轻环境污染或防治污染的负担，保持水的清洁和充分的水量。

(4)水资源的合理配置，必须从我国国情出发，并与地区社会经济发展状况和自然条件相适应，因地制宜，不可千篇一律。应按地区发展计划，有条件地分阶段配置资源，以利环境、经济、社会的协调持续发展[104~106]。

5.2.2 水资源配置的目标

水资源合理配置的总目标应是根据流域或区域水资源生态系统的自然和社会状况，采用科学技术方法和合理的管理体制对水资源开发利用和水患防治系统进行改造、规划、设计、组合和布局的安排与管理，以期达到可持续发展的要求和水资源持续利用。水资源合理配置的具体目标有：

(1)水资源持续利用系统的产出大、效率高。这意味着系统的物质循环转化率高，即物质、能量和价值转换率高和产值大。具体表现为劳动生产率高、物能转化率高、价值输出率高、时间效率高等，归结为一点，即系统的综合效益高。

(2)水资源利用系统的结构与功能最佳。这反映出：系统内各要素配置得当，系统结构合理、功能稳定、运转有序，资源、环境和经济、社会可协调持续发展。系统结构合理表明系统要素间是一个相互联系的整体，具有反馈能力，可依系统状态调整结构，促进结构进化。系统功能稳定说明系统物流、能流、信息流和价值流畅通，生产力高、增值大和功能好。系统运转有序表明系统输入与输出的物能相对动态平衡，能形成非平衡态的耗散结构，增强自组织调节能力，保持系统的良性发展。

(3)系统抗干扰和恢复转化的能力强。这主要是在配置资源时，要考虑到抗拒自然的、经济的、政治的突发灾害造成后果的抗干扰和恢复、转化的能力。这可表现在：系统结构保持一定弹性，要素转化力强；功能具有多元性，替代能力强；受到外界冲击时，能作出新的调整以适应其变化;系统受到外界干扰的同化力强,可转危为安等。

上述这些配置原则是做好水资源配置必须考虑和依据的前提。水资源配置的目的则是做好水资源配置,希求获得最大的综合效益。二者相辅相成、缺一不可。

5.3 水资源合理配置机理

5.3.1 优化配置目标的度量与识别

水资源配置是可持续发展的基本问题之一。它要求自然资源应当在时间上、地区上和社会不同阶层的受益者之间合理地进行分配。既要考虑到当代的发展,又要照顾到后代可持续发展的需要;既要照顾到发达地区的发展现实,又要求发达地区的今后发展不应以损害欠发达地区的可持续发展能力为代价;既要追求以提高自然资源总体配置效率为中心的优化配置模式,又要注意效益在全体社会成员之间的公平分配。因此,可持续发展观念下的水资源优化配置问题是一个多目标决策问题。

衡量可持续发展的度量标准如下:

(1)区域内经济、环境与社会的协调发展。为了度量经济、环境与社会协调发展的程度,通常需要在水资源优化配置问题中设置相应的经济目标、环境目标和社会目标,以考查其目标之间的竞争性及协调发展程度。

(2)近期与远期的协调发展。为了考查水资源优化配置方案对区域经济、环境与社会发展在近期和远期的不同影响,要将上述目标分期考查不同水平年的水资源开发利用策略对区域发展的综合影响。

(3)不同区域之间的协调发展。在水资源优化配置目标中应考虑地区结构,以揭示发展进程中不同地区间在经济、环境与社会发展诸目标的差异。分地区设置目标函数,有助于揭示不同配置方案对不同地区的影响。

(4)发展效益或资源利用效益在社会各阶层中的公平分配。要求在目标函数中尽可能地采用人均指标,以进行不同时期和不同地区人均指标的对比。对水资源优化配置问题,不同的开发利用策略将直接导致同一地区内城市和农村人均收入指标的不同变化。

区域可持续发展的基础是经济的发展。描述区域经济发展的指标,可采用国内生产总值(GDP)或水资源利用净效益。发展区域经济的同时,必须重视环境的保护与改善。在水资源优化配置决策中采用生化需氧量(BOD)或化学需氧量(COD)作为区域发展的环境目标是合理的。粮食人均占有量作为区域可持续发展的目标,可以反映农业生产规模、农业生产布局及用水效率,因而是一个社会与经济的综合发展目标。人均收入是一个重要的社会发展目标,它可以反映项目效益总量的大小。这四个目标是基本的,一般可根据所研究问题的性质取舍。

上述各目标之间存在着很强的竞争性。特别是在水资源短缺的情况下,水已经成为经济、环境、社会发展过程中诸多矛盾的焦点。在进行水资源优化配置时,各目标之间相互依存、相互制约的关系极为复杂,一个目标的变化将直接与间接地影响到其他各个目标的变化,即一个目标值的增加往往要以其他目标值的下降为代价,称为目标间的交换比或权衡率。研究复杂系统的水资源优化配置问题时,目标间的交换比对加深问题的认识具有重要意义。

5.3.2 合理配置中的平衡关系

在以区域可持续发展为目标的水资源合理配置过程中,必须保持若干基本平衡关系,才能保证合理配置策略是现实可行的。

5.3.2.1 水资源量的需求与供给平衡

在长期发展过程中,无论是需水还是供水均处于动态,因而供需间的平衡关系只能是动态平衡。从需水方面看,主要的影响因素是经济总量、经济结构和部门用水效率。在供水方面,影响供水的主要因素为供水的工程能力和调度策略。在水资源需求量与供给量均是变量的情况下,动态平衡的保持只能在一定时期和一定程度内。当供水能力大于需求时,就会造成资金的积压,反之则会由于缺水而给国民经济造成损失。在缺水的情况下,减少对不同部门的供水以及减少的程度会导致不同的缺水损失,因而找出较合理的动态供需平衡策略,便成为水资源合理配置的主要任务之一。

5.3.2.2 水环境的污染与治理平衡

与水资源量的需求与供给一样,水环境的污染和治理两方面也是变化的,因而二者之间的平衡也是动态平衡。进入水环境的污染物来源于两个方面,一是上游随流而下的,二是当地排放的。当地排放的污染物总量及种类与经济总量、结构及分部门单位产值排放率有关。在水环境的治理方面,主要的影响因素是污水处理率、污水厂处理能力、污水处理级别以及处理后的污水回用率。水环境的污染与治理之间的动态平衡包含着两方面的内容,即污水排放量与处理量、回用量之间的平衡,以及各类污染物质的排放总量与去除总量、自然降解总量之间的平衡。

上述两种平衡是相互联系的。因为对任何水体来说没有一定的质便没有一定的量,污染导致的水质严重下降会极大地减少有效水资源量,同时处理后可回用的污水也将增加有效供水量。因此,在进行水量与水质的综合平衡时要充分考虑到二者的相互作用与转化。

5.3.3 水资源合理配置模型

5.3.3.1 水资源配置模型的定义

本书对水资源配置模型的定义是:针对以供水为主要目的的水资源系统,以系统分析理论、运筹学方法、知识规则、逻辑推理等为技术基础,对各种工程措施和非工程措施进行适当组合和合理地联合调度运用,以追求系统整体的可持续利用功能最优为目标的计算机模型。

该定义有几个要点:首先,水资源配置模型是数学模型而不是物理模型,其主要用途是合理地安排和调度水资源开发利用的工程措施和非工程措施,配置水资源,使水资源系统的可持续利用功能最优;第二,分析的问题可以是规划阶段的问题,其重点是进行多种水利工程措施和非工程措施组合方案的分析比较,推荐出合理的水利工程布局,也可以是运行管理阶段的问题,其重点是在已有水资源系统条件下合理地调度各种水源和工程,使其发挥最大效益;第三,对"水资源系统整体的可持续利用功能最优为目标"要广义地理解,充分体现实际需要和现实可行性[107]。

5.3.3.2 常用水资源合理配置模型及特点

水资源系统分析通常采用两类基本方法,一类为优化法,另一类为模拟法。优化法一般采用数学规划的方法，着眼于宏观分析和水资源空间配置，对所研究的优化目标函数和约束方程组求解，得出优化结果，即非劣解方案；模拟法则是着眼于微观分析和水资源时间配置，对已拟定的一些比较方案或优化方案进行模拟计算，得到方案的各种评价指标值，然后进行评价择优或印证优化的结果。

5.3.3.2.1 模拟模型

模拟是一种用数学方法尽可能真实地描述系统的各种重要特性和系统行为的模型技术。水资源供需模拟是针对水资源的动态性，运用时历法进行水文长系列模拟，用以分析研究多种水源的组合规律。典型的水资源模拟模型是在给定的系统结构、参数以及系统运行规则下，对水资源系统进行逐时段的调度操作，得出水资源系统的供需平衡结果。由于水资源系统的复杂性，对系统的全部特性和演变规律都详尽地模拟是不现实的，因此需要根据模拟计算的目标与需求，抓住问题的主要矛盾，深入分析和研究水资源系统，对与模拟计算的目标相关的各种重要特性和规律都要真实地在模拟模型中加以反映，而对其他次要方面可作适当的概化。

(1)供需模拟模型的调算任务。水资源模拟模型是研究和解决水资源规划问题的一个重要模型，其对水资源系统的供需模拟，一方面可用于分析水资源系统的供需状况、工程供水保证率和有效供水量等问题；另一方面作为更高层次模型的子模型，通过与其他模型相结合，还可以用于分析不同规划水平年在不同的供水工程组合、节水措施以及污水处理回用能力等条件下，水资源动态供需平衡问题。模拟结果可以掌握水资源对地区社会经济发展的制约情况，为搞清方案的供水宏观效益及水环境效益等提供符合实际情况的分析结果。概括地讲，该模型主要有以下几项任务：①客观地描述和反映流域或区域水资源系统的动态特点，这也是水资源模拟模型的基本要求；②适应水资源的随机性，合理地进行长系列水资源供需平衡模拟计算；③从时间和空间的角度，给出流域或区域各规划水平年水资源系统供需平衡的总体结果和各分水单元的供需平衡具体结果，得到水量分配和供水保证程度；④结合不同优化目标，调整水资源调度规则，可以用于分析在将来外流域或区域调水工程不同的规划原则、运行机制和实行不同的水价政策时，受水区应该采取的水资源配置措施及其效果。

首先需要从时间和空间的角度对所研究的水资源系统做出正确的划分。在时间方面，要结合区域社会经济发展的需要，将整个规划研究时期划分为若干个水平年，在每一水平年又要考虑来水的随机性，进行时历法长系列模拟。在空间方面，首先需要按行政区进行划分，还要按流域特性和用水特点进一步划分更细的供水区，即用水单元或计算单元。用水单元的划分要基本保证在同一计算单元内水资源的供需特性(包括用户、水源、水量、水量损失、地表及地下水库的特征参数及供水范围等)大体一致。

要正确描述各种可能的供水水源及各类需水要求。水源和用户间不但在地域分布上有所不同，而且在供、需时间分布上也有差异。水源与水源之间也存在着一定的转化关系，各类需水对供水水源也起着反馈和制约作用。

由于河川地表径流季节变化(即年内分配)明显，且会出现年际变化(即多年期间)的连丰、连枯的现象，合理利用地表径流必须有很大的调蓄库容。利用水库调节制约因素很多，特别是平原水库利用机会少、水量损失大，不经济合理，因此地下水参与调蓄，实行地下水与地表水联合运用是必要的。

为适应水资源的随机性和各种来水、需水的组合，需要合理地进行长系列水资源供需平衡模拟操作，给出水资源系统供需平衡结果。模拟模型通常需要分析的内容包括：①研究系统内各分区或用水单元的供需平衡；②各大中型水库(包括地下水库)的水量平衡；③各外调水工程的供水情况和弃水情况；④同时向本地区和外地区供水工程的供水情况和弃水情况；⑤各水资源利用分区或用水单元内不同用水户供水保证率；⑥各分区的地表水、地下水、污水处理回用量以及外调水的使用比例；⑦各输水渠道(管道)的过流能力；⑧各分区或用水单元间的分水比例；⑨水库各供水对象间的分水比例；⑩比选各水库(包括地下水库)的运用方式及运行规则。

通过对水资源系统的众多方案的模拟计算，就能弄清系统中的各个主要因素对系统水资源供需平衡的影响，以及各种措施对水资源可持续利用的影响。

(2)模拟模型的特点。模拟模型专长于解决"如果这样，将会怎样"一类问题，是对拟定的一些比较方案进行模拟计算，得到多方案的各种评价指标值，然后进行评价择优。模拟模型是实现模拟的一种工具和手段，该模型是在不用得到真实系统的情况下，描述在给定的系统输入、运行规则和政策下系统的响应，是一个能够提供必要信息的重要分析工具。

该模拟的优点在于不管系统多么错综复杂，只要事先确定调度原则和选择好有较佳代表性的确定型径流系列等输入信息，就能顺利得出分析结果。它可以通过一系列的模拟计算来回答决策者关心的各种问题，发挥决策支持作用。通过不同运行规则模拟的结果来改善系统运行规则，也可以用来评价不同的规划方案。这种模型计算简单，不存在"维数灾"，适用于求解复杂条件下的水资源配置问题。

模拟模型的缺点是每一次模拟所得出的仅是许多不同系统方案中的一个方案信息。相应于各个不同方案，需要进行多次模拟。因此，模拟模型不能确定完整的可行域的边界，对于方案寻优决策来说，靠枚举进行方案比选，计算工作量大，且不能保证结果的最优性。

5.3.3.2.2　优化模型

优化是专门用于解决"期望这样，应该怎样"一类问题的有效方法，一般采用数学规划的方法，对所研究的优化目标函数和约束方程组求解，得到其最优方案。对于水资源配置来说，在资源限制条件下，如何更好地配置水资源，达到发挥水资源最大效用的目的，建立优化模型是最常用的手段。

(1)常用优化模型，主要有线性规划模型、非线性规划模型、动态规划模型和多目标规划模型。

a.线性规划模型。线性规划模型包括目标函数和约束条件两大部分，作用是在满足给定约束条件下使决策目标达到最优。线性规划模型的目标函数和约束条件的方程必须是线性的。线性规划的理论已十分成熟，具有统一而简单的求解方法，即单纯形法，使线性规划模型易于推广和使用。但线性规划模型的目标函数是单一的，只能解决简单的单目标问题，如果实际问题过于复杂，存在多目标甚至目标间相互矛盾，则运用线性规划模型存在一定的局限。

b.非线性规划模型。非线性规划模型也是由目标函数和约束条件两大部分组成，但其目标函数和（或）约束条件的方程中含有非线性函数。与线性规划相比，非线性规划模型的优势在于能够更准确地反映真实系统的性质和特点。如前所述，水资源系统是多要素、多层次的复杂巨系统，要素间、层次间的关系通常都不是简单的线性关系，而是非线性的，甚至是模糊的、不确定的。因此，非线性规划模型在水资源系统分析中得到了越来越广泛的应用。但非线性规划模型比线性规划模型要复杂得多，既没有统一的数学形式，也没有通用的求解方法。一般来说，对于简单一些的非线性规划模型，如二次规划模型，可以采用与单纯形法相类似的方法求解。对于更复杂的非线性规划模型，目前已发展了一些求解方法，但各方法都有特定的适用范围，都有一定的局限性。

c.动态规划模型。动态规划模型是解决多阶段决策过程最优化问题的一种方法。其基本思路是将一个复杂的系统分析问题分解为一个多阶段的决策过程，并按一定顺序或时序从第一阶段开始，逐次求出每个阶段的最优决策，经历各阶段而求得整个系统的最优策略。动态规划模型对目标函数和约束条件的函数形式限制较宽，并且能够通过分级处理使一个多阶段优化问题化解为多个单阶段优化问题，但当优化问题维数增多时，常出现“维数灾”，因而在水资源系统分析中广泛应用。但动态规划模型也存在一定的局限性，它只是解决问题的一种方法，不像线性规划那样有一套标准的算法，对于不同的问题，需要建立不同的递推方程和算法，给使用带来了很多不便。

d.多目标规划模型。上面介绍的几种模型基本上都是针对单目标问题的。随着水资源规划，尤其是流域或区域综合规划内容的不断丰富，规划目标逐渐多样化，形成了一个涉及经济目标、社会目标和生态环境目标三方面，多层次、多指标的目标体系。在技术方法上，多目标规划模型应运而生。多目标规划模型也是由决策变量、目标函数和约束条件构成的，最大的特点是其目标函数包含两个或两个以上相互独立的目标。

在水资源规划中，不同的规划目标可能不可共存，或有的目标难以量化和不可公度，甚至目标间可能存在矛盾。因此，多目标规划模型不能得到传统模型中的明确的最优解，而只能求得若干“非劣解”，组成非劣解集。关于多目标规划模型的求解方法很多，可以归纳为三大类：①评价函数法，根据问题的特点和决策者的意图，构造一个把多个目标转化为单个目标的评价函数，化为单目标优化问题，这类方法有线性加权和法、极大极小法、理想点法等；②交互规划法，不直接使用评价函数的表达式，而是以分析者和决策者始终交换信息的人机对话方式求解，这类方法有逐步宽容法、权衡比较替代法、逐次线性加权和法等；③混合优选法，对于同时含有极大化和极小化目标的问题，可以将极小化目标化为极大化目标再求解，也可以不转换，采用分目标乘除法、功效函数法和选择法等直接求解。

(2)优化模型的特点。优化模型的优点是可以直接回答水资源配置中关于最佳方案的问题，是在期望目标下，寻找实现目标的最优途径，其结果不受人为因素的影响，具有科学性、合理性，而且能够定量地揭示区域经济、环境、社会多目标间的相互竞争与制约。

但优化方法除建模复杂外，目前尚存在一些自身难以克服的弱点，如非线性系统最优解稳定性问题、动态优化“维数灾”问题等。此外，对于复杂的水资源系统，由于它所涉及的系统规模大、因素复杂(包括政治、经济、社会和环境等各方面的因素)，采用优化模型求解时变量过多，规模太大，必须进行大量的简化，而且模型本身的局限性和输入信息的不确定性以及随机性等因素的存在，使得模型的优化结果往往难以反映客观系统的真实最优状况。再有，水资源利用的目标往往是多样的，这些目标间又常常是难以公度的，因此在优化中就形成多目标规划问题。多目标规划在寻优方法上可以借助单目标优化技术，但在寻优策略上往往要参与决策者的偏好，这就产生了最佳方案的搜索不得不与决策者的意愿协调的矛盾，使得人们对方案的“最优性”产生疑问。因此，目前水资源系统优化问题的研究不再一味地追求“解”的最优性，而注重方案的满意程度及可操作性。

5.3.3.3 水资源配置优化模型与模拟模型的有机耦合

(1)问题的提出。根据以上对模拟与优化两种方法的优势和劣势的分析,优化模型侧重于系统内部各因素之间的动态约束关系和期望条件下系统的发展结果,而将系统实际的运转过程进行了概化;模拟模型侧重于模拟实际条件下系统的运转过程,而较少关心分水用户间的相互制约关系。对于解决水资源合理配置中最佳方案的选择问题,优化模型与模拟模型是不可分割的。因为区域水资源系统包含有许多随机因素,使系统的发展带有不确定性,优化模型只能从平均的概念出发来求得水资源配置的战略对策,而系统在实际操作过程中受随机因素的影响有时可能偏离实际情况。偏离的程度如何,用优化方法来解答是困难的,而采用优化模型与模拟模型技术有机耦合的方法则可以对配置方案给出更为详细的描述。另一方面,优化模型仅侧重于宏观层次上的规划,而对微观方面进行了适当的概化,配置方案微观层次下的关系则采用模拟的方法来解决,模拟技术的最大优势在于对系统的状态和行为的模拟更精确、更符合实际情况,使配置方案更具操作性。由此,将两种模型有机耦合,取长补短,以达到解决水资源合理配置中关于最佳方案的问题。

另外,模拟模型还可以通过长系列模拟,分析计算出基本单元和大区域各自的不同供水的保证率、需水和缺水情况,避免常规算法中的同频率相加带来的大区域丰水年供水量大于实际供水量,枯水年供水量小于实际供水量的弊端。而优化模型只能进行典型年年内优化,用于大区域计算的某种频率的典型年,在更小的单元内可能是另外不同的频率年。

水资源配置需要在长系列的尺度上进行多种水资源的调配,既要解决空间上水资源配置的合理性问题,又要解决时间尺度上的蓄丰补枯问题,如果能解决这两方面的问题,就可以有效地提高水资源的利用率。

(2)基于优化和模拟技术耦合的水资源合理配置模型。采用优化模型与模拟模型有机耦合的方法可以对配置方案给出更为详细和准确的描述。首先运用优化模型对系统进行优化，初步确定各种水源在各计算单元的分配关系(包括数量和比例等)，然后将各类可调配水源在各分区、各用户的分配关系带入模拟模型，用长系列水文资料进行逐月的供水模拟，并根据模拟结果的总缺水率、分区和计算基本单元缺水率、供水保证率等指标，对优化的分配关系进行适度调整，通过优化模型、模拟模型的相互反馈和不断调整，得出不同配置方案的水资源配置结果。

(3)特点。优化技术和模拟技术相结合，优化可指导模拟，模拟可验证和修正优化结果。优化技术的特点在于从宏观上配置资源，整体上使系统的运行达到最佳状态，使既定的目标达到最优。由于各种优化技术都建立在数学方法基础上，并且寻优的过程就是一个非常复杂的计算过程，因而优化技术往往需要对系统进行概化，对系统描述不可能特别精确，因而不适于反映水资源系统随时间的动态变化。对于资源配置问题，优化技术能够给出宏观的、方向性的空间资源分配比例，换言之，优化技术"擅长"解决空间尺度上的公平和效率问题，适于制定"战略"。

模拟技术的最大优势在于对系统的状态和行为进行精确和符合实际的模拟，因而更具可操作性。区域水资源系统包含有许多随机因素，使系统的发展带有不确定性，优化模型只能从平均的概念出发求得水资源配置的空间战略对策，而系统在实际运行过程中受随机因素的影响将会偏离预想情况，偏离的程度如何，用优化方法来解答是困难的，这就需要采用模拟技术。因而，模拟技术"擅长"解决时间尺度上的合理性和可操作性问题，适于制定"战术"。

另外，模拟模型还可以通过长系列模拟，分析计算基本单元和大区域各自的供水保证率、需水和缺水情况，避免常规算法中的同频率相加带来的大区域丰水年供水量大于实际供水量，枯水年供水量小于实际供水量的弊端。而优化模型只能进行典型年的优化，大区域的某种频率的典型年，并不一定能代表其中每个计算单元的相同频率。

本次水资源合理配置采用优化与模拟相结合的方法，扬长避短，相互补充。通过优化模型、模拟模型的不断调整和反馈，最终获得不同水平年、不同频率下的水资源合理的、具有可操作性的配置方案。

5.4 本章小结

本章在系统地讨论水资源合理配置的内涵、任务、原则、目标的基础上，分析了水资源合理配置目标的识别和度量、合理配置中的各种平衡关系；研究了水资源配置模拟模型与优化模型的优点和不足；提出了水资源配置优化模型与模拟模型的有机耦合技术，通过优化模型与模拟模型的不断反馈和调整，最终获得不同水平年、不同频率条件下的水资源合理配置方案。本章研究完善了复杂系统水资源配置的理论与方法。

第 6 章　复杂水资源系统多目标优化配置模型及求解

水资源配置的模拟模型相对优化模型而言已比较成熟，而优化模型仍有许多问题没有很好解决，本章重点讨论复杂水资源系统多目标优化配置模型的建立和求解问题。

6.1　复杂系统水资源多目标优化配置模型的建立[108]

6.1.1　水资源优化配置模型概述

水资源优化配置是在一个特定流域或区域内，工程与非工程措施并举，对有限的不同形式的水资源进行科学合理的分配，其最终目的就是实现水资源的可持续利用，保证社会经济、生态环境的协调发展。水资源优化配置的实质就是提高水资源的配置利用效率，一方面是提高水的分配效率，合理解决各部门和各行业（包括环境用水和生态用水）之间的竞争用水问题，统计资料表明，无论是从时间过程还是从不同国家的横向对比来看，随着社会经济的发展提高，农业用水将大量被工业用水和生活用水所取代；另一方面则是提高水的利用效率，促使各部门或各行业内部高效用水。

优化模型重点解决水资源合理配置过程中的宏观战略规划和总体优化，在全面节水的前提下，分析各分区及重要城市的需求，确定各种水源的供水目标及水量分配原则。系统优化的总目标或最高层次的目标是实现水资源合理配置支撑全省社会、经济、环境的可持续发展。

多目标优化问题在工程中占较大比重。一般来说，多目标优化问题并不存在一个最优解，多目标优化问题中的多个目标不可能同时达到最优[109]。多目标优化问题可表述为：有 n 个决策变量 x_j（$j=1,2,\cdots,n$），s 个约束条件 $h_s(x_1,x_2,\cdots,x_n)\geqslant 0$，$m$ 个目标函数 $f_m(x_1,x_2,\cdots,x_n)$都希望取极大值（或极小值）。如果令向量 $x=(x_1,$

$x_2, \cdots, x_n$)，可行域表示为 $R=\{x \mid h_i(x) \geqslant 0, i=1,2,\cdots,s\}$，目标函数用向量形式表示为 $F(x)=(f_1(x), f_2(x), \cdots, f_m(x))^{\mathrm{T}}$。使 m 个子目标同时达到最优的解称为最优解，对于至少有一个子目标函数小于其他任一解的相应目标函数值的解，称为非劣解或称为 Pareto 解[110]，不属于上述解的解称为劣解。

水资源系统的影响因素是多种多样的，这些因素使得目标经常是具有不同的量纲、大小不成比例，目标之间往往是相互制约、相互联系的，因此对水资源系统进行优化配置应该是多目标的。多目标优化寻求的是向量目标函数中各个分量的优化，因此与单目标优化不同之处在于问题的解不是一个点，而是最优的点集。水资源配置系统目标之间存在着冲突与矛盾，因此系统不存在一个最优解，而是各种矛盾与冲突相互妥协与协商的满意结果，只能是"非劣解"或"妥协解"。

6.1.2 区域水资源优化配置模型的建立

水资源优化配置模型的建立步骤如下：

第一，根据区域发展规划确定水资源优化目标，可以采用经济效益最大化目标、缺水量最小目标以及可持续发展目标等；

第二，根据水资源优化配置目标建立数学模型，即用数学模型描述系统内各影响因素的特征以及相互影响关系和影响程度，并根据研究区域的具体情况建立约束条件，包括供水能力约束、水库约束等。

6.1.2.1 子区划分与水源、用户构成

根据区域的地形地貌、水利条件、行政区划，一般可将区域划分为若干子区。根据区域内各水源的供水范围，可将水源划分成两类：公共水源和独立水源，所谓公共水源是指能同时向两个或两个以上的子区供水的水源。独立水源是指只能给水源所在的子区供水的水源。

设区域划分为 k 个子区，$k=1,2,\cdots,K$，k 子区有 $I(k)$ 个独立水源、$J(k)$ 个用水部门。区域内有 M 个公共水源，$c=1,2,\cdots,M$。公共水源 c 分配到 k 子区的水量用 D_c^k 表示，其水量和其他独立水源的水量一样，需要在各用户间进行分配。因此，对于 k 子区而言，是 $I(k)+M$ 个水源和 $J(k)$ 个用户的水资源优化分配问题。

6.1.2.2 目标函数

系统优化的总目标或最高层次的目标是实现水资源合理配置支撑全省社会、经济、环境的可持续发展,水资源优化配置的综合指标包括经济目标、成本目标、生态目标和社会目标四个方面[111],由于这四个方面的目标不同,因而考虑采用多目标优化模型,各目标函数如下:

(1)经济目标。各水平年各子区不同行业用水产生的经济效益最大。

(2)成本目标。各水平年各子区不同行业用水总成本最小。

(3)生态目标。各水平年各子区 COD 排放量之和最小。

(4)社会目标。各水平年各子区粮食产量最大,或采用各水平年各子区缺水量最小。

除了以上所提出的几个目标函数外,还可以以"绿色 GDP"作为目标函数[112]。所谓"绿色 GDP",其实是相对"黑色 GDP"而言的。"绿色 GDP"的内涵是人与自然的和谐,是健康的经济增长;"黑色 GDP"的内涵则是人类对大自然的疯狂掠夺,是不健康的经济增长。

从理论上说,"绿色 GDP"就是在现行 GDP 的基础上,扣除经济(GDP)增长导致的环境污染、资源滥用等外部不经济因素,加上地下经济活动、自给性服务及闲暇活动等外部经济因素之后的国民生产总值。由于外部经济因素与外部不经济因素相当复杂,因而进行"绿色 GDP"的测算是一个非常困难的问题。

"绿色 GDP"与复杂的可持续性理论相关,进行"绿色 GDP"的测算实质上是实施可持续发展战略的需要。因此,把有些考虑了环境影响的各种 GDP(或与 GDP 有关的)改进方案都称为"绿色 GDP"。随之产生的一种思路是对"绿色 GDP"的研究从可持续发展指标的计量入手,量化描述可持续发展状况。量化的描述工具大体可归纳为三大类型。即用价值总量(如世界银行的持续经济福利指标)、实物量(如物质流分析)与统计指数(如欧洲环境压力指数)三大类型指标描述可持续发展状况。

由于采用"绿色 GDP"作为目标函数,所需各行业的"绿色 GDP"产值的计算方法还不成熟,量化困难,在本项研究中没有直接采用,而是以“绿色 GDP”的理念,以目前统计相对较准确的 COD 排放量控制作为生态目标。随着统计方法的发展,“绿色 GDP”必将成为未来水资源优化配置的目标。

多目标优化中,有些目标之间常常是不可公度的,如经济效益、社会效益、生态环境效益。本研究中目标函数可分为如下几种:

(1)经济目标。各水平年各子区不同行业用水产生的经济效益最大:

$$\max f_1(x) = \sum_{k=1}^{K}\sum_{j=1}^{J(k)}\sum_{i=1}^{I(k)} b_{ij}^k x_{ij}^k \tag{6-1}$$

式中:x_{ij}^k为水源i向k子区j用户的供水量,万 m^3;b_{ij}^k为水源i向k子区j用户的单位供水量效益系数,元/m^3。

(2)成本目标。各水平年各子区不同行业用水总成本最小:

$$\min f_2(x) = \sum_{k=1}^{K}\sum_{j=1}^{J(k)}\sum_{i=1}^{I(k)} c_{ij}^k x_{ij}^k \tag{6-2}$$

式中:x_{ij}^k为水源i向k子区j用户的供水量,万 m^3;c_{ij}^k为水源i向k子区j用户的单位供水量成本系数,元/m^3。

(3)生态目标。各水平年各子区 COD 排放量之和最小:

$$\min f_3(x) = \sum_{k=1}^{K}\sum_{j=1}^{J(k)} 0.001 \cdot d_j^k p_j^k \left(\sum_{i=1}^{I(k)} x_{ij}^k\right) \tag{6-3}$$

式中:d_j^k为k子区j用户单位废水排放量中重要污染因子的含量,mg/L;p_j^k为k子区j用户污水排放系数;其他符号含义同前。

(4)社会目标。各水平年各子区缺水量之和最小:

$$\min f_2(x) = \sum_{k=1}^{K}\sum_{j=1}^{J(k)}\left[D_j^k - \sum_{i=1}^{I(j)} x_{ij}^k\right] \tag{6-4}$$

式中:D_j^k为k子区j用水户的总需水量,万 m^3;其他符号含义同前。

6.1.2.3 约束条件

水量约束可分为供水约束与需水约束。供水约束是保证不同供水水源分配到各子区不同用户上的水量不能超过该水源所能提供的水量;需水约束是对不同用户需水量的保证。

(1)水源可供水量约束:

公共水源 $$\sum_{k=1}^{K}\sum_{j=1}^{J(k)} x_{cj}^{k} \leqslant W_{c} \tag{6-5}$$

独立水源 $$\sum_{k=1}^{K}\sum_{j=1}^{J(k)} x_{ij}^{k} \leqslant W_{i}^{k} \tag{6-6}$$

式中：x_{cj}^{k}为公共水源c供给k子区j用户的水量，万 m^3；W_c为公共水源c的可供水量，万 m^3；x_{ij}^{k}为独立水源i供给k子区j用户的水量，万 m^3；W_i^k为k子区独立水源i的可供水量，万 m^3。

(2)水源至用户的输水能力约束：

公共水源 $$x_{cj}^{k} \leqslant Q_{c\max}^{k} \tag{6-7}$$

独立水源 $$x_{ij}^{k} \leqslant Q_{i\max}^{k} \tag{6-8}$$

式中：$Q_{c\max}^{k}$为公共水源c至k子区的最大输水能力，万 m^3；$Q_{i\max}^{k}$为独立水源i至k子区的最大输水能力，万 m^3；其他符号含义同前。

(3)用户需水能力约束：

$$G_{j\min}^{k} \leqslant \sum_{i=1}^{I(k)} x_{ij}^{k} + \sum_{c=1}^{C} x_{cj}^{k} \leqslant G_{j\max}^{k} \tag{6-9}$$

式中：$G_{j\min}^{k}$为k子区j用户的最小需水量，万 m^3；$G_{j\max}^{k}$为k子区j用户的最大需水量，万 m^3；C为公共水源总个数；其他符号含义同前。

(4)供水水源(水库)水量平衡约束：

$$W_{le} = V_{lb} + Q_{lin}T - Q_{lsa}T - Q_{lqi}T \tag{6-10}$$

式中：V_{le}和V_{lb}为l水库在时段T的初、末库容，万 m^3；Q_{lin}为l水库的入库流量，m^3/s；Q_{lsa}为水库的供水流量，m^3/s；Q_{lqi}为弃水流量，m^3/s；T为时段长度，万 s。

(5)其他约束。包括水库的水位库容约束、变量非负约束等。

6.2 模型求解方法——遗传算法

遗传算法作为一种新的全局优化搜索算法，以其简单、通用、鲁棒性强、适于并行处理以及应用范围广等显著持点，奠定了作为21世纪智能优化算法之一的地位。由于水资源优化配置的多目标性，运用传统的规划方法难以解决好这类问题。遗传算法已被认为可能是最适合于多目标优化的[113]。本节概述生物进化机理和遗传算法的原理、特点,阐述基本遗传算法和遗传算法的实现技术。

6.2.1 遗传算法的特点

遗传算法具有十分顽强的鲁棒性,这是因为它与爬山法、枚举法、随机搜索法以及其他启发式搜索算法等传统算法相比,具有如下特点:

(1)遗传算法处理的对象是参数集的代码,而不是参数本身。因此,遗传算法的搜索过程既不受函数连续性的约束,也不受函数可导的约束,所以遗传算法是一种弱方法,与具体问题领域无关。

(2)遗传算法的搜索过程是从一组初始点开始搜索的,而不是从一个初始点开始搜索。这种机制使得遗传算法易于并行化且搜索不易陷入局部极值点,因此遗传算法具有较强的全局搜索能力。

(3)遗传算法的搜索过程仅使用适应度函数进行启发,而不需要导数和其他辅助信息,不受可导、可微等传统方法思路的限制,过程简单,易于实施,这使得遗传算法成为普适性的优化方法。

(4)遗传算法的搜索过程采用的是概率转换准则,而不是确定性准则。这种准则仅仅作为一种工具来引导其搜索过程朝着搜索空间更优的解区域移动。看起来它似乎是一种盲目搜索,但实际上它有明确的搜索方向。

(5)遗传算法是大规模计算和并行搜索,它是对整个群体进行进化运算操作,且着眼于个体的集合,由于许多实际的工程领域问题是多目标优化问题,所以多目标优化是一个非常重要的研究领域,多目标中的同时优化,可能是相互竞争的,而多目标优化问题往往需要的是整体最优,而不是单个最优,所以需要解出一组可选的解决方案,这样的一组解决方案是非受控的解决方案集合(Pareto 集),而遗传算法是求解这种集合的有效手段,将其引入到多目标优化中,可在一次优化过程中产生一组 Pareto 解,进而寻得满意解[114]。

具有以上这些特点的技术使得遗传算法使用简单、鲁棒性强、易于并行化,从而应用范围更加广泛[115,116]。

6.2.2 遗传算法的基本结构

遗传算法可以形式化描述如下:

$$GA = (P(0), l, N, I, s, g, p, f, r)$$

这里,$P(0)=(a_1(0),a_2(0),\cdots,a_N(0))\in J^N$ 表示初始种群;

$l=B^I=(0,1)^I$ 表示长度为 I 的二进制串全体,称为位串空间;

N 表示种群中含有个体的个数;

I 表示二进制串的长度;

s 表示选择策略;

g 表示遗传算子,通常它包括交叉算子和变异算子;

p 表示遗传算子的操作概率,包括交叉概率 p_c 和变异概率 p_m;

f 表示适应度函数;

r 表示终止准则,一般依据问题的不同,有不同的确定方式。例如,可以采用以下的准则之一作为判断条件:①种群中个体的最大适应度超过预先设定值;②种群中个体的平均适应度超过预先设定值;③世代数超过预先设定值。

6.2.3 遗传算法的操作步骤

6.2.3.1 编码方法

在使用遗传算法对一个问题进行求解之前,必须先对问题的解空间进行编码,以实现解空间到遗传算法搜索空间的映射,也即表现型到基因型的映射。

遗传算法不对解空间的决策变量直接进行操作,而是对表示可行解的个体编码施加选择、交叉、变异等运算。这种将可行解从其解空间转换到遗传算法所能处理的搜索空间的转换操作或方法称为编码。编码对于遗传算法性能和效率影响很大。编码技术是遗传算法设计中需要解决的首要问题和关键步骤。

实际应用问题中的编码设计,必须对编码方法、交叉运算方法、变异运算方法、解码方法等统一考虑。迄今为止已经提出了许多种不同的编码方法,概括而言,这些编码方法可以分为三类:二进制编码方法、实数编码方法、符号编码方法[117]。

(1)二进制编码方法。二进制编码方法是遗传算法中最常用的一种编码方法,它仅使用二进制符号 0 和 1 所组成的二值符号集(0、1),个体基因型是一个二进制符号串。

二进制编码和解码方法操作简单易行,交叉变异等遗传算法操作便于实现。但二进制编码存在连续变量离散化带来的映射误差,以及符号串的长度对问题的求解精度和算法运行效率有很大的影响等问题,尤其在求解高维优化问题时,二进制编码串非常长,扩大了算法的搜索空间,因而大大降低算法的搜索效率。

(2)实数编码方法。实数编码方法,是指个体的每个基因值用某一范围内的一个实数来表示,个体的编码长度等于其决策变量的个数。实数编码适合于精度要求较高、搜索空间较大、高维复杂约束问题,且便于引入问题的相关信息和其他优化方法的混合使用。但实数编码要求保证交叉、变异等操作的结果必须在基因值给定的区间内,而已交叉运算不能在基因的中间字节分隔处进行。

(3)符号编码方法。符号编码方法是指个体染色体编码串中的基因值取自一个无数值含义而只有代码含义的符号集。如$\{A,B,C,D,\cdots\}$、$\{l,2,3,4,\cdots\}$、$\{A_1,B_1,C_1,D_1,\cdots\}$等。

符号编码便于在遗传算法中结合所求解问题的专门知识,而且利于与相关近似算法的混合使用。但符号编码方法的遗传算法,需要认真设计交叉、变异等遗传操作方法,以满足问题各种约束条件,才能提高算法的搜索性能。

6.2.3.2 适应度函数

遗传算法在进化搜索中基本不利用外部信息,仅以适应度函数(Fitness Function)为依据,利用种群中每个个体的适应度值来进行搜索。因此,适应度函数的选取至关重要,直接影响到遗传算法的收敛速度以及能否找到最优解。一般而言,适应度函数是由目标函数变换而成的。对目标函数值域的某种映射变换称为适应度的尺度变换(Fitness Scaling)。

适应度函数基本上有以下三种:

(1)直接以待求解的目标函数的转化为适应度函数,即:

若目标函数为最大化问题　　$Fit(f(x))=f(x)$

若目标函数为最小化问题　　$Fit(f(x))=-f(x)$

这种适应度函数简单直观,但存在两个问题,其一是可能不满足常用的轮盘赌选择中的概率非负的要求;其二是某些代求解的函数在函数值分布上相差很大,由此得到的平均适应度可能不利于体现种群的平均性能,影响算法的性能。

(2)若目标函数为最小问题,则

$$Fit(f(x)) = \begin{cases} c_{max} - f(x), & f(x) < c_{max} \\ 0, & \text{其他} \end{cases} \tag{6-11}$$

式中:c_{max}为 $f(x)$的最大值估计。

若目标函数为最大问题,则

$$Fit(f(x)) = \begin{cases} f(x) - c_{min}, & f(x) > c_{min} \\ 0, & \text{其他} \end{cases} \tag{6-12}$$

式中:c_{min}为 $f(x)$的最小值估计。

这种方法是对第一种方法的改进,可以称为“界限构造法”,但有时存在界限值预先估计困难、不可能精确的问题。

(3)若目标函数为最小问题

$$Fit(f(x)) = \frac{1}{1 + c + f(x)} \quad (c \geqslant 0, c + f(x) \geqslant 0) \tag{6-13}$$

若目标函数为最大问题

$$Fit(f(x)) = \frac{1}{1 + c - f(x)} \quad (c \geqslant 0, c - f(x) \geqslant 0) \tag{6-14}$$

这种方法与第二种方法类似,c 为目标函数界限的保守估计值[118]。

6.2.3.3 选择算子

选择操作决定如何从当前种群中选取个体作为产生下一代种群的父代个体。不同的选择策略将导致不同的选择压力(即最佳个体选中的概率与平均选中概率的比值)。较大的选择压力使最优个体具有较高的选中概率,从而使得算法收敛速度较快,但也较容易出现过早收敛的现象。较小的选择压力能使种群保持足够的多样性。从而增大算法收敛到全局最优的概率,但算法收敛速度一般较慢。

常用的选择方法有以下几种:

(1)按比例的适应度分配(Proportional Fitness Assignment)。按比

例的适应度分配的选择方法是通过各个体适应度的概率决定其子孙的遗留可能性,包括繁殖池选择、轮盘赌选择等方法。轮盘赌选择方法在遗传算法中使用得最多,其思想是先根据下式计算个体的选择概率:

$$P_i = \frac{f_i}{\sum_{i=1}^{M} f_i} \quad (i = 1,2,\cdots,M) \tag{6-15}$$

式中:f_i 是群体中第 i 个成员的适应度;M 为群体规模。然后按照如下的方式进行个体选择:生成一个$[0,1]$内的随机数 r,若 $P_1 + P_1 + \cdots + P_{i-1} < r \leqslant P_0 + P_1 + \cdots + P_i$,则选择个体 i,此处假设 $P_0 = 0$[117]。

(2)基于排序的适应度分配(Rank - Based Fitness Assignment)。在基于排序的适应度分配中,种群按目标值进行排序。适应度仅仅取决于个体在种群中的序位,而不是实际的目标值。在选择压力太小的情况下,以及选择导致搜索带迅速变窄而产生的过早收敛,排序方法克服了比例适应度计算的尺度问题。排序方法引入种群均匀尺度,提供了控制选择压力的简单有效的方法。

排序方法比比例方法表现出更好的鲁棒性,因此不失为一种好的选择方法。

此外,常用的选择方法还包括局部选择、截断选择、锦标赛选择、稳态繁殖等[119]。

6.2.3.4 交叉算子

交叉,即基因重组将两个父代个体的部分结构加以替换重组而生成新个体(子个体),其目的是在下一代获得新优良个体,提高遗传算法的搜索能力。

对于不同的编码方式,其交叉算子的设计有所不同。

6.2.3.4.1 二进制编码的交叉算子

二进制编码的交叉算子包括点式交叉和均匀交叉等。点式交叉分为单点交叉和多点交叉,是在两个父代个体上随机产生一个或多个交叉点,再间断交换两个父代个体的对应片断,从而得到两个子代个体[113]。

(1)单点交叉。单点交叉中,交叉点 k 的范围为$[1, N_{var} - 1]$,N_{var}

为个体变量数目,在该点为分界相互交换变量。

考虑如下两个 11 位变量的父个体:

父个体 1:0 1 1 0 0 1 0 1 1 0 1

父个体 2:[redacted]

交叉点的位置为 6,如下所示,交叉后生成两个子个体:

子个体 1:0 1 1 0 0 1 [redacted]

子个体 2:[redacted] 0 1 1 0 1

(2)多点交叉。对于多点交叉,m 个交叉位置 K_i 可无重复随机地选择,在交叉点之间的变量间续的相互变换,产生两个新的后代,但在第一个变量与第一个交叉点之间的一段不做变换。

考虑如下两个 11 位变量的个体:

父个体 1:0 1 1 0 0 1 0 1 1 0 1

父个体 2:[redacted]

交叉后两个新个体如下所示:

子个体 1:0 1 [redacted] 1 0 [redacted] 0 1

子个体 2:[redacted] 1 0 0 [redacted] 1 1 [redacted]

多点交叉的思想源于控制个体特定行为的染色体,表示信息的部分无须包含于邻近的子串中,多点交叉的破坏性可以促进解空间的搜索,而不是促进过早的收敛。因此,搜索更加健壮。

(3)均匀交叉。单点交叉和多点交叉的定义使得个体在交叉点处分成片断。均匀交叉更加广义化,将每个点都作为潜在的交叉点。随机地产生与个体等长的 0－1 掩码,掩码中的片断表明了哪个父个体向子个体提供变量值。

考虑如下两个 11 位变量的个体:

父个体 1:0 1 1 0 0 1 0 1 1 0 1

父个体 2:[redacted]

掩码样本(1 表示父个体 1 提供变量值,0 表示父个体 2 提供变量值):

样本 1:0 1 0 0 0 1 0 1 0 0 1

样本 2:1 0 1 1 1 0 1 0 1 1 0

交叉后两个新个体为：

父个体 1:1 1 0 1 0 1 1 1 1 1 1

父个体 2:0 0 1 0 0 1 0 0 1 0 0

均匀交叉类似多点交叉，可以减小二进制编码长度与给定参数特殊编码之间的偏差。它的算法与离散重组是等价的。

除了上述交叉方法以外，还有部分匹配交叉（Partially Matched Crossover, PMX）、顺序交叉（Ordered Crossover, OX）、循环交叉（Cycle Crossover, CX）、洗牌交叉（Shuffle Crossover, SC）、缩小代理交叉（Crossover with Reduced Surrogate, CRS）等。

6.2.3.4.2 变异算子

变异是遗传算法中保持物种多样性的一个重要途径。它以一定概率选择某一基因值，通过改变该基因值来获取新的个体。

(1)实值变异，如图 6-1 所示。

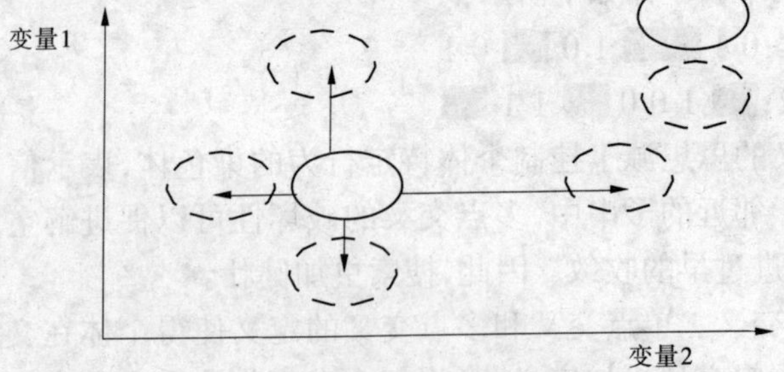

图 6-1 实值变异

变异步长的选择比较困难，最优的步长视具体情况而定，甚至在优化过程中可以改变。通常较小的步长会比较成功，但有时大步长比较快些。建议采用如下的变异算子：

$$X' = X \pm 0.5L\Delta$$

式中：$\Delta = \sum_{i=0}^{m=1} \frac{a(i)}{2^i}$，$a(i)$ 以概率 $1/m$ 取值 1，以 $1-1/m$ 取值 0，通常 $m = 20$；L 为变量的取值范围；X 为变异前变量取值；X' 为变异后变量取值。

(2)二进制变异。对于二进制编码的个体而言,变异意味着变量的翻转。对于每个个体,变量值的改变量随机的,如下所示,有11位变量的个体,第6位发生了翻转。

变异前:10010101010

变异后:10010 0 01010

上述个体解码成实数,变异的效果依赖于实际的编码方法。除上述基本位变异法以外,还有其他的变异方法,如换位(Displacement)、复制(Dduplication)、插入(Addition)、删除(Deletion)等。

6.3 遗传算法求解水资源多目标优化配置模型

水资源系统是一个复杂巨系统,具有多水源、多用户、多层次、多目标的特点。系统优化的总目标或最高层次的目标是实现水资源合理配置,支撑社会、经济、环境的可持续发展。

6.3.1 大系统分解协调优化过程

对于大系统优化一般是采用分解—协调算法。分解是将大系统划分为相对独立的若干子系统,形成递阶结构形式,应用现有的优化方法实现各子系统的局部优化。协调是根据大系统的总目标,通过各级间协调关系寻求整个大系统的最优化。根据协调方法不同,分解—协调算法分为关联平衡法和关联预估法。

关联平衡法又称目标协调法、非可行法。它引进协调变量 ρ_j,将关联约束并入系统目标函数中去,达到系统解耦,协调的任务是选择 ρ_j 而使关联约束达到满足,使耦合误差趋于0。

关联预估法又称模型协调法、可行法。它是预估关联变量值,将系统解耦,并独立寻优。这样求得的局部最优解虽可行(满足关联约束),但未必能使总目标最优,因此需要反复对协调变量进行多次预估,反复求解,直到整个系统目标最优化为止。

分解协调的目的是将复杂问题分解成若干个比原问题简单的、规模较小的子问题。若所研究的区域不是很大,划分子区数较少,模型中涉及到的决策变量不是很多,模型规模和复杂程度都不算很大,可以直接对模型进行优化,而不必考虑分解和协调问题。

将水资源系统划分成分水单元进行优化，每个分水单元内部都需要使用优化模型进行优化，因此水资源优化配置模型即为大系统多目标优化模型。此模型不仅规模大，而且由于各分水单元之间存在着水力或水利联系，使模型求解比较复杂。为解决此问题，考虑根据大系统理论的分解协调技术，建立供水需水协调的二级递阶模型，应用递阶分析的方法来求解。

采用分解协调技术中的模型协调法(可行法)，将关联约束变量即区域公用水资源进行预分，使系统分解成 K 个独立的子系统，然后反复协调分配量，最终实现系统综合目标最优。

对于多水源、多用户的大型水资源系统的优化调度，以往常采用增量动态规划模型、分层模型、系列模型以及模拟技术与多维增量动态规划相结合的混合模型。为了避免"维数灾"，先将多个水源工程概化后再进行分解，不同层次有各自的配置目标，最终再达到整个大系统的最优目标，实现水资源的最优分配。

6.3.2 多目标优化技术

多目标优化问题是向量优化问题，其解为非劣解集。解决多目标优化的基本思想，是将多目标问题化为单目标问题，进而用较为成熟的单目标优化技术[120]求解。将多目标转为单目标一般有多种方法，可归纳为以下三类途径：

(1)评价函数法。它是根据问题的特点和决策者的意图，构造一个把多个目标转化为单个目标的评价函数，化为单目标优化问题。这类方法有线性加权和法、极大极小法、理想点法等。

(2)交互规划法。它是一类不直接使用评价函数的表达式，而是以分析者和决策者始终交换信息的人机对话式求解过程。这类方法有逐步宽容法、权衡比较替代法、逐次线性加权和法等。

(3)混合优选法。对于同时含有极大化和极小化目标的问题可以将极小化目标转化为极大化目标再求解。但也可以不转换，采用分目标乘除法、功效函数法和选择法等直接求解。

6.3.3 单目标优化方法

单目标优化可以使用许多成熟的经典算法，如线性规划、动态规划等，这些方法求解大规模、非线性、高维、多关联等复杂优化问题，会遇到一些困难。20 世纪 80 年代以来，一些新颖的智能优化算法，以其独特的优点和机制引起国内外学者的广泛重视，已成功应用于诸多领域。本书结合水资源优化配置模型的特点，考虑到遗传算法编码技术和遗传操作比较简捷，不受问题的复杂性、非线性、连续性等限制，因此采用遗传算法作为主要的优化技术。

6.3.4 模型求解方法——大系统分解协调的多目标遗传算法

水资源的最优分配问题，系指如何将多个水源的水量合理地分配到多个用户中去，使系统的总效益最大，即多目标的综合效益最大。各用户所分水量为优化变量，它和相应的效益之间一般为复杂的非线性关系，若用一般的线性规划或非线形规划求解该问题会比较复杂，而用穷举法或动态规划方法求解，则随着用户数目和用水量取值状态数目的增加，计算量急剧增加，出现“维数灾”的问题，以致在实际工作中难以应用。

为解决动态规划求解优化模型会遇到的“维数灾”问题，本项目采用的是大系统分解协调理论，结合遗传算法进行模型求解。遗传算法作为一种非确定性的拟自然随机优化算法，在过去的 20 年中得到了广泛的应用。例如：复杂函数系统优化、机器学习、系统识别、故障诊断、分类系统、控制器设计、神经网络设计、自适应滤波器设计等。遗传算法已成功地应用在其他的工程领域，在解决各种复杂的非线性优化问题方面显示出很多优势，具有广阔的前景。

遗传算法将水资源优化配置问题可当作生物进化问题模拟，以各水源分给各用户的水量作为决策变量，对决策变量进行编码并组成可行解集，通过判断每一个体的优化程度来进行优胜劣汰，从而产生新一代可行解集，如此反复迭代来完成水资源优化配置。

遗传算法在水资源优化配置问题中的应用可表述如下：

遗传算法是一种在全局范围上逐步缩小范围的一种优化搜索方法。遗传算法基本操作就是种群中的个体的一个逐步寻优的过程，寻优的过程是通过遗传的代数来实现的，下一代是在上一代的基础上进行寻优的。遗传算法中种群是由个体组成的，其中个体对应水资源系统中的一个基本的供水分配方案。种群的规模是由其中个体数目决定的，种群越大，即个体越多，表示水资源预选的方案越多。

多目标遗传算法（Multi - Objective Genetic Algorithms，简称MOGA）是最近几年发展起来的一种求解多目标优化非劣解集的有效方法。多目标优化问题在工程中占较大比重，一般来说，多目标优化问题并不存在一个最优解。多目标优化问题中的多个目标不可能同时达到最优。而不同决策者对不同目标的偏好不同，会得到不同的最优解。在多目标优化中这些可能的最优解都称为非劣解（Pareto 解）。很显然，Pareto 解是多目标优化问题的一个完整的解集。利用传统的优化技术一般每次都只能得到 Pareto 解集中的一个，而用遗传算法处理多目标优化问题，可以得到更多的 Pareto 解。

多目标遗传算法需要一个标量的适应度信息才能进行计算[121]。一般而言，单目标问题的个体优劣只需计算每个个体的目标函数值即可区分，而多目标优化问题则困难得多。所以，很自然地都会想到将所有的目标函数用加法、乘法或者其他的各种可能想出来的数学方法综合成为一个单一目标。但是这种方法存在明显的问题，首先是在目标函数取值范围内必须能够提供精确的信息，以避免其中的一个目标函数会明显优于其他值。传统的多目标优化方法主要是集成的方法，如加权法和约束法等。它们是将多目标问题转换为单目标后，再采用比较成熟的单目标优化算法求解。但它们有明显的缺点，如转换为单目标优化后，每次计算只能产生一个解，要多次运行后才能得到一组近似 Pareto 最优解。相对于传统的多目标优化方法，多目标遗传算法能够在一次运行中获得优化问题的近似 Pareto 最优解集[122,123]。采用基于排序计算适应度的多目标遗传算法在解决多目标向单目标转化时候只取决于多目标的本身，不受其他因素的影响，是一种比较理想的解决多目标优化的方法。

根据水资源多目标优化配置的特点，本书采用的基于排序计算适应度的方法只取决于多目标的本身。所以，可以采用将种群中所有个体对不同目标函数的优劣进行排序，从而来计算总的适应度，这样遗传算法种群中的一个个体即为一个分水方案，每个方案都体现多个目标函数值。用 $Z(i)(i=1,2,\cdots,n)$表示目标函数,对于每一个目标 i,所有个体都会依据对该目标的函数值优劣生成一个可行解的排序序列 $\vec{X}_i$。对每一个目标都排序后,可以得到个体对全部目标函数的总体表现。根据个体的排序计算其适应度:

$$F_i(X_j) = \begin{cases} [N - Y_i(X_j)]^2 & Y_i(X_j) > 1 \\ kN^2 & Y_i(X_j) = 1 \end{cases} \quad (i = 1,2,\cdots,n) \tag{6-16}$$

$$F(X_j) = \sum_{i=1}^{n} F_i(X_j) \qquad (j = 1,2,\cdots,n) \tag{6-17}$$

式中:n 为目标个数;N 为个体总数;X_j 为种群的第 j 个个体;Y_i 为其在种群所有个体中对目标 i 的优劣排序后所得的序号;$F_i(X_j)$表示 X_j 对目标 i 所得的适应度;$F(X_j)$为 X_j 对全部目标所得的综合适应度;k 为(1,2)区间的常数,用于加大个体的函数值表现最优时的适应度。

由上式可以看出,对于总体表现较优的个体能得到更大的适应度,获得更多的参与进化的机会[124,125],总体表现最优的个体就是多方案集中对于多目标函数总体最优的方案。

将多目标遗传算法引入到水资源优化配置中来,利用遗传算法的内在并行机制及其全局优化的特性,提出了基于多目标遗传算法的水资源优化配置方法,很好地解决了复杂水资源系统的优化配置问题。

基于水资源的实际供需情况,可对水资源优化配置采用大系统分解协调方法建立两级模型,实现多水源联合调度和多用户间的优化配水,如图 6-2 所示。这两层模型既相互独立,又相互联系。首先由第二层总供水系统分给第一层各子区一定水量,第一层各子区再把一定水量分配给单元内不同用户,在单元内实现外来水和本地水在各用户间的分配。这样通过在各水源和各用户之间的水量协调,在相应的约束条件下进行优化,然后把结果逐级向上反馈,进行多用户间水量的分配,得到新的分配方案,然后再以此方案进行优化。如此反复迭代,直到达到优化目标为止,这样即可得到全局最优解。由图 6-2 可见,大系统分解协调后的模型实际上是要实现两层的优化,即各子区内不同水

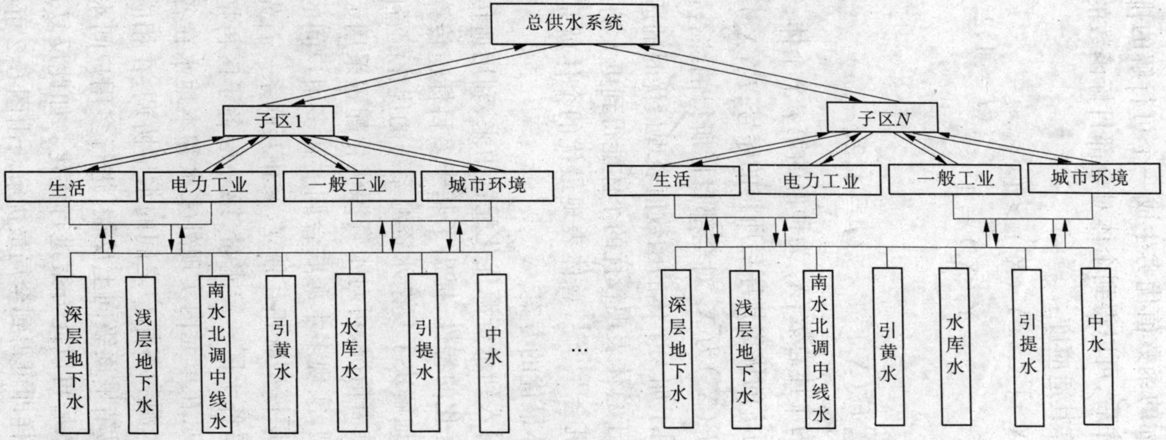

图 6-2　大系统分解协调模型概化图

源在不同用户间的分配及各子区间水量的分配。

根据大系统控制协调中的关联平衡法对系统进行两层协调，以第二级系统可供水量为协调器，当有子区出现缺水情况，而第二级系统还有可调水量时，调整协调器使整个系统实际供水量与目标供水量的正、负偏差最小。

(1)第一级子系统优化。第一级依自然地理条件或行政划分，将区域分为 k 个子区。各子区是在第二级(协调级)给定预分资源量 D_c^k 的前提下进行各子区优化，子区优化仍是多目标优化，并采用遗传算法求解。将第二级各子区求得的最优解和目标值反馈到第一级，进行第一级系统协调。

(2)第二级系统协调。第二级协调的任务即是协调各子区的局部最优解成为整个区域的最佳均衡解。两级系统的求解过程见图 6-3。

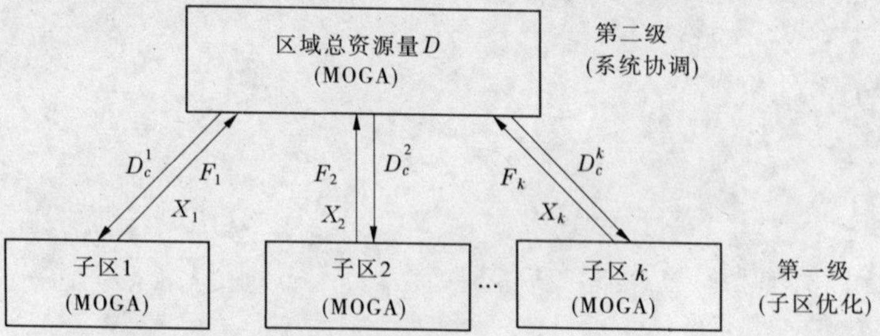

图 6-3　水资源优化配置的递阶分解协调结构图

6.4　本章小结

本章建立了复杂系统多水源、多用户、多目标的水资源优化配置模型。在生态目标中，基于“绿色 GDP”的理念，提出了以 COD 排放量来度量生态目标，克服目前“绿色 GDP”测算的难题。由于水资源系统具有多目标性，因此运用传统的规划方法很难解决好这个问题。利用了遗传算法的内在并行机制及其全局优化的特性，本章提出了求解水资源优化配置问题的多目标遗传算法，并建立了相应的数学模型。详细讨论了种群初始化、选择算子、交叉算子、变异算子等遗传算法的关键步骤，从中可以看到多目标遗传算法具有较好的发展前景。但算法本身仍需要进行改进,以使其适应复杂的系统。对于水资源优化配置问题,由于其复杂的系统,特别是约束条件较多的问题,对约束条件如何处理,以及使用排序矩阵确定个体适应度,可消除不可公度目标之间难以比较的问题,各目标对水资源优化配置的影响程度不同的问题等,还有待进一步研究。因此,对多目标遗传算法需要进一步地研究,以使其能够适应将来在处理复杂的水资源优化配置问题中的需要。

第7章　南水北调中线工程河南受水区水资源合理配置

7.1　南水北调中线工程河南受水区概况

7.1.1　自然地理概况

南水北调中线工程河南受水区沿总干渠呈带状分布,中线工程河南段长731km。南部南阳盆地属长江汉水流域,盆地西、北、东三面为桐柏山、伏牛山环绕,向南与江汉平原相接,盆地边缘为丘陵岗地,盆地内地势平缓,地面高程在80～150m之间,地面比降1/500～1/1 500;方城以北黄河以南属淮河流域,为山前丘陵区和淮北平原区,地面向东南倾斜,高程在45～150m之间,地面比降1/3 000～1/10 000;黄河以北属黄、海河流域太行山前冲积平原,地势自西南向东北倾斜,高程在50～110m之间,地面比降1/3 000～1/4 000。受水区大部分地势平坦开阔,有自西向东的地面坡降,可以自流输水,局部受水区位于总干渠以西的丘岗地,高程在150～170m之间。

受水区内与中线总干渠交叉的大小河流有400余条,南、中、北部的河流流向为南、东南、东北方向,与调水总干渠呈正交。流域面积大于100km^{2}的主要河流:唐白河流域内有刁河、湍河、白河、西赵河;淮河流域内有澧河、沙河、北汝河、颍河、双洎河、贾鲁河;黄、海河流域内有沁河、大沙河、淇河、汤河、安阳河等。

受水区处于亚热带向暖温带过渡地区,属大陆季风型气候,多年平均降水量900～550mm,自南向北递减,唐河流域为900～800mm,淮河流域为850～650mm,海河流域为600～550mm。降水量年际变幅大,年内分配不均匀,丰枯水年最大和最小降水量相差2～3倍,汛期6～9月降水量占全年的60%～75%。受水区多年平均气温13～15℃,无霜期190～230天。平原区土质良好,适宜各类作物生长,是农业主产区。

7.1.2 社会经济状况

南水北调中线工程河南省受水区内有 11 个省辖市和 32 个县城(其中县级市 7 个),见表 7-1。11 个省辖市黄河以南 6 个(南阳、平顶山、漯河、周口、许昌、郑州),黄河以北 5 个(新乡、焦作、鹤壁、安阳、濮阳),32 个县城黄河以南 18 个,黄河以北 14 个。平顶山、焦作、鹤壁、濮阳是煤炭、电力、石油化工的主要生产基地,郑州、新乡、安阳的纺织、冶金、建材、电子、家用电器工业发展迅速,南阳、漯河、许昌、周口以轻纺、机械、食品、医药、工业为主,这些城市的经济建设在全省的社会经济发展中具有重要的主导地位。1999 年受水区城市市区行政区划面积 5 805km^2,其中建成区面积 839km^2;城市建成区人口 828 万人,用水人口 955 万人;城市年国民生产总值 1 081 亿元,第二、第三产业产值比例为 59%、41%,人均国民生产总值 13 045 元;年工业总产值 1 351亿元,其中一般工业 1 288 亿元,电力工业 63 亿元,分别占工业总产值的 95.3%、4.7%。

表 7-1 南水北调中线工程河南省供水区规划范围城市、县城

省辖市	县级市	县城
南阳市	邓州市	新野县、唐河县、社旗县、方城县
平顶山市		叶县、宝丰县、郏县
漯河市		郾城县、临颍县
周口市		商水县
许昌市	禹州市、长葛市	襄城县、许昌县
郑州市	新郑市、荥阳市	中牟县
焦作市		修武县、武陟县、温县
新乡市	辉县市、卫辉市	新乡县、获嘉县
鹤壁市		淇县、浚县
濮阳市		濮阳县
安阳市		安阳县、汤阴县、滑县、内黄县

7.1.3 水资源状况

河南省全省多年平均降水深771mm，多年平均地表水资源量304亿m^3，地下水资源量196亿m^3，扣除地表水地下水重复计算量，全省多年平均水资源总量405亿m^3，居全国各省区第19位。以2000年人口耕地计算，人均、公顷均水资源量分别为426m^3、4 980m^3，仅分别相当于全国平均水平的1/5、1/6，属于水资源贫乏地区。

全省地表水年际丰枯变化大，各流域丰水年和枯水年径流量相差2～3倍之多，且有连续枯水年发生，径流量由南向北递减，多年平均径流深沙颍河以南到南阳盆地为100～200mm，沙颍河以北为100～150mm，最低的豫北平原东部只有50～40mm。径流量的70%集中在汛期，且往往集中在几次暴雨，北部平原区大多数河道非汛期基本断流，成为季节性河流。

南水北调中线工程河南受水区人口稠密、城镇众多、经济发达，人均水资源量不足全国平均水平的1/8。南水北调中线工程河南受水区大部分城市和县城缺乏地表水源工程，除少数城市可由西部大中型水库和黄河河道提引水供水外，主要靠开采地下水供水，受水区城市现状1999年开采量达12.56亿m^3，其中深层地下水5.36亿m^3，1997～1999年三年平均统计，城市每年超采地下水7.93亿m^3。中深层地下水补给困难，已出现以城市水源地为中心的中深层地下水漏斗区，随着城镇化发展、城市规模扩大、人口增加、工业发展，城市对供水的需求逐年增大，工业和城市挤占农业用水越来越多，城市水厂的地下水水源地不断向城市郊区扩展，原规划为农业供水的水利工程转向城市供水，地区之间、工农之间的共用水矛盾加剧。

受水区处于河南省工业相对发达地区，区内有重点工业污染源600余家，主要工业有电力、煤炭、造纸、纺织、化工和食品等，排放污染物的主要污染因子有COD、BOD和氨氮等。据统计，COD排放量38万t，入河量27万t。表7-2给出了受水区污水排放统计。

解决城市缺水的任务很重，在大力加强节水的同时，也必须增加新的供水水源，由于工业和城市发展，污水排放量增加，处理率低，在供水紧缺的情况下，缺乏保持河道水环境的清洁水源，非汛期大部分河道干涸，少量径流来自城市排放的污水，水质恶化，为改善生态环境，要加强污水治理，也需要增加城市绿化和河湖环境用水。

表 7-2　受水区污水排放统计

城市名称	类别	废污水排放量(万 t/a)		
		1997 年	1998 年	1999 年
南阳市	工业	14 994	15 063	16 316
	生活	4 083	4 555	4 812
平顶山市	工业	11 588	9 990	10 285
	生活	4 700	4 592	4 997
周口市	工业	2 887	2 817	2 752
	生活	900	1 087	1 200
漯河市	工业	3 627	4 218	2 928
	生活	2 091	2 279	2 396
许昌市	工业	5 245	5 372	5 627
	生活	3 699	3 580	3 800
郑州市	工业	8 168	6 916	7 381
	生活	14 400	14 969	15 533
焦作市	工业	4 881	4 611	4 029
	生活	3 284	3 342	3 408
新乡市	工业	11 001	10 399	5 873
	生活	4 786	4 824	5 311
濮阳市	工业	2 597	2 714	3 390
	生活	1 740	1 658	959
鹤壁市	工业	7 598	6 536	6 671
	生活	1 886	1 856	2 047
安阳市	工业	13 846	13 767	8 800
	生活	3 677	4 492	3 321
受水区合计	工业	86 432	82 403	74 052
	生活	45 246	47 234	47 784

7.1.4 现有供水工程设施及供水能力

7.1.4.1 地表水供水工程

可向受水区城市供水的蓄水工程共15处,包括向南阳市供水的鸭河口水库,向平顶山市供水的白龟山水库,向安阳市供水的小南海水库和岳城水库,共4座大型水库;向南阳市蒲山电厂供水的冢岗庙水库和龙王沟水库,向方城县城供水的望花亭水库,向郑州市供水的尖岗水库、常庄水库,向新郑市供水的老观寨水库、望京楼水库,向荥阳市供水的楚楼水库,向辉县市供水的石门水库,向卫辉市供水的塔岗水库,向安阳市供水的彰武水库,共11座中小型水库。水库负担向农业和城市供水任务,由于城市供水紧张,一些水库现只向城市供水,1999年水库向城市供水2.82亿m^3。

河道提引水工程包括提水泵站和渠道引水,共建有24处,包括方城县从潘河引水,平顶山从湛河引水,宝丰从净肠河引水,周口和漯河从沙澧河引水,许昌利用颍汝干渠从北汝河大陈闸、颍河化行闸引水及鹤壁市从淇河引水。河道供水受河道来水丰枯变化和水质影响,供水保证率低,1999年实际向城市供水量为2.38亿m^3。

7.1.4.2 地下水供水工程

根据地下水可开采量及限采量分析,现状1999年受水区城市范围浅层水可开采量为2.41亿m^3,中深层开采量为3.14亿m^3。受水区各城市1999年地下水开采情况见表7-3。由于供水城市地下水长期集中开采,城区引发许多环境地质问题,并影响到周边农业灌溉和农村生活用水,因此规划水平年应控制开采。

7.1.4.3 引黄工程供水

引黄工程供水的城市有郑州、新乡、濮阳3市,引黄工程向受水城市设计供水能力5.62亿m^3,近几年黄河水量偏枯,1999年实际引用黄河供水为3.01亿m^3,其中郑州市为2.30亿m^3,新乡市为0.50亿m^3,濮阳市为0.21亿m^3。

7.1.5 1999年供用水情况及存在问题

7.1.5.1 受水城市供用水情况

1999年城市供用水总量20.77亿m^3,其中地表水5.20亿m^3,地下水 12.56 亿 m^3，引黄调水 3.01 亿 m^3，各市分项供水量情况见表 7-4。在总用水量中，城市生活用水 6.17 亿 m^3，工业用水 13.54 亿 m^3，环境用水 1.06 亿 m^3，分别占总用水量的 29.7%、65.2%、5.1%。

表 7-3　受水区各城市 1999 年地下水开采情况　（单位：万 m^3）

城市名称	实际开采量			可开采量			超采量		
	浅层	中深层	小计	浅层	中深层	小计	浅层	中深层	小计
南阳市	15 258	9 067	24 325	1 474	3 507	4 981	13 784	6 527	20 311
平顶山市	6 109	4 260	10 369	1 795	5 975	7 770	4 375	0	4 375
漯河市	656	5 064	5 720	824	661	1 485	74	4 403	4 477
周口市	248	1 684	1 932	420	457	877	5	1 227	1 232
许昌市	1 527	5 922	7 449	1 108	2 573	3 681	777	4 003	4 780
郑州市	4 910	11 069	15 979	3 544	10 906	14 450	1 044	2 017	3 060
焦作市	12 895	2 947	15 842	1 562	356	1 918	11 857	2 589	14 446
新乡市	9 087	7 566	16 653	5 237	3 445	8 682	4 666	4 121	8 787
鹤壁市	3 138	3 986	7 124	1 442	3 409	4 851	2 045	1 698	3 743
濮阳市	4 961	78	5 039	993	78	1 071	4 046	0	4 046
安阳市	13 202	1 957	15 159	5 733	30	5 763	7 469	1 927	9 396
受水区合计	71 991	53 600	125 591	24 132	31 397	55 529	50 142	28 512	78 653

表 7-4　受水城市 1999 年供水情况　（单位：万 m^3）

城市名称	地表水	地下水	引黄水	总供水量
南阳市	7 648	24 325	0	31 973
平顶山市	11 688	10 369	0	22 057
漯河市	5 484	5 720	0	11 204
周口市	3 235	1 932	0	5 167
许昌市	4 802	7 449	0	12 251
郑州市	245	15 979	23 000	39 224
焦作市	0	15 842	0	15 842
新乡市	808	16 653	5 000	22 461
鹤壁市	4 914	7 124	0	12 038
濮阳市	0	5 039	2 130	7 169
安阳市	13 140	15 159	0	28 299
受水区合计	51 964	125 591	30 130	207 685

7.1.5.2 存在问题

(1)受水区水资源缺乏,城市供需矛盾日益突出。受水区属资源型缺水地区,各类水资源供水量不能保证城市需水要求,靠挤占农业用水、超采地下水和牺牲环境用水维持城市供水,随着城市规模扩大、人口增加、工业发展,解决城市供水的任务和困难越来越大,城市供需水矛盾日益突出,是水资源开发利用存在的主要问题。

(2)地表水水源工程供水量有限,为保证城市供水不得不减少农业供水,城乡矛盾加大。向城市供水的大型水库现状已达到或超过规划向城市的供水量,鸭河口、白龟山大型水库库区均承担库边大型电厂循环冷却用水任务,为保证平顶山市用水,白龟山灌区面积已由3万多公顷减少到1万多公顷,转为向城市供水后,不再向农业供水。河道引提供水工程因河道来水丰枯变化,保证程度差,灌溉季节引水渠道沿线与农业争水,引水量受影响,河道水质不符合饮用水标准,只能部分供工业冷却用水。城市引黄供水工程受黄河水量逐年减少、枯水期水质下降及引黄口门水位达不到设计引水要求等因素影响,供水量也无保证。今后城市西部修建水库调蓄工程的坝址已很少,城市增加地表供水的能力有限。

(3)地下水超采,引发环境地质问题。1999年各城市生活工业总用水量为20.77亿 m^3,其中地下水供水量为12.56亿 m^3,占60%以上,地下水超采量7.87亿 m^3,超采量占地下水开采量的65%。平原区河道径流量少,水质差,大部分县城和中小城镇全靠开采地下水供水,20世纪70年代以来,城区地下水逐年下降,漏斗面积扩大,全省十几座省辖市市区范围中深层地下水漏斗面积已达一千多平方公里,最大埋深超过60m的有许昌、郑州、焦作、鹤壁等市。中线工程总干渠沿线受水区内地下水普遍超采,城市自来水厂地下水水源地向城区外不断扩大,影响当地用水。

(4)城市河流多为排污河道,水污染严重。1999年城市污水处理厂数量少、规模小,污水集中处理率不到10%,市区及其附近河流水质标准大多为Ⅳ、Ⅴ类或劣于Ⅴ类,城市河湖缺乏清洁水源,水环境恶化。

(5)水资源费偏低,节水效率不高。目前,各类水资源费标准与供水成本相比差别大，地下水资源费过低，造成企业和单位自备井增加，不利于水资源的统一管理和合理调配，水价偏低，不利于节水。

7.1.6 2010水平年供水规划

7.1.6.1 南水北调中线工程

南水北调中线一期工程陶岔渠首设计流量 350m^3/s，加大流量 420m^3/s 条件下，丹江口水库多年平均可调水量 95 亿 m^3，河南省分配水量为 37.69 亿 m^3（含丹江口刁河灌区分配水量 6 亿 m^3），城市分配水量 31.69 亿 m^3，扣除总干渠输水损失，总干渠城市分水口门总供水量 29.79 亿 m^3。

7.1.6.2 地表水供水工程

南水北调中线工程建成后，有城市供水任务的水库，仍按设计供水量供给城市，对于城市挤占农业供水的水库原则上返还给农业。按河南省水利发展规划，2005 年前建成磐石头水库，向鹤壁市供水 1.35 亿 m^3；2010 年前建成燕山水库，向漯河市供水 0.67 亿 m^3。增加两座新建水库工程供水后，水库工程向受水区城市可供水量为 3.95 亿 m^3。

鸭河口下游南阳市引水工程部分返还农业用水，南阳市引水量相应减少；燕山水库建成后，向漯河市供水，故漯河市引澧河水量相应减少。2010 年城市河道提引水量为 1.64 亿 m^3。

7.1.6.3 地下水可供水量

规划水平年 2010 年供水区浅层地下水控制开采量为 1.88 亿 m^3，中深层一般不开采，只作为备用应急水源。2010 年浅层地下水控制开采情况见表 7-5。

表 7-5 受水区各城市 2010 年浅层地下水控制开采量 （单位：万 m^3）

城市名称	可开采量	计划开采量	城市名称	可开采量	计划开采量
南阳市	1 941	1 254	焦作市	2 032	1 494
平顶山市	2 977	1 003	新乡市	4 527	1 136
漯河市	1 420	0	鹤壁市	1 586	951
周口市	1 429	600	濮阳市	1 888	780
许昌市	1 920	668	安阳市	11 401	7 500
郑州市	7 086	3 396	受水区合计	38 207	18 782

7.1.6.4 污水处理回用量

综合利用污水，是缓解水资源短缺和治理水污染相结合的一项综合性战略措施。根据国内外污水回用的经验，并结合受水规划区各城市的具体情况，经综合规划，2010 年污水回用于河道、景观、工业、市政杂用等方面的总量为 1.024 亿 m^3。

7.2 水资源合理配置的基本条件

7.2.1 水平年

供需水预测规划以 1999 年为现状基准年，规划水平年采用南水北调中线城市供水水资源规划的水平年 2010 年。

7.2.2 水资源配置基本单元

根据区域的地理特征、水利条件、行政区划，一般可将区域划分为若干子区，子区又称“基本单元”。水资源基本单元的划分应遵循以下原则[126]：

(1)基本单元划分要满足水资源综合规划精度的需要。

(2)基本单元的划分便于利用已有数据资料。

(3)基本单元的划分能够真实地反映该区域水资源分区系统特点，可尽量减少失真。

(4)划分出的每一个单元的自然特性比较均匀，开发利用特点比较类同，并且有关基础资料比较容易收集、整理和汇总，以及便于为水资源的统一、科学管理提供决策参考。

(5)在单元数量控制方面，既突出了各行政区需要研究和解决的主要水资源问题，又体现了流域和水系的特点。

7.2.3 水资源系统概化

南水北调中线工程河南受水区包括 11 个省辖市和 32 个县城(其中县级市 7 个)，共 43 个城市。水资源系统概化的节点图见图 7-1。

供水单元的水源有南水北调中线水，水库水、引黄水，当地地表水、地下水、中水。其中，在受水城市之间可调配的水源只有南水北调中线水，部分城市间可调配水源有水库水和引黄水，当地水源为当地地表水、地下水、中水，当地水源不可以在受水城市之间调配。用水户为生

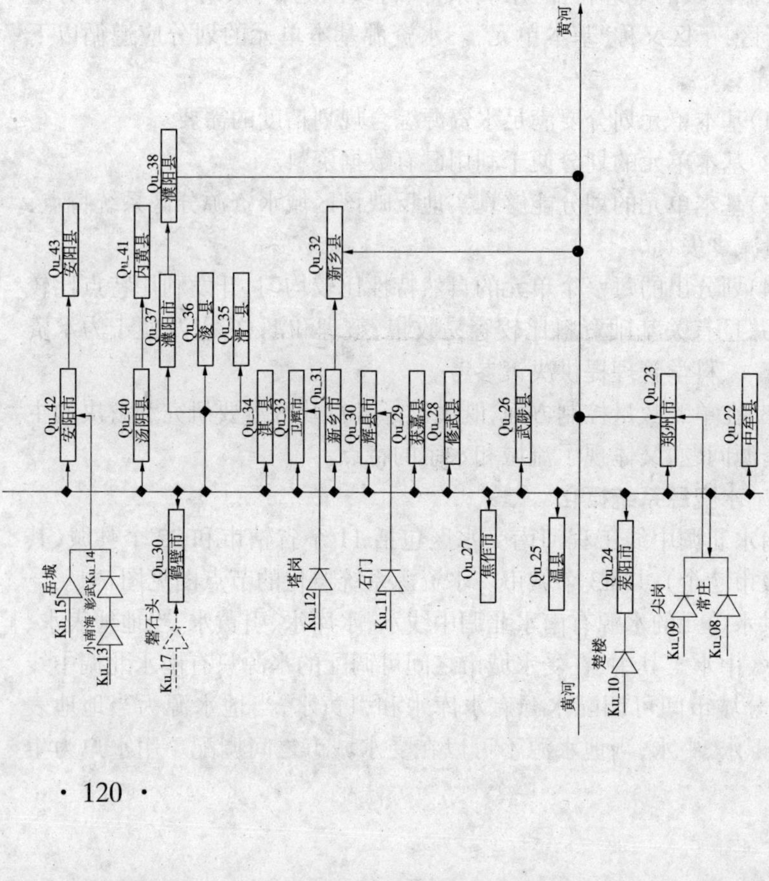
黄河
Qu_43 安阳县
Qu_42 安阳市
Qu_41 内黄县
Qu_40 汤阴县
Qu_38 濮阳县
Qu_37 濮阳市
Qu_36 浚县
Qu_35 滑县
Qu_34 淇县
Qu_33 卫辉市
Qu_32 新乡县
Qu_31 新乡市
Qu_30 辉县市
Qu_29 获嘉县
Qu_28 修武县
Qu_26 武陟县
Qu_23 郑州市
Qu_22 中牟县
Qu_30 鹤壁市
Qu_27 焦作市
Qu_25 温县
Qu_24 荥阳市
Ku_15 岳城
Ku_14 彰武
Ku_13 小南海
Ku_17 盘石头
Ku_12 塔岗
Ku_11 石门
Ku_10 楚楼
Ku_09 尖岗
Ku_08 常庄
黄河

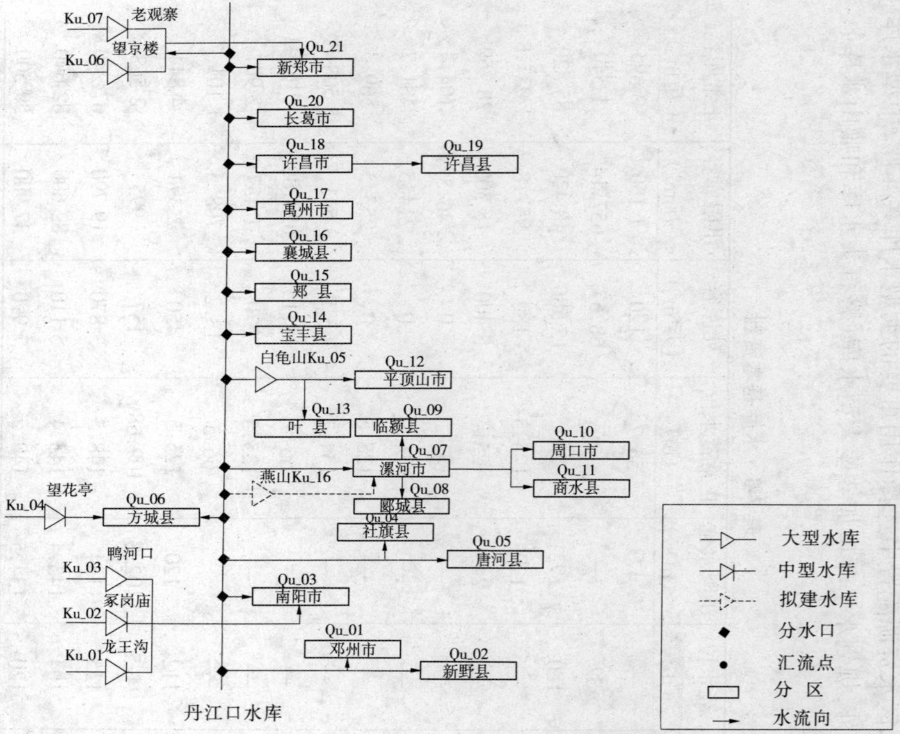

图 7-1　水资源系统概化节点图

活、一般工业、电力工业、环境。

7.2.4 基本数据与资料

受水区水资源配置涉及水文数据，水利统计数据，城镇供水与需水数据，水利工程运行规则以及经济、社会、环境等多种数据。其中水文数据选取1979～1999年共21年系列进行计算，计算时段为月。模型运行的各方案主要包括水库、供需水和配置方案集等基本资料与数据。

7.2.4.1 水库资料

受水区水资源配置中选择作用重要的大型水库共4座，中型水库11座，另外，规划水平年增加2座大型水库（磐石头水库和燕山水库），见表7-6。

表7-6 水库基本资料

水库名	死水位（m）	汛限水位（m）	正常蓄水位（m）	死库容（万 m^3）	汛限库容（万 m^3）	正常库容（万 m^3）
龙王沟	—	47	56.7	120	1 150	2 695
冢岗庙	32	—	—	68.57	657.14	1 540
鸭河口	180	192	200	15 586	48 420	85 820
望花亭	—	120	125.5	180	957.8	1 937.8
白龟山	220	243	251	3 400	18 300	26 250
望京楼	—	—	—	0	46.5	104.4
老观寨	—	—	79.5	0	214.5	481.7
常庄	—	—	128.5	0	253.5	569.3
尖岗	—	—	154.7	65.8	3 541.7	5 508.3
楚楼	—	—	66.5	12.15	653.85	1 016.92
石门	—	—	125.5	270	1 437	2 907
塔岗	—	—	66.5	13.2	708.3	1 101.7
小南海	112	120	125.5	450	2 394	4 844
彰武	94.5	102.8	109.68	157	995	2 563
岳城	125	134	148.5	3 870	19 790	67 240
燕山	104	143.4	143.4	5 110	82 600	82 600
磐石头	120	134.5	140.5	7 990	37 900	59 500

所需水库资料包括水库的各控制水位和调节参数，如水位—库容—面积关系、水库特征水位、供水对象等。17座水库1979～1999年共21年逐月入库径流资料。通过还原计算的天然径流量，现状和规划水平年进行一致性分析、修正，并扣除用水后的规划入库径流量。

7.2.4.2 供需水资料

(1)供水资料。提引水，河流的1979～1999年共21年逐月的径流资料，43个单元的河网存蓄水能力和供水能力；引黄水可供水量；43个基本单元的地下水资料，多年平均(或 $P=50\%$)年可开采量(含深层水允许开采量、规划开采量)；规划水平年污水处理回用能力；南水北调中线一期工程的逐月来水量及净水量。

(2)需水资料。43个基本单元的生活、电力工业、一般工业、城市环境的需水资料；其他需水资料，各种比例参数，用户对不同水源用水的优先序，水源供给用户的使用规则等。

7.2.4.3 配置方案集

配置方案集主要考虑不同的节水水平和国民经济发展水平，其中，节水水平设置了基本节水和强化节水2个方案；国民经济发展水平设置了快速发展和平稳发展2个方案。由节水水平和国民经济发展水平组合设置了4个配置方案，即快速发展基本节水配置方案、快速发展强化节水配置方案、平稳发展基本节水配置方案和平稳发展强化节水配置方案。

7.3 水资源优化配置模型

7.3.1 模型目标函数

水资源系统有各种影响因素，这些因素使得目标经常是具有不同的量纲，大小不成比例，目标之间往往是相互制约的，因此对水资源系统进行优化配置是多目标的[127~132]。

目标函数采用第6章建立的经济目标、成本目标、生态目标、社会目标4个优化目标函数，见式(6-1)～式(6-4)。

7.3.2 约束条件

在进行优化计算的过程中要考虑多方面的约束条件，其中较为重要的有供水约束、需水约束、水库蓄水约束和非负约束。

7.3.2.1 供水约束

根据供水水源的不同,确定不同的供水约束条件。各水源分别为:浅层地下水、深层地下水、河网水、引黄水、水库水、南水北调中线水、中水等。

根据不同水源在整个区域上的可调配性,把以上几种水源划分为可调配水源和独立水源。其中可调配水源可以在研究区的各子区间或部分子区间进行调剂,而独立水源为只能在本地区内各用户间进行调剂的水源。

可调配水源包括:水库水、南水北调中线水、引黄水。

独立水源包括:浅层地下水、深层地下水、河网水、污水回用利用。

(1)水库水可供水量约束。不同水库的可供水量与该水库的蓄、引、提工程的规模、能力及管理措施等许多因素有关。计算时段中,不同水库分配给不同受水区用水户的水量不能够超过该水库的可供水总量。表示为:

$$\sum_{k=1}^{K}\sum_{j=1}^{J} x_{lj}^{k} \leqslant W_{l}^{k} \tag{7-1}$$

式中:x_{lj}^{k}为l水库供给k子区j用户的水量,万 m^3/a;W_l^k 为k子区l水库的总供水量,万 m^3/a。

(2)南水北调中线水可供水量约束。根据南水北调中线水的来水情况及供水能力,不同子区不同用户所用南水北调中线水总量不能超过该时段南水北调中线的可供水量。

$$\sum_{k=1}^{K}\sum_{j=1}^{J} x_{j}^{k} \leqslant W^{k} \tag{7-2}$$

式中:x_j^k 为南水北调中线水供给k子区j用户的水量,万 m^3/a;W^k 为k子区南水北调中线水的总供水量,万 m^3/a。

(3)独立水源可供水量约束。独立水源的可供水量约束大体一致,现以浅层地下水为例加以说明。

浅层地下水可供水量约束:不同子区不同用户所用浅层地下水总量不能超过各水平年可供的浅层地下水量。

$$\sum_{k=1}^{K}\sum_{j=1}^{J}x_j^k \leqslant W^k \tag{7-3}$$

式中：x_j^k 为浅层地下水供给 k 子区 j 用户的水量，万 m^3/a；W^k 为 k 子区浅层地下水的总供水量，万 m^3/a。

浅层地下水超采水量约束：不同子区不同用户超采浅层地下水总量不能超过各水平年允许超采的浅层地下水量。

$$\sum_{k=1}^{K}\sum_{j=1}^{J}c_j^k \leqslant C^k \tag{7-4}$$

式中：c_j^k 为浅层地下水供给 k 子区 j 用户的超采水量，万 m^3/a；C^k 为 k 子区浅层地下水的允许超采总量，万 m^3/a。

7.3.2.2 需水约束

根据需水用户的性质不同，确定不同的需水约束条件。需水用户分别为：生活、一般工业、电力工业、生态环境。需水约束是指对不同用户的供水不能超过该用户的需水量。对于生活需水来说，在进行优化分配前要首先满足保证生活最低需水量。对于国民经济各部门要有投入产出约束。各行业(或门类)对水的需求还取决于平均的节水水平和耗水水平(单耗)。

以一般工业需水量约束为例说明需水约束。

一般工业需水量约束：不同子区各水源供给一般工业的水量不超过该水平年一般工业的需水量。

$$\sum_{k=1}^{K}\sum_{i=1}^{I}x_i^k \leqslant S^k \tag{7-5}$$

式中：x_i^k 为 k 子区 i 水源供给一般工业的水量，万 m^3/a；S^k 为 k 子区一般工业总需水量，万 m^3/a。

其他需要考虑的约束条件还有，生态环境约束，即城镇公园、绿地及景观用水，天然植被与防护林带以及维持湖泊和湿地生态功能等需水量；水库水位库容约束；输配水工程供水能力约束；等等。

7.3.2.3 水库蓄水约束

限制了水库某个月份的蓄水量的范围。

$$V_{\min} \leqslant V_t \leqslant V_{\max} \tag{7-6}$$

式中：V_t 为第 t 月的水库蓄水量，万 m^3；V_{min}、V_{max} 分别为水库第 t 月的最小、最大蓄水量，万 m^3，最小蓄水量为水库死库容，最大蓄水量汛期为汛限蓄水量、非汛期为正常蓄水量。

7.3.2.4 非负约束

$$x_{ij}^{k} \geqslant 0 \tag{7-7}$$

7.3.3 模型参数和计算条件

优化配置模型是多水源、多用户的。第一层的变量个数是 696 个，第二层的变量个数是 11 040 个；第一层的需水约束大约是 450 个，供水约束大约是 200 个，第二层的需水约束大约是 1 600 个，供水约束大约是 2 400 个，非负约束个数和变量个数相同。

模型以月为配水时段，以年为计算周期。求解过程中，把水库分为二类：一类水库只考虑自身的月间调节，这类水库有龙王沟水库、家岗庙水库、鸭河口水库、望花亭水库、楚楼水库、石门水库、塔岗水库、小南海水库、彰武水库、岳城水库；另外一类水库除了自身的调节之外，还要调蓄南水北调中线的剩余水，这类水库有白龟山水库、望京楼水库、老观寨水库、常庄水库、尖岗水库。南水北调中线分给河南的月水量中剩余水给第二类水库充库。

地下水考虑月间调节。剩下的其他水源不考虑调节的问题。

7.3.4 优化配置结果及分析

7.3.4.1 南水北调中线水优化结果分析

南水北调中线河南受水区水资源优化配置中可调配的水源为南水北调中线水，其他水源不可以在城市之间调配。分别对配置方案集中的 4 个配置方案按不同水平年进行了模拟计算，现以 2010 水平年平稳发展基本节水配置方案的结果为例进行分析。2010 年受水城市（这里包括下辖的受水县级市和受水县城）南水北调中线多年平均逐月分水情况见表 7-7，受水城市南水北调中线分水比例见表 7-8，受水城市（同上）水资源供需平衡关系见图 7-2。

从表 7-7 中可以得出，南水北调中线年剩余水量为 2.9 亿 m^3。每一个月的剩余水将根据 5 个调节水库的库容充库，然后作为水库水源给城市供水，所以南水北调中线水的实际剩余水量将小于 2.9 亿 m^3。

表 7-7　南水北调中线分水结果

（单位：万 m^3）

城市	1月	2月	3月	4月	5月	6月	7月	8月	9月	10月	11月	12月
南阳市	2 178	3 261	3 066	3 586	3 295	3 667	3 276	3 256	3 839	3 874	2 467	2 212
平顶山市	3 201	1 883	2 899	3 120	708	2 890	2 087	794	1 568	1 369	1 535	2 696
漯河市	1 279	1 130	918	1 138	1 437	1 406	1 478	993	1 774	733	1 379	831
周口市	530	562	924	390	630	676	429	1 349	323	783	949	974
许昌市	1 319	1 990	1 522	1 130	2 367	1 608	1 046	1 633	1 938	1 485	1 785	1 730
郑州市	2 558	4 627	2 442	3 559	3 233	4 991	3 575	1 564	1 807	5 730	5 170	3 944
焦作市	669	885	885	930	1 835	1 762	731	1 367	2 721	1 195	2 974	1 271
新乡市	4 067	3 498	1 614	3 224	2 632	2 492	4 255	3 217	3 607	2 113	1 636	3 611
鹤壁市	1 224	1 153	2 809	1 853	1 680	1 852	1 641	2 319	1 393	2 121	2 759	1 597
濮阳市	781	438	1 056	1 242	594	398	469	646	281	563	559	1 081
安阳市	4 506	4 646	2 674	1 562	2 451	3 574	2 941	1 948	3 717	2 718	2 428	3 377
总供水量	22 312	24 073	20 809	21 734	20 862	25 316	21 928	19 086	22 968	22 684	23 641	23 324
来水量	26 837	27 124	23 012	22 882	24 940	28 956	23 668	23 668	23 569	23 368	24 250	25 626
余水量	4 525	3 051	2 203	1 148	4 078	3 640	1 740	4 582	601	684	609	2 302

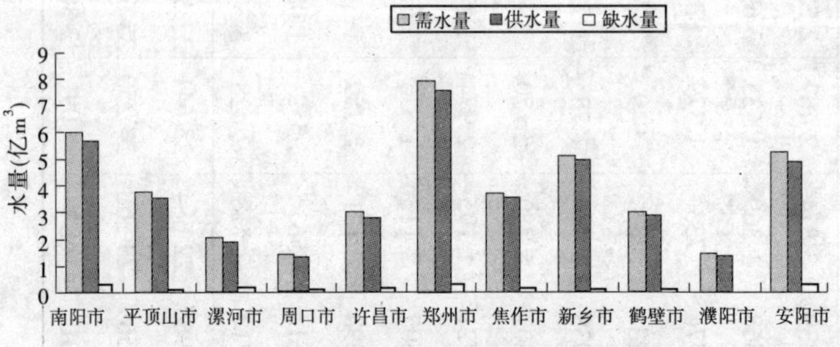

图 7-2　2010 年受水城市水资源供需平衡关系

表 7-8　受水城市南水北调中线分水比例

城市	分水量(万 m^3)	分水比例(%)	供水量(万 m^3)	余水量(万 m^3)
南阳市	42 103	14.1	37 982	4 121
平顶山市	27 439	9.2	24 753	2 686
漯河市	16 065	5.4	14 492	1 573
周口市	9 445	3.2	8 520	925
许昌市	21 674	7.3	19 552	2 122
郑州市	47 889	16.1	43 201	4 688
焦作市	19 092	6.4	17 223	1 869
新乡市	39 868	13.4	35 965	3 903
鹤壁市	24 836	8.3	22 405	2 431
濮阳市	8 981	3.0	8 102	879
安阳市	40 509	13.6	36 544	3 965
合计	297 901	100.0	268 739	29 162

由图 7-2 和表 7-8 对比可得,在优化的南水北调分水比例情况下,郑州市分得的中线水有余水量存在,但供需平衡关系显示郑州市用水还存在缺口,其他城市也有类似情况出现,因此可以考虑在以后优化求解中进行“二次优化”,以解决可调节水的分配问题。另外,这里计算所得的中线水分水比例将会作为模拟计算的输入值,由中线水余水量和

受水城市缺水量之间相互关系，可由专家或决策者根据实际情况适当调整分水比例，以提高中线水的利用效率，得到更加合理可行的配置结果。

7.3.4.2 用户供水优化结果分析

南水北调中线河南受水区水资源优化配置中共涉及到43个供水县市，下面仅对郑州市的供水情况进行分析。郑州市的优化结果见表7-9。

表7-9 郑州市的优化结果 （单位：万 m^3）

用户	水库水	中线水	引黄水	中水	地下水	总供水量	需水量	余缺水量
生活	846	17 851	9 433	0	1 016	28 646	28 646	0
电力工业	236	491	411	250	204	1 592	1 592	0
一般工业	657	12 002	617	0	220	13 996	13 996	0
城市环境	1 070	44	12 539	1 985	305	15 943	15 000	943
合计	2 809	30 388	23 000	2 235	1 745	60 177	59 234	943

在计算过程中，城市生活用水是必须保证的，故生活供水保证率设定为最高，其他用户的保证率没有要求，郑州市的分水结果中生活需水满足供应，是合乎要求的。郑州市的生活需水量在总需水量中占有很大的比例，南水北调中线给郑州市供水之前，生活供水主要靠引黄水和地下水，地下水超采严重；南水北调中线给郑州市供水之后，从表7-9可以看出，生活供水中中线水占有一定的比例，使得地下水给生活供水量减少，缓解了地下水的开采压力。水库供水有所增加，这是由于给郑州市供水的水库参加了南水北调中线水的调节，当南水北调中线水有剩余的时候，会有一部分水充库。

其他城市的优化结果也有上述类似的情况。

7.4 水资源配置模拟模型

水资源模拟是针对水资源的随机性，运用时历法进行水文长系列模拟，用以分析研究多种水的组合规律。典型的水资源模拟模型是在优化的或给定的系统结构、参数以及系统运行规则下,对水资源系统进行逐时段的调度操作,得出水资源系统的供需平衡结果。由于水资源系统的复杂性,对系统的全部特性和演变规律都详尽地模拟是不现实的,因此需要根据模拟计算的目标与需求,抓住问题的主要矛盾,深入分析和研究水资源系统,对与模拟计算的目标相关的各种重要特性和规律都要真实地在模拟模型中加以反映,而对其他次要方面可作适当的概化[133~135]。

7.4.1 基于优化成果的水资源模拟配置规则

建立水资源配置模拟模型的目的是将多种水源进行时空调控,实现水资源优化配置和模拟的有机结合,采用长系列来水、供水资料,研究提供用水单元及受水区的水资源配置宏观成果,为区域水资源发展战略提供科学依据和决策支持。同时应提供以月为时间尺度、以用水单元为空间尺度、以具体水利工程和措施及用水户为分析对象的水资源配置微观成果,为各地区的水资源开发利用、规划和管理、供水工程设计、水资源系统薄弱环节诊断提供科学依据和翔实的基础数据。

7.4.1.1 构建水资源模型的步骤

构建水资源模拟模型一般步骤如下:

(1)水资源配置规则的制定。除明确一些必要的技术性规则外,水资源优化模型为模拟模型提供了重要的配置规则。规则是模拟模型进行水量分配的基本依据,这些规则既要适应基本的水利规则,又要符合受水区水资源优化配置的宏观要求。

(2)系统概化。模拟模型要在优化模型确定水资源整体供需框架的基础上,尽可能真实地描述系统的各种重要特性和系统行为,但对于研究受水区水资源配置的巨系统问题,需进行合理的概化,包括用水单元的概化、河流水库的概化等。

(3)进行系统模拟。系统概化完成后即可应用配置规则进行模拟配置,采用长系列水系统资料针对不同水平年的供需水情况进行模拟调算,并分析其结果。

7.4.1.2 水资源配置规则

水资源配置规则主要可以分为以下四类:

(1)基本规则。针对受水区水资源系统配置所制定的基本原则,在制定其他相应规则时必须遵守。具体包括:安全运行规则、用水单元相互关系规则、地域划分规则、各单元需求目标表示规则、水源划分及其利用规则、时段划分规则、长系列时历计算规则、需水口径和供水端处理规则等。

(2)概化规则。对需要进行系统简化、特殊的供需情况等问题进行处理的规则,如对中小型水库和河网水所进行的概化。具体包括:当地地表径流量概化规则、外调水概化规则、地下水利用概化规则、地表水系统概化规则等。

(3)水资源宏观配置规则。依据受水区水资源优化模型优选的水资源宏观配置方案,确定以多年平均南水北调水量分配为中心的各用水单元、各用水户供水量及水源构成,在此基础上优化模型还能提供不同代表年(如 $P=25\%$、75%、95% 等)外调水和大型水库水量分配比例。在具体模拟调度时要参照上述优化成果进行水量配置。此外,还要把握供水造成破坏时如何将总体损失降到最低限度(宽浅式缺水)的优化配置策略。

(4)运行规则。在上述规则指引下,模型系统对水源、用水户、工程等制定的基本运算规则。运行规则是水资源系统中各类水源通过不同工程的调蓄和输水河渠的传输分配给各个用户的运算准则。包括:水库调蓄调度运用规则、单元河网水量调蓄利用规则、外调水使用规则、浅层地下水控采规则、深层地下水控采和应急开采利用规则等。也包括不同水源间补排等水量转化关系的计算准则。

7.4.2 各类水源具体运行规则

水资源配置模拟模型的核心是其在优化模型基础上确定的配置规则和运行规则,配置与运行规则直接影响模拟模型对实际情况的反映程度。在受水区水资源系统模拟运算中,各主要水源需要有具体的运行规则,包括:外调水利用规则、水库运行规则、地下水开采规则和单元河网水使用规则等。在南水北调受水区,要以外调水利用规则为核心,相应确定其他水源的运行规则。

7.4.2.1　外调水利用规则

(1)引中线水调水过程采用陶岔渠首分配水量及过程，扣除南阳引丹灌区分水量比例得出城市引汉供水量及过程，城市生活、工业需水过程按全年均衡计算。

(2)总干渠两侧参与联合调度运用的大中型水库，按所处的位置分为两类，总干渠以西向城市供水的水库称为"西库"，总干渠以东向城市供水的水库称为"东库"。"西库"作为补偿调节水库，调节当地径流向城市供水，其中总干渠附近的少数"西库"(尖岗、常庄、老观寨等)可建泵站提中线水充库，"东库"可自流调节中线水。

(3)调水工程均具有一定槽蓄能力或调蓄能力，可将其概化为调水工程调蓄能力，在供水时段结束后，该部分存蓄水量可以滞后供水一个时段，超过用户需求的水量可以再使用该部分调蓄能力存蓄并转移到下时段使用。

(4)调水工程将供水总水量(入口端)按优化模型确定的用水单元接收调水量的比例将水配入相应的分水渠(管)道，该分水比例在外调水量有变化时，可以参照优化模型的相应分水比例进行调整。

(5)对接收到的调水水量在用水单元中按用户进行分配，优先级高的用户先配置，而后按优先序逐级分配，有多余水量时可以转给别的单元使用，或转化为环境补水。

7.4.2.2　水库调蓄运用规则

(1)水库的调度运用包括来水、供水、弃水、水量损失以及蓄水几个完整过程。

(2)水库可供水量按照优化模型结果只限于供给水库承担供水任务的用水单元使用。

(3)水库的规划入流由水库天然入流量扣除规划水平年上游单元的地表径流利用量和浅层地下水开采影响水量，累加上游单元的污水计算得到。

(4)水库水的配置按照水库调度线控制的可供水量对用户逐类进行配置，每个水库设置控制水位有死水位、正常蓄水位、汛期汛限水位。动用水库水要取决于南水北调中线来水状况，尽量补充南水北调中线来水之不足，按照调度线及供水约束对供水对象进行水量分配。

(5)水库蓄水量的调算遵循尽量减少系统弃水、使可利用水量最大化的原则，地表水分配遵循自上而下依次充蓄。同一工程向多个单元或下游工程供水时，优先考虑已有的分水比例，兼顾供水的公平合理性原则，协调在分水比例基础上单元间水量的合理分配。

(6)各水库优先供给本单元的直接受水单元，兼顾其下游水库供水状况，并对下游有供水任务的水库进行补水。

(7)水库超蓄水量(配置之后剩余水量中高于水库最高库容水量)按照水库超蓄水传递线路进行排放。该线路包括排放到下游工程、下游单元河网或水汇(弃水、污水的最终流出处，如湖泊、出境等)三种可能途径。

7.4.2.3　地下水控采规则

(1)将受水区地下水划分为浅层地下水、中深层地下水两种类型。其中浅层地下水具有较好的多年调节性能，是配合南水北调来水和当地地表水提高供水保证率的主要依托；中深层地下水由于补给困难，只宜作为补充性和备用性水源，对个别的特殊部门、特殊行业在特殊年份可适当开采中深层地下水，但应严格控制。

(2)省辖市浅层水一般仅供给环境用水；县城建成区浅层水本身的补给来源极为有限，一般不再作为城区的供水水源，返还给农业和环境；对于水位下降漏斗区，适当压缩开采量，以使漏斗区地下水位逐渐恢复。

(3)特殊干旱年和连续干旱年，考虑地下水作为备用应急水源。

(4)为衡量地下水的使用对环境的影响和危害，要把握各单元在长系列中的总开采量及多年平均开采量，以及地下水位变化情况。

7.4.2.4　单元河网水利用规则

(1)河网水可接收用水单元地表水资源量、单元污水、退水、水利工程弃水以及上游单元河网超蓄水量，各类水源的排入由系统内单元间的上下游关系和相应控制参数确定。

(2)河网水利用量根据进入河网水量和河网调蓄能力大小确定，可以利用的水量根据用户间分配比例供给各类用户使用，并按用户优先级进行配置。

(3)超蓄的河网水量根据系统内单元间的上下游关系排往下游单元河网、工程或水汇。

7.4.3 水资源模拟模型的建立及求解

水资源模拟模型不仅要以宏观优化配置为基础,还需要考虑各种水源的供水次序。基于优化配置成果,经专家会商认定,受水区各水源使用的优先序是:非常规水源(处理后污水及雨水利用)优先配置和使用;外调水优先于水库供水,首先直供,有余水时存蓄于地表水库;当地地表径流利用优先于水库供水,水库供水除结合汛前泄水供水外,主要在汛后配合外调水用于城市、工业;浅层地下水配合外调水和地表水参与调蓄、利用;若供水还有缺口则配置中深层地下水。

可调配水源对用户的供水次序是:生活、一般工业、电力工业、城市环境。用户优先序见表 7-10。

表 7-10 不同水源各种用户的用水优先序

水源	水源次序	用户			
		生活	电力工业	一般工业	城市环境
中水	Ⅰ	—	1	—	2
中线水	Ⅱ	1	2	3	4
引黄水	Ⅲ	1	2	3	4
河网水	Ⅳ	—	1	2	3
水库水	Ⅴ	1	2	3	4
浅层地下水	Ⅵ	1	2	3	4
中深层地下水	Ⅶ	1	2	3	4

注:表中数字表示某种水源对不同用户供水的次序,"—"表示该水源不向该用户供水。

7.4.3.1 主要约束条件

(1)水库水量平衡约束:

$$V(i,t+1) = V(i,t) + qin(i,t) - qout(i,t) - qw(i,t) \tag{7-8}$$

式中:$V(i,t)$、$V(i,t+1)$分别为第 i 水库第 t 时段和 $t+1$ 时段的库

容：$qin(i,t)$、$qout(i,t)$分别为第 t 时段第 i 水库的入库水量和供水量；$qw(i,t)$为水库 i 的弃水。

(2)水库的调蓄能力约束：

汛期 $$V_{\min}(i) \leqslant V(i,t) \leqslant V_{\lim}(i) \tag{7-9}$$

非汛期 $$V_{\min}(i) \leqslant V(i,t) \leqslant V_{\max}(i) \tag{7-10}$$

式中：$V_{\min}(i)$、$V_{\max}(i)$分别为第 i 水库的死库容和正常库容；$V_{\lim}(i)$为第 i 水库的汛期限制库容。

(3)水库分水量限制。对于向多个计算单元同时供水的水库，如果完全按优化目标进行供水优化分配，在枯水年或偏枯水年就可能出现这样的情况：最近的用水单元供水很多，需水得以全部满足，而较远的用水单元供水很少，破坏程度很大。实践表明，无论从时间分布还是从空间分布的角度分析，需水发生破坏时，都是以“宽浅式”破坏所造成的损失最小。另一方面，实际上各水库对各地区的供水都有一定约定，供水调度必须遵守，否则，可能会导致地区之间的矛盾。因此，当进行供水调度计算时，水库对下游元素(下游水库、下游供水区或下游节点)的分水量按下式进行计算。

$$TL(n,t) + TI(n,t) + TEI(n,t) + TE(n,t) \leqslant RVT(n,t) \tag{7-11}$$

式中：$RVT(n,t)$为某水库城镇供水约束；$TL(n,t)$、$TI(n,t)$、$TEI(n,t)$和 $TE(n,t)$分别表示第 n 个计算单元第 t 个时段生活、一般工业、电力工业和城市环境的供水量。

(4)单元河网蓄水约束：

$$QIS(n,t) + XU(n,t) \leqslant QHE(n) \tag{7-12}$$

式中：$QHE(n)$为第 n 个计算单元的单元河网蓄水能力；$QIS(n,t)$、$XU(n,t)$分别为上游的弃水量和本单元河网的蓄水量。

(5)水平衡计算单元城市供水平衡方程：

$$\begin{aligned} TNW(n,t) = {} & ST(n,t) + UT(n,t) + NT(n,t) \\ & + WT(n,t) + ABT(n,t) \end{aligned} \tag{7-13}$$

式中：$TNW(n,t)$为城市需水量(工业、生活)；$ST(n,t)$为地表城市供水量；$UT(n,t)$为地下水城市供水量；$NT(n,t)$为引汉水城市供水量；$WT(n,t)$为污水处理回用水城市供水量；$ABT(n,t)$为城市缺水量。

(6)地下水开采限制：

$$\sum_{t=1}^{T} qud(n,t) \leqslant qud_{\max}(n) \tag{7-14}$$

式中：T 为一年中调节计算总时段数，以月为计算时段，则 $T=12$；$qud(n,t)$为地下水供水量；$qud_{\max}(n)$为第 n 个计算单元的地下水允许开采量。当存在多年调节条件下某特定年允许开采量要由地下水多年调节模型确定。

(7)外调水平衡方程：

$$QNAN(t) = \sum_{n=1}^{N}\left\{\lambda \cdot \left[TL(n,t) + TI(n,t) + TEI(n,t) + TE(n,t)\right]\right\} + \sum_{n=1}^{N} QNI(n,t) \tag{7-15}$$

式中：$QNAN(t)$表示第 t 个时段外调水的来水量；$TL(n,t)$、$TI(n,t)$、$TEI(n,t)$和 $TE(n,t)$分别为生活、一般工业、电力工业和城市环境的外调水分水量；λ 为水利用系数；N 为计算单元数；$NQI(n,t)$表示第 n 个计算单元第 t 个时段的外调水弃水量。

7.4.3.2 模型求解

受水区水资源配置的模拟计算采用的是 1979～1999 年共 21 年水文系列，计算时段为月，模拟计算流程见图 7-3。

水库调节库容分为汛期和汛后两个库容，汛期可调节库容为汛期限制水位对应库容，汛后可调节库容为正常蓄水位对应的库容。水库的月末库容和水位作为下个月的月初库容和水位进行循环，水库的初始库容和水位设定为死库容和死水位。

根据模拟模型进行长系列逐时段水量调节计算，主要步骤为：

(1)令计算时段 $t=(j-1979)\times 12+i$，j 代表年份，$j=1979$～1999，i 代表月份，$i=1$～12，这样就能以时段 t 进行 21 年长系列循环运算。

(2)依据优化模型成果，按水源和用户配置关系图，根据系统水源

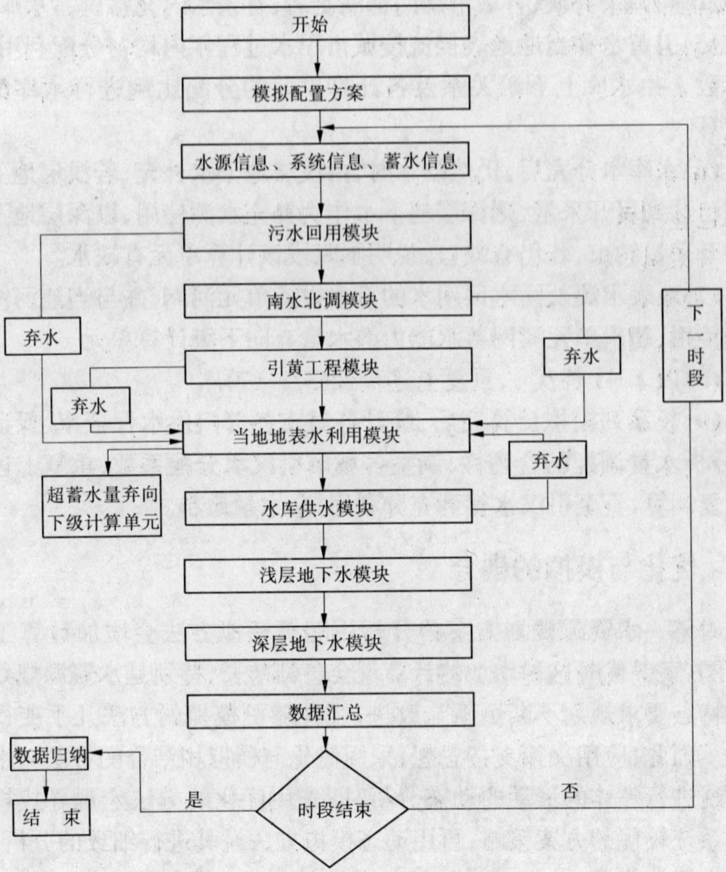

图 7-3　模拟模型计算流程图

使用优先序和水量分配的关系进行各水源的水量分配，在各水源的水量分配过程中按照水源对应的用户以及各用户的供水次序进行分水计算。

(3)按用水单元(计算单元)数 n 优先进行污水回用等模块的循环运算。

(4)由上下游关系及各计算单元的分配比例进行引中线水的水量配置，将城市引中线水量和过程，按各城市优化分配比例分配到各门口，城市间调余补缺，各城市部门都满足后，有余水时充蓄调蓄水库。

(5)引黄水和当地地表径流按城市用水过程年内均匀分配利用后，按库数 k 由水库上下游关系及各计算单元的分配比例进行水库的循环运算。

(6)水库水分完后，仍然缺水时，由浅层地下水补充，若浅层地下水供水已达到可开采量，则深层地下水作为补充水源使用，以深层地下水允许开采量约束，若仍有缺口，说明本时段该计算单元有缺水。

(7)地表水源及污水回用水的弃水进入单元河网，并与当地河网水一起使用，超出单元河网蓄水能力的水量弃向下级计算单元。

(8)以 $t+1$ 替代 t，重复上述步骤(3)～(7)。

(9)长系列模拟计算完后，统计各城市各部门供水保证率、保证程度，分析水量调配的合理性，调整各城市引汉水分配系数，重复上述步骤反复调算，直至引汉水得到充分利用，余水量最小。

7.5 优化与模拟的耦合

对某一水资源规划方案的分析用随机模拟方法会增加计算工作量，在方案寻优时这种增加的计算量会急剧增长，特别是水资源规划的滚动特点要求规划不断更新与改进，用纯随机模拟的方法几乎变得不可行。因此，应用决策支持思想，采用优化与模拟相结合的方法对水资源系统进行整体的滚动的动态分析，即先用优化的方法宏观寻找规划期内系统较优的方案策略，再用动态模拟方法对其进行细致的分析，得出相应评价指标。

模拟与优化结合的决策支持方法，体现了人们对水资源系统决策思维的两种主要方式。初步规划方案集的形成是专家和决策者对流域水资源系统的认识及开发利用经验的直接反映，模拟为决策者提供进一步的系统状态分析，优化则在一定系统状态下在连续空间寻找较优的宏观规划方案。两者的结合与反馈修正，则可引导决策逐步达到优化、合理可行的目的。

7.5.1 模拟思想在优化模型中的应用

根据专家经验和计算机逻辑演绎，在动态构造优化模型时将某些优化变量进行合并或者通过一定计算手段得出其必然结果,从而得到较小规模的优化模型,求解完成后再还原成与较大规模模型相同的结果数据结构[136]。

(1)根据专家经验,多数水资源系统中,生活供水、电力工业供水是应该有较高的满足程度的,因此在各时段生活供水和电力工业供水保证优先满足。根据模拟分水优先序的原理,通过在优化之前按照一定的水源对用户的供水先后顺序来实现,这样优化变量就减少了,而且符合实际生产、生活的需要。

(2)使用遗传算法等进化算法求解优化配置模型,由于概率机制的存在,不论什么样的目标,都会使供水有剩余,所以应该在一次优化的基础上进行二次优化(二次分配)、三次优化(三次分配)……相应的原来的优化过程称做一次优化(一次分配)。二次、三次优化过程主要是把剩余的水再分一次,这个过程可以采用优化实现,也可以采用模拟实现。这里的一次优化、二次优化、三次优化,可以和模拟中的一次平衡、二次平衡、三次平衡对应起来,这样模拟和优化看起来也会对称一些。

7.5.2 优化和模拟相结合的关键技术问题处理

水资源合理配置的最终目的,就是实现水资源的可持续利用,保证社会、经济、生态环境的协调发展。由此水资源优化配置模型的四个优化目标为社会目标、经济目标、生态环境目标和成本目标,采用典型年($P=50\%$)数据进行优化模型求解计算。模拟模型以供水破坏深度最小为目标,采用1956~2000年共45年的历史资料进行模拟计算,计算时段为月。由于两个模型的目标与采用数据的不同,造成互相调整反馈的困难,对其中关键技术问题采用如下的处理方法[137~139]。

(1)如上所述,优化模型与模拟模型的配置目标和采用数据不同,因此优化与模拟的分配方案不具有完全可比性,根据优化主要提供宏观的方向性的分配指导,模拟是对实际情况的仿真计算,用优化模型求解的分配方案与模拟模型计算的多年平均数据作比较,对分配方案进行趋势分析。采用模拟验证优化、优化指导模拟的方法进行模型之间的反馈。

(2)模拟验证优化。利用现状年模拟结果检验优化结果的合理性,模拟模型的检验结果反馈给优化模型后，调整优化模型的相关约束条件，重新优化，优化后再检验。若两组分配方案分布一致，则验证优化结果为非劣解，具有可信性。

(3)典型年的选择要有代表性。在模拟验证优化过程中，若出现个别分区两个模型的结果差距很大，则可能是由于优化所选典型年在这些分区出现偏丰或偏枯等不一致的情况，应再选择频率相近的年份进行对比，并且对出现特殊情况的分区再选择与上个典型年不同的丰枯情况，若配置结果与这些分区的丰枯相一致，则证明优化结果与模拟结果相呼应。

(4)优化指导模拟。将优化获得的水资源分配规则应用到模拟模型中进行长系列模拟计算，同时对优化反馈前后的分配方案进行趋势分析，确定模拟模型的关键配置参数，然后再进行模拟计算，从而得出最终的决策方案。

(5)优化中的虚拟配套工程的处理。优化是在全区范围内通过工程布局及配置规则的优化，对多种可利用水源在区间和各用水部门间进行调配。除了水源分配比例的整体优化，还需添加一些虚拟配套工程对水资源进行合理的空间调配。通过分析比较工程造价和其产生的效益，以及考虑实施的合理性，在模拟模型中适当考虑这些虚拟配套工程。

7.6 配置方案结果比较与推荐方案分析

根据优化指导模拟的原则，运用常规方案比选与数学规划(优化模型)相结合的方法对水资源系统进行优化，初步确定代表年各种水源在各计算单元的分配关系(包括数量和比例等)，而后将特定保证率条件下各类可调配水源在各分区、各用户的分配比例关系代入模拟模型进行模拟，而后对模拟结果的总缺水率、分区和计算基本单元缺水率、供水保证率等指标进行分析，印证优化的分配关系，并对分配关系进行适度调整，最终得出不同方案的水资源配置结果。

7.6.1 配置方案结果比较

分别对配置方案集中的 4 个配置方案按不同水平年进行了模型计

算，现以2010水平年平稳发展基本节水配置方案的结果为例进行分析。各子方案综合评价指标如表7-11所示。对比子方案的各项评价指标可以看出，通过引中线水、水库水与地下水的联合调节，且在长系列模拟的基础上加入多目标优化的优化策略，各用户供水保证率有了很大提高。

表7-11　各子方案综合评价指标

指标	单位	1999年	配套规划子方案（模拟）	优化分配子方案（模拟优化耦合）
工业供水保证程度	%	85.76	91.85	93.25
城市环境供水保证程度	%	20.12	80.62	88.63
地下水开采量	亿m^3	12.56	2.48	2.43
地下水可开采量	亿m^3	5.55	1.88	1.88
地下水超采量	亿m^3	7.01	0.60	0.55
地下水供水比例	%	60.47	6.21	6.06
水库供水比例	%	13.56	10.11	9.56
南水北调中线水供水比例	%	0	66.02	70.54

(1)通过引中线水、水库水、地下水三水联合调度、合理配置、丰枯互补，可以有效利用各种水源，生活供水保证程度为100%；工业供水保证程度为93.25%，基本上能够满足；城市环境的供水保证程度为88.63%，与1999年相比有了明显改善。

(2)按城市水资源规划分析，受水区城市1999年可开采量5.55亿m^3，为使长期超采的地下水得以恢复，2010水平年南水北调供水后浅层地下水限采量1.88亿m^3，中深层地下水只作为枯水年份的备用水源。2010年全区地下水开采量比计划限采量增加了0.55亿m^3，与1999年相比超采幅度大大降低了，而且占总供水量的比例有所下降。从多年调节结果看，少数年份有超采，多年平均地下水可达到采补平衡。

(3)引中线水占全受水区总供水量的70.54%，从根本上改变了城市靠超采地下水维持供水的现状，对受水区社会经济可持续发展起到重要的保障作用。由于引中线水占总供水的比重加大，水库水的利用量有所回落；当引中线水不足时，可以动用水库的蓄水，实现了水库对引中线水的直接调蓄作用。

由表 7-11 可见，优化分配子方案的配置结果提高了工业、城市环境供水保证程度，在充分利用南水北调水量的情况下，降低了地下水的开采量，说明通过优化与模拟的耦合模型，在协调多目标水资源合理配置模型多水源多用户冲突的同时，充分利用了可调水资源，提高了供水保证率。

受水区城市多年平均水量供需平衡结果见表 7-12。

表 7-12　受水区城市多年平均水量供需平衡结果

城市	指标	生活	一般工业	电力工业	城市生态	合计
安阳县	需水量(万 m^3)	624	682	0	396	1 702
	供水量(万 m^3)	624	554	0	330	1 508
	缺水量(万 m^3)	0	128	0	66	194
	缺水率(%)	0	18.77	0	16.67	11.40
内黄县	需水量(万 m^3)	828	719	0	347	1 894
	供水量(万 m^3)	828	630	0	230	1 688
	缺水量(万 m^3)	0	89	0	117	206
	缺水率(%)	0	12.38	0	33.72	10.88
汤阴县	需水量(万 m^3)	1 212	2 091	0	570	3 873
	供水量(万 m^3)	1 212	1 941	0	430	3 583
	缺水量(万 m^3)	0	150	0	140	290
	缺水率(%)	0	7.17	0	24.56	7.49
濮阳县	需水量(万 m^3)	576	1 055	0	629	2 260
	供水量(万 m^3)	576	851	0	553	1 980
	缺水量(万 m^3)	0	204	0	76	280
	缺水率(%)	0	19.34	0	12.08	12.39
浚县	需水量(万 m^3)	696	2 468	0	979	4 143
	供水量(万 m^3)	696	2 303	0	712	3 711
	缺水量(万 m^3)	0	165	0	267	432
	缺水率(%)	0	6.69	0	27.27	10.43

续表 7-12

城市	指标	生活	一般工业	电力工业	城市生态	合计
淇县	需水量(万 m^3)	816	3 094	800	889	5 599
	供水量(万 m^3)	816	2 887	713	703	5 119
	缺水量(万 m^3)	0	207	87	186	480
	缺水率(%)	0	6.69	0	20.92	8.57
滑县	需水量(万 m^3)	1 548	3 376	95	950	5 969
	供水量(万 m^3)	1 548	3 154	70	880	5 652
	缺水量(万 m^3)	0	222	25	70	317
	缺水率(%)	0	6.58	0	7.37	5.31
辉县市	需水量(万 m^3)	2 040	2 249	574	1 164	6 027
	供水量(万 m^3)	2 040	1 880	452	910	5 282
	缺水量(万 m^3)	0	369	122	254	745
	缺水率(%)	0	16.41	0	21.82	12.36
卫辉市	需水量(万 m^3)	1 572	1 626	0	1 096	4 294
	供水量(万 m^3)	1 572	1 489	0	791	3 852
	缺水量(万 m^3)	0	137	0	305	442
	缺水率(%)	0	8.43	0	27.83	10.29
新乡县	需水量(万 m^3)	1 248	3 098	0	969	5 315
	供水量(万 m^3)	1 248	2 887	0	741	4 876
	缺水量(万 m^3)	0	211	0	228	439
	缺水率(%)	0	6.81	0	23.53	8.26
获嘉县	需水量(万 m^3)	612	844	105	353	1 914
	供水量(万 m^3)	612	754	88	297	1 751
	缺水量(万 m^3)	0	90	17	56	163
	缺水率(%)	0	10.66	0	15.86	8.52
修武县	需水量(万 m^3)	684	773	0	378	1 835
	供水量(万 m^3)	684	671	0	330	1 685
	缺水量(万 m^3)	0	102	0	48	150
	缺水率(%)	0	13.20	0	12.70	8.17

续表 7-12

城市	指标	生活	一般工业	电力工业	城市生态	合计
武陟县	需水量(万 m^3)	624	669	0	220	1 513
	供水量(万 m^3)	624	651	0	201	1 476
	缺水量(万 m^3)	0	18	0	19	37
	缺水率(%)	0	2.69	0	8.64	2.45
温县	需水量(万 m^3)	716	1 967	0	270	2 953
	供水量(万 m^3)	716	1 830	0	220	2 766
	缺水量(万 m^3)	0	137	0	50	187
	缺水率(%)	0	6.96	0	18.52	6.33
荥阳县	需水量(万 m^3)	2 280	3 950	269	2 200	8 699
	供水量(万 m^3)	2 280	3 731	223	1 821	8 055
	缺水量(万 m^3)	0	219	46	379	644
	缺水率(%)	0	5.54	0	17.23	7.40
新郑县	需水量(万 m^3)	2 316	3 907	428	1 020	7 671
	供水量(万 m^3)	2 316	3 714	375	881	7 286
	缺水量(万 m^3)	0	193	53	139	385
	缺水率(%)	0	4.94	0	13.63	5.02
长葛县	需水量(万 m^3)	2 478	2 791	0	1 350	6 619
	供水量(万 m^3)	2 478	2 581	0	1 021	6 080
	缺水量(万 m^3)	0	210	0	329	539
	缺水率(%)	0	7.52	0	24.37	8.14
禹州市	需水量(万 m^3)	1 728	3 113	1 017	950	6 808
	供水量(万 m^3)	1 728	2 841	902	771	6 242
	缺水量(万 m^3)	0	272	115	179	566
	缺水率(%)	0	8.74	0	18.84	8.31
许昌县	需水量(万 m^3)	780	454	0	500	1 734
	供水量(万 m^3)	780	394	0	386	1 560
	缺水量(万 m^3)	0	60	0	114	174
	缺水率(%)	0	13.22	0	22.80	10.03

续表 7-12

城市	指标	生活	一般工业	电力工业	城市生态	合计
郏县	需水量(万 m^3)	522	341	0	191	1 054
	供水量(万 m^3)	522	265	0	132	919
	缺水量(万 m^3)	0	76	0	59	135
	缺水率(%)	0	22.29	0	30.89	12.81
宝丰县	需水量(万 m^3)	1 176	505	268	294	2 243
	供水量(万 m^3)	1 176	459	221	243	2 099
	缺水量(万 m^3)	0	46	47	51	144
	缺水率(%)	0	9.11	0	17.35	6.42
襄城县	需水量(万 m^3)	900	246	0	1 500	2 646
	供水量(万 m^3)	900	212	0	1 376	2 488
	缺水量(万 m^3)	0	34	0	124	158
	缺水率(%)	0	13.82	0	8.27	5.97
临颍县	需水量(万 m^3)	900	3 850	0	150	4 900
	供水量(万 m^3)	900	3 515	0	137	4 552
	缺水量(万 m^3)	0	335	0	13	348
	缺水率(%)	0	8.70	0	8.67	7.10
叶县	需水量(万 m^3)	636	1 560	0	451	2 647
	供水量(万 m^3)	636	1 484	0	394	2 514
	缺水量(万 m^3)	0	76	0	57	133
	缺水率(%)	0	4.87	0	12.64	5.02
商水县	需水量(万 m^3)	729	469	0	53	1 251
	供水量(万 m^3)	729	432	0	42	1 203
	缺水量(万 m^3)	0	37	0	11	48
	缺水率(%)	0	7.89	0	20.75	3.84
方城县	需水量(万 m^3)	1 284	1 955	0	523	3 762
	供水量(万 m^3)	1 284	1 841	0	399	3 524
	缺水量(万 m^3)	0	114	0	124	238
	缺水率(%)	0	5.83	0	23.71	6.33

续表 7-12

城市	指标	生活	一般工业	电力工业	城市生态	合计
社旗县	需水量(万 m^3)	1 092	1 746	0	413	3 251
	供水量(万 m^3)	1 092	1 664	0	386	3 142
	缺水量(万 m^3)	0	82	0	27	109
	缺水率(%)	0	4.70	0	6.54	3.35
邓州市	需水量(万 m^3)	1 662	6 137	0	718	8 517
	供水量(万 m^3)	1 662	5 883	0	599	8 144
	缺水量(万 m^3)	0	254	0	119	373
	缺水率(%)	0	4.14	0	16.57	4.38
新野县	需水量(万 m^3)	1 812	4 824	0	743	7 379
	供水量(万 m^3)	1 812	4 593	0	519	6 924
	缺水量(万 m^3)	0	231	0	224	455
	缺水率(%)	0	4.79	0	30.15	6.17
唐河县	需水量(万 m^3)	4 920	1 884	0	577	7 381
	供水量(万 m^3)	4 920	1 628	0	394	6 942
	缺水量(万 m^3)	0	256	0	183	439
	缺水率(%)	0	13.59	0	31.72	5.95
郾城县	需水量(万 m^3)	768	1 060	0	100	1 928
	供水量(万 m^3)	768	849	0	72	1 689
	缺水量(万 m^3)	0	211	0	28	239
	缺水率(%)	0	19.91	0	28.00	12.40
郑州市	需水量(万 m^3)	28 646	13 996	1 592	15 000	59 234
	供水量(万 m^3)	28 646	13 996	1 592	15 943	60 177
	缺水量(万 m^3)	0	0	0	0	0
	缺水率(%)	0	0	0	0	0
平顶山市	需水量(万 m^3)	9 984	9 177	10 200	1 151	30 512
	供水量(万 m^3)	9 984	7 984	9 814	990	28 772
	缺水量(万 m^3)	0	1 193	386	161	1 740
	缺水率(%)	0	13.00	3.78	13.99	5.70

续表 7-12

城市	指标	生活	一般工业	电力工业	城市生态	合计
鹤壁市	需水量(万 m^3)	5 717	5 292	6 942	3 033	20 984
	供水量(万 m^3)	5 717	4 647	6 027	2 812	19 203
	缺水量(万 m^3)	0	645	915	221	1 781
	缺水率(%)	0	12.19	13.18	7.29	8.49
新乡市	需水量(万 m^3)	11 248	11 852	3 711	6 836	33 647
	供水量(万 m^3)	11 248	11 026	3 364	6 202	31 840
	缺水量(万 m^3)	0	826	347	634	1 807
	缺水率(%)	0	6.97	9.35	9.27	5.37
焦作市	需水量(万 m^3)	10 742	10 214	4 877	5 049	30 882
	供水量(万 m^3)	10 742	9 234	4 413	5 049	29 438
	缺水量(万 m^3)	0	980	464	0	1 444
	缺水率(%)	0	9.59	9.51	0	4.68
濮阳市	需水量(万 m^3)	6 504	2 883	517	2 802	12 706
	供水量(万 m^3)	6 504	2 541	447	2 554	12 046
	缺水量(万 m^3)	0	342	70	248	660
	缺水率(%)	0	11.86	13.54	8.85	5.19
许昌市	需水量(万 m^3)	4 704	5 537	719	1 100	12 060
	供水量(万 m^3)	4 704	4 742	662	949	11 057
	缺水量(万 m^3)	0	795	57	151	1 003
	缺水率(%)	0	14.36	7.93	13.73	8.32
周口市	需水量(万 m^3)	7 800	2 081	2 530	420	12 831
	供水量(万 m^3)	7 800	1 811	2 234	361	12 206
	缺水量(万 m^3)	0	270	296	59	625
	缺水率(%)	0	12.97	11.70	14.05	4.87
南阳市	需水量(万 m^3)	11 328	10 054	2 311	5 350	29 043
	供水量(万 m^3)	11 328	9 912	2 091	4 759	28 090
	缺水量(万 m^3)	0	142	220	591	953
	缺水率(%)	0	1.41	9.52	11.05	3.28

续表 7-12

城市	指标	生活	一般工业	电力工业	城市生态	合计
漯河市	需水量(万 m^3)	5 793	7 192	106	600	13 691
	供水量(万 m^3)	5 793	5 869	67	551	12 280
	缺水量(万 m^3)	0	1 323	39	49	1 411
	缺水率(%)	0	18.40	36.79	8.17	10.31
中牟县	需水量(万 m^3)	996	1 424	113	290	2 823
	供水量(万 m^3)	996	1 247	87	261	2 591
	缺水量(万 m^3)	0	177	26	29	232
	缺水率(%)	0	12.43	23.01	10	8.22
安阳市	需水量(万 m^3)	9 836	17 358	6 838	5 370	39 402
	供水量(万 m^3)	9 836	15 556	6 185	4 915	36 492
	缺水量(万 m^3)	0	1 802	653	455	2 910
	缺水率(%)	0	10.38	9.55	8.47	7.39

7.6.2 水源供水结构

从水源来看,现状年受水区以地下水供水所占比例最高,但其占总供水量的比例随南水北调中线的实施大幅下降,从现状的 60.5%下降到 2010 年的 6.2%;其次本地地表水,供水量略有增加,但占总供水量的比例逐年下降,从 25%下降到 13.7%;随着经济发展,中水供水量增幅较快,2010 年占总供水比例为 2.4%;引黄水总供水量不变,由于中线水的加入,所占比重稍微减小;中线水水量所占比例最大,占总供水的 70.5%。水源供水结构见图 7-4。

7.6.3 用户缺水结构

从供需平衡来看,2010 水平年的生活用水都能得到满足,电力工业缺水在 0.5%以下,城市景观生态缺水率在 34%以下。从各用水户占缺水量的比重看,一般工业缺水是主要缺水对象,其缺水量占总缺水量的 61.28%左右。各水平年不同用户的缺水量、缺水率和缺水比例见表 7-13。

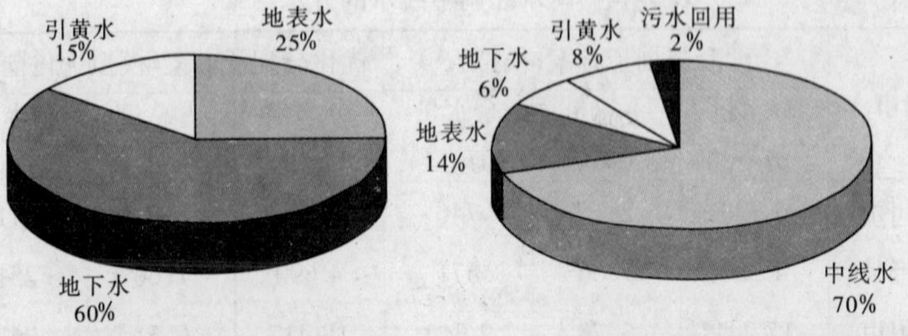

(a)1999年不同水源供水比例　(b)2010年不同水源供水比例

图 7-4　水源供水结构图

表 7-13　2010 水平年不同用户的缺水结构

供水目标	需水量（万 m^3）	缺水量（万 m^3）	缺水率（%）	缺水比例（%）
生活	159 075	0	0	0
电力工业	40 012	194	0.48	1.08
一般工业	161 063	10 879	6.75	60.62
城市环境	58 758	6 873	11.70	38.30
合计	418 908	17 946	4.28	100

7.6.4　南水北调中线水分水结果

推荐方案的各分区引南水北调中线水分配水量是在优化模型得出的对南水北调中线水量分配成果的基础上，将分配比例输入模拟模型，然后根据长系列模拟结果，以“公平性、宽浅式破坏和引汉水充分利用”为原则，分析各单元和用户的缺水率、保证率，然后适当调整引中线水优化分配比例，包括对不同南水北调中线来水保证率条件下对各计算分区的供水比例。该成果可以保证南水北调中线水的充分利用和在南水北调中线来水较少的情况下，各受水地区均能获得相对较高的供水保证率。

长系列多年平均各受水城市南水北调中线水分水情况如表 7-14 所示。

表 7-14 南水北调中线水的分水结果

城市	配套规划子方案(模拟)			优化分配子方案(模拟优化耦合)		
	分水量(万 m^3)	占总量(%)	余水量(万 m^3)	分水量(万 m^3)	占总量(%)	余水量(万 m^3)
邓州市	5 723	2.17	746	5 915	2.09	311
新野县	4 384	1.66	571	4 690	1.66	251
南阳市	17 741	6.73	2 312	18 417	6.51	967
社旗县	2 443	0.93	318	2 493	0.88	127
唐河县	5 387	2.04	702	5 651	2.00	305
方城县	2 887	1.10	376	3 077	1.09	156
漯河市	8 548	3.24	1 114	9 731	3.44	515
郾城县	2 225	0.84	290	2 423	0.86	127
临颍县	3 519	1.34	459	3 751	1.33	200
周口市	7 173	2.72	935	7 615	2.69	402
商水县	1 418	0.54	185	1 455	0.51	77
平顶山市	18 484	7.01	2 409	19 917	7.04	1 060
叶县	2 089	0.79	272	2 188	0.77	117
宝丰县	1 848	0.70	241	1 975	0.70	103
郏县	1 285	0.49	167	1 393	0.49	70
襄城县	2 534	0.96	330	2 626	0.93	138
禹州市	3 734	1.42	487	4 150	1.47	221
许昌市	6 657	2.53	868	7 521	2.66	402
许昌县	1 541	0.58	201	1 695	0.60	90
长葛市	4 751	1.80	619	5 172	1.83	273
新郑市	4 728	1.79	955	5 232	1.85	276
中牟县	2 144	0.81	279	2 346	0.83	127

续表 7-14

城市	配套规划子方案(模拟)			优化分配子方案(模拟优化耦合)		
	分水量(万 m^3)	占总量(%)	余水量(万 m^3)	分水量(万 m^3)	占总量(%)	余水量(万 m^3)
郑州市	30 388	11.53	3 415	31 417	11.10	1 647
荥阳市	5 148	1.95	877	5 779	2.04	308
温县	2 360	0.90	308	2 516	0.89	134
武陟县	1 460	0.55	190	1 460	0.52	77
焦作市	12 181	4.62	1 587	13 001	4.59	686
修武县	1 428	0.54	186	1 543	0.55	81
获嘉县	1 967	0.75	256	2 099	0.74	107
辉县市	4 382	1.66	571	4 982	1.76	263
新乡市	21 162	8.03	2 758	22 084	7.80	1 156
新乡县	3 166	1.20	413	3 521	1.24	186
卫辉市	3 081	1.17	402	3 417	1.21	180
淇县	3 843	1.46	501	4 214	1.49	218
滑县	4 457	1.69	581	4 659	1.65	244
浚县	2 893	1.10	377	3 271	1.16	178
濮阳市	6 018	2.28	784	6 422	2.27	339
濮阳县	1 886	0.72	246	2 108	0.74	106
鹤壁市	14 669	5.57	1 912	16 165	5.71	854
汤阴县	2 728	1.04	356	2 920	1.03	157
内黄县	1 601	0.61	209	1 776	0.63	94
安阳市	25 885	9.82	3 373	28 429	10.05	1 501
安阳县	1 607	0.61	209	1 758	0.62	93
合计	263 553	100	34 347	282 974	100	14 924

通过调整南水北调中线水分水比例，多年平均南水北调中线分水口门直接供水 28.30 亿 m^3，余水 1.49 亿 m^3，受水区总干渠口门年均分配水量 29.79 亿 m^3。由表 7-13、表 7-14 可见，在南水北调水有剩余的情况下全省供水仍有缺口，这说明南水北调中线在丰水年份和丰水时段有部分余水不能充分利用，年均引中线余水 1.49 亿 m^3，需要考虑再建调节水库充分利用南水北调水量。通过模拟优化耦合，南水北调中线水的利用率从 88.47% 提高到 94.98%。每一个月的剩余水将根据 5 个调节水库的库容充库，然后作为水库水源给城市供水，提高了南水北调中线水的利用效率。配套规划方案各城市余水量所占分水量比例从 0 到 18.9%，各行政区水量分配差距较大。而优化分配方案各城市余水量所占分水量比例从 0 到 4.6%，分水量达到基本均衡，避免出现“需多供少、需少供多”的情况。

7.7 本章小结

本章以南水北调中线工程河南受水区为例，将前述的水资源合理配置的理论与方法进行了应用研究，建立了受水区基于优化模型与模拟模型耦合的多水源、多用户和多目标的水资源合理配置模型。先用优化的方法宏观寻找规划期内系统较优的方案策略，再用动态模拟方法对其进行细致的分析，得出相应评价指标。最后给出了受水区规划水平年的水资源合理配置方案，得到了水源供水结构、用户缺水结构和中线水分水结果。其成果可供相关部门参考。

第8章 典型城市(郑州市)水资源配置方案研究

郑州市是河南省省会,位于河南省中部,是河南省政治、经济、文化、科技、交通、商贸中心,国家历史文化名城。京广、陇海两大铁路干线交会于此,是全国重要的交通枢纽、流通中心及内陆港口。城区包括金水区、中原区、惠济区、二七区、管城区、上街区 6 个行政区,占地面积约 262km²。其中,上街区位于郑州市西部,与郑州市区中心相距较远,水资源分布与水系统基本独立。因此,本研究把金水区、中原区、惠济区、二七区、管城区 5 个行政区作为研究对象。2005 年底市区总人口约 290.3 万人,2005 年国民生产总值(GDP)为 700.3 亿元。

8.1 郑州市水资源利用状况

郑州市位于河南省中部偏北,东经 112°42′~114°14′,北纬 34°16′~34°58′,北临黄河,西依嵩山,东南为广阔的黄淮平原。郑州市地形地貌大致以京广铁路为界:西部为地势较高的黄土台塬和塬间、塬前冲洪积平原;东部为地势较低的黄河冲积平原。

8.1.1 郑州市水资源基本情况

8.1.1.1 水文气象及水文地质概况

郑州市属北温带季风气候,春旱多风,夏炎多雨,秋凉晴爽,冬寒干燥,四季分明,年平均气温 14.4℃;7 月最热,平均 27.3℃;1 月最冷,平均 0.2℃;无霜期 220 天,全年日照时间约 2 400 小时。郑州市多年平均降水量 629.2mm,降水量时空分布不均,夏季多雨,汛期 7~9 月三个月占年降水量的 60%左右,冬季少雨雪;年际间变化较大,1964 年郑州市年降水量 1 054.2mm,比多年平均降水量多 67.5%,为 1951~2000 年 50 年系列的最大量,1997 年全市平均降水量为 392.6mm,比多年平均降水量少 37.6%,为 1951~2000 年系列的最小量,最大年降水量是最小年降水量的2.7倍,全市平均年降水量的变差系数为0.23。

流经郑州市区的河流分属黄河和淮河两大流域,主要有过境河流黄河及内河贾鲁河(属淮河流域水系)。黄河是我国第二大河,以多泥沙而闻名于世,是柿园水厂和白庙水厂的供水水源。穿越市区的金水河、熊耳河、七里河、东风渠、魏河(又名贾鲁支河)等均属于贾鲁河流域。

郑州市区除西南部深切沟谷中有零星出露的基岩外,其余区域均被松散岩类覆盖。浅层地下水埋藏深度小,底板埋深一般在45～55m,局部大于60m。受黄河侧渗影响,富水程度高。径流受地形条件影响明显,市区浅层地下水因降落漏斗的形成使地下水向漏斗中心汇集。主要排泄途径是越流补给中深层地下水及人工开采。中深层地下水位于地表60m以下,与上部浅水层无良好隔水层。中深层水的补给,除各含水层的越流补给外,主要为西南基岩裂隙水的侧向径流补给。径流趋势是从西南、西向东北径流。排泄途径主要是人工开采。浅层和中深层含水层是市区生产、生活用水的主要开采层。

8.1.1.2 市区水系分布

郑州市多年平均产水系数为0.28,多年平均水资源总量约为5.973亿m^3(未计算黄河过境水量)。多年人均水资源拥有量212m^3,约占全省人均水资源总量的1/2,占全国人均水资源量的1/10。从降水分布和人均水资源量来看,郑州市是属于水资源缺乏的地区。郑州市的河流分别属于黄河和淮河两大水系。流经郑州市区的所有河流均属于贾鲁河流域,现均为城市排污河道。郑州市水系分布情况见图8-1。

8.1.1.2.1 黄河

黄河是我国仅次于长江的第二大河,是中华民族的摇篮,全长5 464km,郑州境内河长150km,流域面积2 011.8km^2。黄河进入郑州市境邙山岭桃花峪以后,地势平坦,河床变宽,流速减缓,造成泥沙淤积,河床逐年升高,形成“悬河”,高于堤外地面3～4m不等。1999年小浪底水库建成后,北郊水源地北部黄河花园口段河床以侵蚀下切为

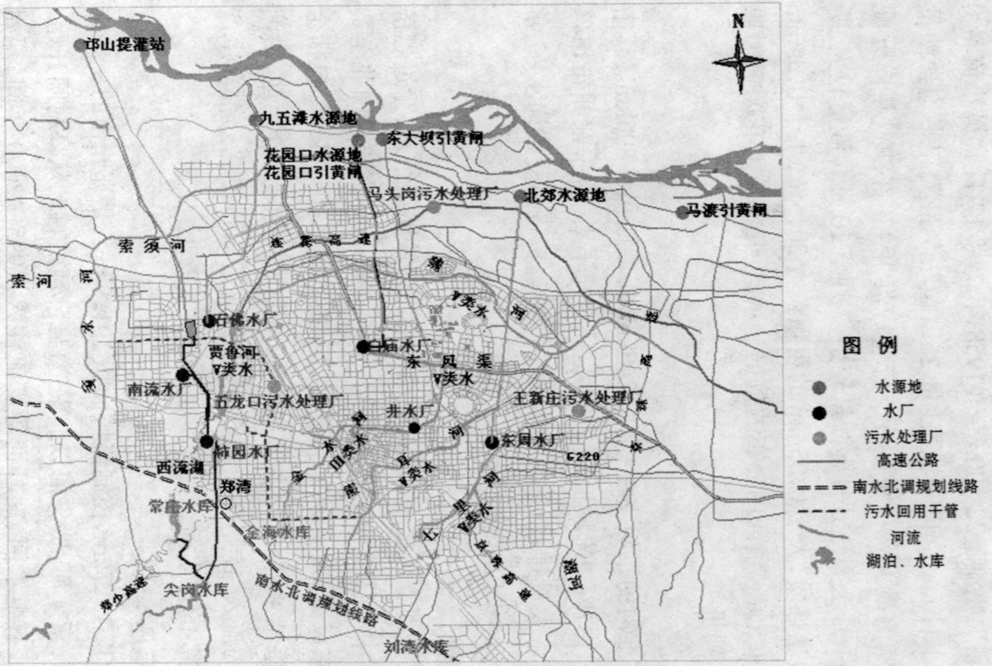

图 8-1　郑州市水系分布图

主，目前河床与漫滩高差 2m 左右。黄河具有水少沙多的特点，且水沙年内分布极不均匀，一年中 60% 的水量和 80% 的输沙量都集中于汛期。据花园口水文站 1949～2003 年资料，黄河多年平均流量1 269 m^3/s；最大实测洪峰流量22 300m^3/s(1958 年 7 月 17 日)，最小流量 0 (1960 年 6 月 1 日)。多年平均含沙量 26.4kg/m^3，最大年平均含沙量 53.6kg/m^3。实测最大含沙量 546kg/m^3(1977 年)。含沙量年内分配也极不均一，11 月至翌年 6 月含沙量较小，7 月至 10 月含沙量较大，所挟泥沙主要为悬移质，大于 0.05mm 的粗颗粒占 30.5%，小于 0.05mm 的细颗粒占 69.5%。黄河网公布的数据显示，近几年黄河花园口河段的水质基本达到Ⅲ类。

8.1.1.2.2　贾鲁河

贾鲁河是淮河的二级支流，全长 246km，流域面积 5 896km^2，其中郑州境内河长 137km，流域面积 2 750km^2。近年来，由于郑州市市区工业和生活污水大量排放，致使河水污染严重。贾鲁河受尖岗水库、常庄水库控制，实际供应水量为 476 万 m^3/a。

8.1.1.2.3　魏河

魏河是贾鲁河支流之一，起源于郑州市北郊铁路编组站，穿过惠济区、金水区，在中牟县境内汇入贾鲁河，全长 27.6km，流域范围北至贾鲁河，西南至东风渠，东至中牟县境内，流域面积为 105.0km^2，包括金水区的柳林、蔡城、姚桥三个乡的大片土地及中牟县的部分土地，沿河有 18 条排水沟流入，控制净面积 54km^2，目前是郑州市北郊粮食生产基地的一条主要的排水河道。

8.1.1.2.4　东风渠

东风渠全长 19.7km，控制流域面积 191.9km^2，是郑州市的一条排污河道。目前，索须河、贾鲁河以北渠道已经废除，首端从皋村闸开始，末端至七里河，有金水河、熊耳河等支流注入，1995～2000 年间，郑州市政府曾经对东风渠进行过清障、疏挖、护砌，取得过明显效果，但最近几年，由于渠内径流减小、沿渠的企业及生活排污量增大等原因，东风渠的水质又急剧恶化。

8.1.1.2.5 其他河流

(1)索须河。属淮河流域贾鲁河水系,由索河和须水河汇流而成。二河流汇流后为索须河,向东流经中原区、惠济区,折南在祥云寺汇入贾鲁河,全长23.1km。

(2)金水河。是东风渠支流、淮河三级支流,河道全长26.31km,流域面积74.14km^2,是郑州市区的主要排水河道。市区段河道经治理后,底宽20~30m。

(3)熊耳河。长21.4km,流域面积75.7km^2。熊耳河流经郑州市东南部,主要汇入市区东南部工业及生活污废水。

(4)七里河。是贾鲁河的支流之一,属淮河的三级支流。河道全长63.8km,流域面积741km^2,是新郑市北部和郑州市郊的一条排涝河道。1958年以来先后在上游建成后胡、罗垌、林锦店、苏庄、刘湾等中小型水库,有效地拦蓄洪水,减轻洪涝灾害。

(5)潮河。发源于新郑市郭店乡徐庄,由南向北流经新郑市郭店乡,管城区圃田乡,流经小魏庄水库、曹古寺水库等汇入七里河,河道全长36.2km,流域面积167.5km^2。其中,小魏庄水库以下至入河口段长15.7km。

8.1.1.2.6 人工库湖

人工库蓄水工程有尖岗水库、常庄水库和西流湖水库,它们是郑州市的备用重要水源地。包括:尖岗水库、常庄水库、白庙(花园口)水厂调蓄池和西流湖。

(1)尖岗水库。尖岗水库是郑州市一座以防洪和应急供水为主的中型水库。1970年兴建,水库位于郑州市西南部的贾鲁河上游,尖岗村西,距离市区4.5km处。水库控制流域面积113km^2,总库容6 820万m^3,历年最大蓄水量3 306万m^3,多年平均蓄水量1 291万m^3,兴利水位154.75m。1982年,水库坝右岸埋设一直径为1.1m管道,直通柿园水厂。该管道可以向柿园水厂供水,也可将黄河水调蓄到水库。该管道建成后使尖岗水库成为郑州市城市供水的应急水源。水库目前运行正常,水质良好。

(2)常庄水库。1960年建成的常庄水库位于郑州市西郊须水乡,是为柿园水厂储备水源而兴建的。水库总库容 1 500 万 m^3,兴利库容 649 万 m^3。集水面积 82km^2,正常蓄水位 128.54m。但是,近几年来由于水源不足,不能发挥应有的作用。历年最大蓄水量为 656 万 m^3,多年平均蓄水量为 154 万 m^3。近几年天气干旱,年平均蓄水量仅为 72 万 m^3。于 1998 年 11 月底建成了由西流湖通向水库、直径为 1.2m 的混凝土输水管道,西流湖的水可通过管道自流到常庄水库消力池,再经泵站送入水库储存,到水厂需要时再回流到西流湖内,是郑州市城市应急供水水源。

(3)白庙(花园口)水厂调蓄池。花园口水厂的前身是二水厂。1979 年 2 月批准,1982 年 2 月动工兴建,1984 年 6 月底建成投产。该水厂自黄河花园口河段取水,先入沉沙池沉沙,然后通过一级泵站提至调蓄池再沉沙后经二级泵站管道输送到白庙水厂。白庙水厂净化处理后进行供水。花园口水源厂有引水闸 1 座,18 万 m^3 沉沙池 1 座,一级泵站 1 座,350 万 m^3 调蓄池 1 座,二级泵站 1 座,直径为 1.2m、长 11.9km 输水干管 1 套。日向白庙水厂输水 30 万 m^3,为白庙水厂的水源厂。

(4)西流湖。西流湖既是柿园水厂的蓄水、沉沙池,又是郑州市的一个风景游览区和群众游玩的场所。目前存在的问题是黄河水带来的泥沙淤积了湖底,使原可蓄水 120 多万 m^3 以上的西流湖现蓄水能力不足 60 万 m^3,与水厂的供水能力很不相称。更为严重的是,近几年来污染严重,沿湖生活、建筑垃圾流入湖中,严重影响水源质量。

8.1.1.2.7 南水北调水

根据《南水北调中线工程河南省受水区城市供水工程规划》,南水北调中线一期工程将于 2010 年建成通水,中线工程以解决城市生活和工业用水为主。南水北调中线一期工程郑州市分配水量为 33 170 万 m^3/a,包括贾寨口门和郑湾口门。南水北调中线二期工程预计 2030 年建成,其分配给郑州市的水量未定。

8.1.1.3 地下水

依据地下水的埋藏条件、补排关系、水质、水温、水动力特征及各层地下水功能等,将 1 200m 之内的含水层划分为四层:浅层含水层埋藏深度 0～60m、中深层含水层埋藏深度 60～350m、深层含水层埋藏深度 350～800m、超深层含水层埋藏深度 800～1 200m。

8.1.1.3.1　浅层地下水

浅层含水层埋藏浅，底板埋深一般在 45～55m，局部大于 60m，为潜水或微承压水类型，其下为一组粉质黏土或粉土弱透水层与下伏中深层含水层组相隔，厚 25～45m。浅层水易于开采，水温低于 20℃。

城区浅层地下水水资源超采严重，浅层地下水的水位动态受区域自然条件和人为因素的控制，市区由于开采和建筑物覆盖影响，地下水类型为“开采型”。根据《郑州市地下水动态监测报告》中对 2003 年 3 月份的水位监测资料，郑州市浅层地下水形成两个漏斗区，即西部漏斗区和市区(东部)漏斗区。西部漏斗区漏斗面积为 75.02km^2，漏斗中心位于百炉屯黄庄 130 号井。

8.1.1.3.2　中深层地下水

中深层含水层组顶板埋深 60～80m，底板埋深 310～350m，局部大于 350m，属承压水类型。中深层水是目前城市供水的主要开采层，井深一般在 100～300m。其含水层岩性为中砂、细砂、粗砂等，厚 30～80m，平均 54m，单位涌水量 3～5m^3/(h·m)。一般水温 20～30℃。

郑州市中深层地下水位埋深受地形、地貌及开采量的影响，特别是开采量的大小，直接影响着中深层地下水的水位埋深，中深层地下水动态类型大部分为开采型。漏斗面积 327.48km^2，漏斗区以陇海铁路线为界，分为南、北两部分，北部漏斗中心位于农业路西段警校 142 号井，南部漏斗中心位于 712 所西北角 118 号井。根据郑州市供水节水信息网公布的数字，中深层地下水多年平均开采量为 5 833.05 万 m^3。

8.1.1.3.3　深层地下水

深层含水层组顶板埋深一般在 350～400m，底板埋深 750～800m，局部大于 800m。其下黏土层厚 20～40m，顶、底部均有稳定的隔水层与上、下含水层组相隔，为承压水类型。深层含水层岩性以中细砂为主，微胶结，单位涌水量 1～3m^3/(h·m)。一般水温 30～40℃，水质好。郑州市城区深层地下水可采资源量为 349.21 万 m^3/a。

8.1.1.3.4 超深层地下水(地热水)开发利用

超深层含水层组顶板埋深 800～840m,局部小于 800m,底板埋深 1 000～1 200m,为承压自流水。含水层岩性为中细砂,靠近断层带附近有卵砾石,多为半胶结、半成岩状态。单位涌水量一般小于 1.0m^3/(h·m),水温 40～46℃。对全市超深层地下水资源目前尚未作全面评价分析,据河南省地质环境监测总站对郑州市五区 2000 年调查分析,其允许年开采量为 130.75 万 m^3。目前郑州市区已打成地热井 34 眼,年开采量 148.65 万 m^3。由于已开采的地热井集中分布在市区的东北部,即陇海铁路以北、京广铁路以东地段,造成该地区超深层地下水位呈下降趋势,形成面积约 50km^2 的降落漏斗。

8.1.2 供水状况

郑州市供水主要依靠黄河水,其次为地下水。随着郑州市城市的快速发展,城市供水总量逐年增加,2005 年供水总量达 30 448 万 m^3。目前城市供水系统主要由两部分组成:一部分由郑州市自来水公司供给,水源有地表水和地下水,主要是供市区居民和公共设施的生活用水及部分工业用水。郑州市自来水公司现有水厂五座:柿园水厂、白庙水厂(中法供水)、石佛水厂、东周水厂和井水厂,其中柿园水厂和白庙水厂是地表水厂,另外三座是地下水厂。

8.1.2.1 取水工程

(1)邙山提灌站。为二级提灌,渠首位于邙山脚下的枣榆沟。一级提灌扬程为 33m,提水能力 10m^3/s;二级提灌扬程为 53m,提水能力 1m^3/s。总投资 728 万元,1970 年 7 月 1 日开工,1972 年 10 月 1 日建成供水。自 1982 年以来平均每年提水达 1.5 亿 m^3 以上。除每年向城市供水 1 亿～1.3 亿 m^3 外,还可以灌溉邙山附近及沿渠农田。邙山提灌站提取的黄河水通过 24.5km 的输水干渠进入西流湖,向柿园水厂供应源水。

(2)"九·五"滩水源地。位于郑州市北郊,距市区 12km,西起邙山游览区,东至花园口黄河公路大桥,与北郊水源地相邻,北临黄河,南续黄泛平原。"九·五"滩水源地一期供水工程供水井 32 眼,设计供水能力为 8.38 万 m^3/d,于 1995 年建成,1997 年 10 月试运行,1998 年正式开采，开采量3万～7万m^3/d。二期供水工程（待建）供水井14眼，设计供水能力为3.54万m^3/d。“九·五”滩地下水通过约12km长暗管，送往石佛水厂，经净化处理后向市区西北部供水。

（3）花园口水源厂。于1979年2月批准，1982年2月兴建，设计提黄河水量$10.5m^3/s$，1984年6月底建成投产。花园口水源厂是从花园口取黄河水作为水源，先引入沉沙池进行沉沙，然后通过一级泵站提至调蓄池再沉沙后经二泵站管道输水送到白庙水厂，为白庙水厂的水源厂。

（4）花园口引黄闸。于1978年为解决郑州市城镇供水及北郊农业灌溉而兴建，设计引水能力$20m^3/s$。1978～1990年曾向市区白庙水厂供水，1990年后改为农业灌溉，现有机组16台，变压器2台，装机容量1 520kW，供水能力可达$10m^3/s$。近年来，随着灌溉面积的缩减，大部分设备闲置，不能得以充分利用。

（5）东大坝引黄闸。建于1969年，设计引水能力$10m^3/s$，经1999年重新改造后，目前提水站有六台机组，变压器两台，装机容量600kW。近些年随着灌溉面积缩减，80%以上设备闲置。

（6）北郊水源地。北郊水源地是以开采浅层地下水为主的特大型地下水集中供水水源地，位于郑州市北郊花园口以东、黄河大堤北滩地及黄河大堤南侧$43.5km^2$内，设计建井72眼，设计供水量20万m^3/d，是东周水厂的水源厂。目前已经完成80～100m深度浅层微承压水井34眼，100～300m中深层承压水井21眼，尚有17眼未完成。河南省地矿部门1995年提交的“河南省郑州北郊水源地供水水文地质勘探报告”，评价浅层水可采资源量为20万m^3/d，中深层水允许开采量5.56万m^3/d。国家储委批准浅层水B级储量16万m^3/d，中深层水C级储量4万m^3/d。根据实际统计资料，现平均开采量7万m^3/d左右，开采井分布在凌庄滩地内。

（7）马渡引黄闸。设计引水能力$20m^3/s$。近年来，随着灌溉面积的缩减，设备不能得以充分利用。

8.1.2.2 水厂

（1）南流水厂（中原制药厂水厂）是中原制药厂自建供水水厂，设计供水能力 5 万 m^3/d，水源取自西流湖，由于企业不能正常生产，该供水厂基本闲置。

(2)柿园水厂于 1954 年建成，当时供水规模为 8.5 万 m^3/d，随着人口的增长，市区扩大，用水量也不断增加，后经三次技术改造达到目前的供水能力 37 万 m^3/d，是郑州市最大的地表水厂。尖岗水库作为备用水源。该水厂目前承担大约 1/3 的市区供水负荷。近五年平均年供水量为 8 960.98 万 m^3。水厂的水源是经邙山提灌站取自黄河水。

(3)石佛水厂是 20 世纪 90 年代建成投产的地下水厂，水源是黄河"九·五"滩水源地侧渗井水，水源水质中铁、锰超标比较明显。石佛水厂设计供水能力为 10 万 m^3/d，供水范围是高新技术开发区和市区的西北部，由于受多方面条件限制，目前供水能力 7 万 m^3/d。近五年平均年供水量为 1 989.02 万 m^3。

(4)白庙水厂建于 1980 年，源水取自黄河，供水能力为 36 万 m^3/d，但由于输水管线的局限，实际供水能力只有 30 万 m^3/d。近五年平均年供水量为 7 418.74 万 m^3。

(5)井水厂，其前身是行政区加压站。1960 年为解决行政区、二里岗的供水不足，在金水路东段建立行政区加压站。1961 年在加压站周围打深井 10 眼，加压站院内建清水池 1 座，使清水汇入清水池。1978 年在市内建深水井 10 眼。1983 年加压站改为郑州市井水厂。目前，共有生产井 30 余眼，设计日供水能力 4 万 m^3。近几年开采量逐渐减少，近五年平均年供水量为 537.5 万 m^3。

(6)东周水厂于 1998 年 9 月 18 日开始建设，2000 年 5 月 25 日并网投产。水厂设计规模为 20 万 m^3/d，由于水源井建设不完善，现实际供水能力可达到 12 万 m^3/d，日均供水为 7 万～8 万 m^3/d。近五年平均年供水量为 2 320.39 万 m^3。

8.1.2.3 城市应急水源

常庄水库库容 1 500 万 m^3，兴利库容 649 万 m^3；尖岗水库库容 6 820 万 m^3，兴利库容 4 791 万 m^3。由于近几年水库流域内产水明显减少，年入库水量持续下降，每年可供水量很少，尤其是常庄水库，多年来一直是干库运行。2001～2004 年尖岗水库和常庄水库的储水量总计为 4 352 万 m^3，平均每年 1 088 万 m^3。

如果黄河水源出现意外，为保证城市居民正常生活用水，确保重点单位及重点企业用水，启用城市应急水源供水，并削减 20% 的工业用水量，城市总需水量 80 万 m^3/d。在城市供水保证率 95% 的情况下，石佛、东周水厂满负荷运转，充分利用地下水，可供水量为 30.2 万 m^3/d。由尖岗、常庄水库向柿园水厂供水 33 万 m^3/d，西区供水天数为 31d；由花园口调蓄池向白庙水厂供水 16.8 万 m^3/d，东区供水天数为 18d。

8.1.2.4 自备水源

工矿企事业单位以城市中心区地下水作为自备水源，近五年平均年开采量为2 579.48万 m^3。为了保护中深层地下水，郑州市政府要求在城市公共供水管网覆盖的区域禁止使用自备井。近年来逐渐减少了自备井的开采量，自备井数由 2001 年的 866 眼降至 2004 年的 636 眼，自备井开采量由 2001 年的 3 520 万 m^3 降至 2004 年的 2 021 万 m^3。

8.1.3 用水情况

近几年来，随着城市发展速度加快，郑州市的城市用水总量逐年增加。2004 年郑州市城市用水总量为 29 534 万 m^3，2005 年城市用水总量为 30 448 万 m^3，详见表 8-1。

表 8-1 郑州市城市供、用水量

年份	面积(km^2)	人口(万人)	供水量(万 m^3)			用水量(万 m^3)				
			地表水	地下水	合计	生活	工业	公共服务	消防及其他	合计
2004	243	287.7	16 692	12 842	29 534	15 963	5 876	3 395	4 300	29 534
2005	262	290.3	20 671	9 777	30 448	10 939	6 296	4 103	9 110	30 448

注：数据来源为《2004 年郑州市水资源公报》、《2005 年郑州市水资源公报》。

8.1.4 节水状况

多年来郑州市开展节约用水，取得了较好成绩。自 1981 年到 2000 年全市总节水量达13 857.21万 m^3，平均日节水 2.37 万 m^3。

8.1.4.1 工业节水

通过工业节水结构战略性调整，基本解决结构性污水问题。对汽车、煤、电、铝、装备制造业等高耗水行业(单位)加快节水技术改造,推广节水新工艺,大力推进清洁生产,利用高新技术提高循环水利用能力,加大节水减污,兴建一批节水技术改造示范工程,进一步提高水资源的重复利用率,关闭小造纸企业。根据《郑州市水资源综合规划》的调查数据显示,2005 年郑州市区(含上街区)369 个被调查的工业企业的工业总产值为 16.45 亿元,用水量为 9.59 亿 m^3,重复利用率达到 89.81%。

8.1.4.2 城市生活节水

城市生活用水大体可分为两个部分。一部分是居民家庭生活用水,另一部分是公共事业用水(办公楼、公共建设、市政设施、商业服务、洗车行业等),根据郑州市供水节水办公室的调查,对于整个郑州市的居民生活用水 1982 年人均日用水 240L,是当时全国人均日用水 120L 的 2 倍。节约用水的主要措施是,实行按户装表计量,废除包费制,这一措施效果显著,凡装有水表的用户,用水量都大大下降。全市 1983 年底装分户水表 9.5 万只,当年人均用水量为 210L,比 1982 年下降 12.5%,1998 年全市装分户水表 37.88 万只,人均日用水量 169.73L,比 1983 年下降 19.2%。

尽管如此,郑州城镇居民生活节水水平与国内城市先进节水水平仍有一定的差距。此外,郑州供水管网漏失率仍然偏高,在 15%左右。节水器具普及率较低,用水量较大。因此,生活节水仍有一定的潜力。

8.1.4.3 再生水利用

再生水是指生活杂排水经过集中收集处理后可再利用的水。更广泛意义上的再生水是指所有经过集中处理后可再利用的水。规划建筑面积和日平均用水量超过规定规模的新建宾馆、饭店、住宅小区和机关、事业、企业单位办公设施及其他建设项目,推行中水设施系统建设。园林绿化、环境卫生、洗车业、建筑业应当优先使用中水和其他再生水。郑州市区沿金水河、熊耳河等生态与环境用水河流的周边地区规模以上的现有住宅小区、企事业单位、学校、医院、宾馆等必须建设中水设施,在保证本单位使用的前提下,将满足水质要求的多余中水用于郑州市区金水河、熊耳河等的生态和环境用水。

8.1.4.4　再生水补源

坚持污水集中与分散处理相结合，加快城市污水处理再回用工程建设，改造已建污水处理厂的处理工艺，使其出水满足回用的要求，新建污水处理厂的处理深度应满足景观用水的要求。将王新庄污水处理厂深度强化处理的达标废水，回用于郑东新区的生态和环境用水，为熊耳河、七里河、东风渠部分河段进行补水；将五龙口污水处理厂深度强化处理过的 10 万 m^3/d 达标废水，部分回用于西气东输郑州燃气电厂的冷却补充水，其余部分作为城市生态和环境用水回用于贯穿郑州市区的金水河、熊耳河和南截流沟，完善全市水系网络；城市绿地采用河道中经过处理的景观用水灌溉。

8.1.4.5　城市雨水利用

推广市区雨水的直接利用。在城市绿地系统和生活小区，推广城市绿地草坪直接利用雨水，雨水直接用于绿地草坪浇灌；推广道路集雨直接利用，道路集雨系统收集的雨水主要用于城市杂用水；鼓励房屋屋顶雨水收集，雨水直接用于绿地草坪及其他市政公共用水。现有规模以上住宅小区、企事业单位、学校、医院、宾馆等应规定期限兴建集雨环境用水工程；待建、在建规模以上住宅小区等必须配套建设集雨环境用水工程；现有街心花园（公园等）规定期限兴建集雨环境用水工程；待建、在建街心花园必须配套建设集雨环境用水工程。

推广城区雨水的生态和环境利用。把雨水利用与天然洼地、公园的河湖等湿地保护和湿地恢复相结合。

推广城区雨水集蓄回灌。通过城市绿地、城市水系、交通道路网的透水路面、道路两侧专门用于集雨的透水排水沟、生活小区雨水集蓄利用系统、公共建筑集水入渗回补利用系统等，充分利用与洪水河上游水库的汛期弃水，进行地下水回灌。城市人行道（板）、硬化带应考虑采用渗透性强的建筑材料。绿化带通过建集雨工程，逐渐减少地下水开采量。

加快市区排水管网建设，完善城市排水系统，逐步实现雨污分流。

加大洪水资源化利用力度，在贾鲁河、索须河等排洪河道规划建设橡胶坝。

8.1.5 污水处理状况

目前,郑州市可以进行污水处理回用的污水厂包括王新庄污水处理厂及正在扩建的五龙口污水处理厂,设计总处理能力为60万 m^3/d,其中王新庄污水处理厂设计处理能力为40万 m^3/d,实际运行处理量为31.5万 m^3/d;五龙口污水处理厂建设规模20万 m^3/d,一期工程为10万 m^3/d,其中5万 m^3/d 处理深度为三级,可达到再生水回用标准;计划扩建为20万 m^3/d。2010年前计划建设马头岗污水处理厂,设计处理能力为30万 m^3/d。各污水处理厂位置及集污范围见图8-2。

郑州市污水排放量为68万~76.5万 m^3/d。由于处理工艺和处理成本,以及回用管道布设等原因,实际不可能实现全部污水进行处理回用。污水处理能力50万 m^3/d,城市污水处理率56.27%,高于全国平均水平值的45.6%。

8.1.5.1 王新庄污水处理厂

王新庄污水处理厂位于郑州市东郊祭城镇,七里河与东风渠交汇处,占地面积 $33hm^2$,是目前淮河流域最大的城市污水处理厂。主要收集桐柏路以东、金水路以南、南三环以北、107国道以西区域的污水,规划收水面积约 $105km^2$,服务人口100多万人。

该厂于2001年10月开始试运行。达到国家规定的二级污水处理排放标准后,排入贾鲁河,总投资概算7.6亿元,已正式投产运行,一期建设规模40万 m^3/d(远景规划将扩大至80万 m^3/d),目前王新庄污水处理厂实际污水处理量31.5万 m^3/d。近期拟投资建设20万 m^3/d 回用水处理工艺,拟向郑东电厂和新郑绿化工程供水。

8.1.5.2 五龙口污水处理厂

五龙口污水处理厂已于2004年12月通水试运行,承担着郑州市西北部陇海路以北,五龙口以南,嵩山路、沙口路以西,西环路以东高新技术开发区及中原区部分地区的污水处理,服务面积约 $27km^2$,服务人口37万人,总投资2.7亿元,一期建设规模10万 m^3/d,深度处理中水5万 m^3/d,回用水沿桐柏路地下管道排入金水河。五龙口远景规划规模20万 m^3/d,今后拟向熊耳河及燃气电厂供水。

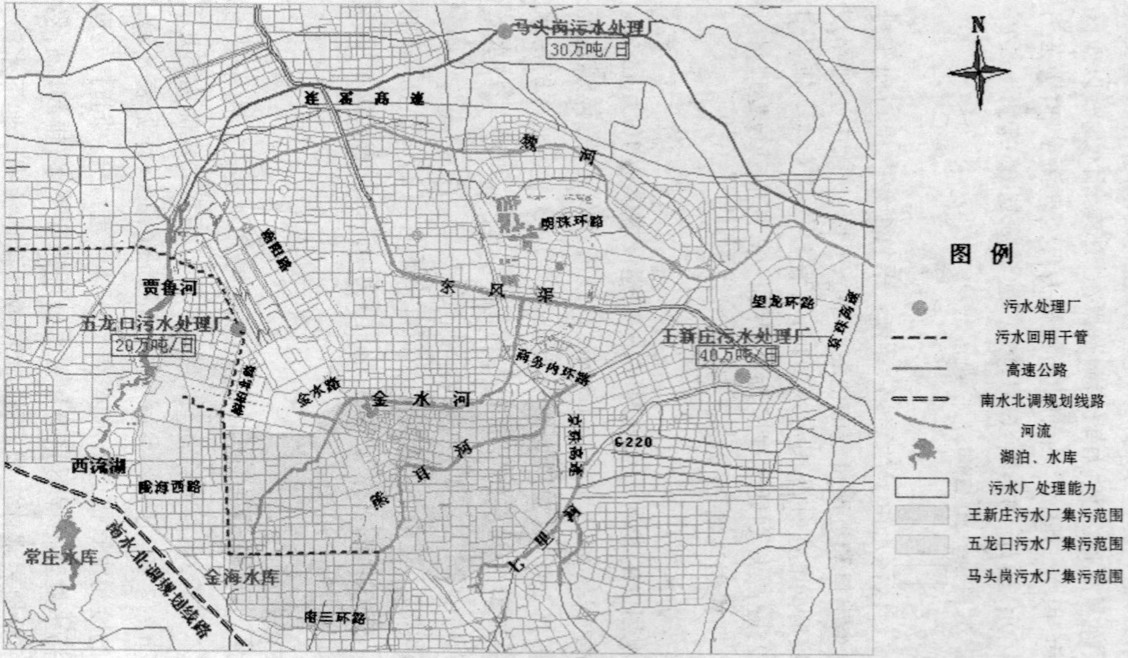

图 8-2 污水处理厂位置及集污范围

8.1.5.3　马头岗污水处理厂

马头岗污水处理厂位于马头岗军用机场西侧、贾鲁河南岸，主要收集金水路以北、连霍高速公路以南、南阳路以东、郑东新区龙湖以西区域的污水，服务面积 92.3km²。一期建设规模为日处理污水 30 万 m³，计划投资 6.8 亿元，预计 2008 年 6 月竣工，远景规划 65.7 万 m³/d。经过净化后的中水再排入贾鲁河。

8.1.5.4　薛岗污水处理厂

规划中的高新区污水由玉兰街第一出口、翠竹街第二出口向东排入贾鲁河，这两个出口和近期将建的池北路第三出口一样，由垂柳路规划污水干管收集后向北送往薛岗污水处理厂，服务范围为整个须水组团，控制面积 125km²，规划处理规模为 40 万 m³/d，其中三级处理量为 5.0 万 m³/d，一期规划达到 25 万 m³/d。

8.1.5.5　其他污水处理厂

郑东新区规划中的龙湖污水处理厂，一期建设规模达 10 万 m³/d。预期将在航空港（总体规划面积约 120km²）、经济开发区（总体规划范围 12.5km²）、加州工业城（总规划面积 46km²）增加 3 个小而深的污水处理厂，预期在 2010 年污水处理能力达到 10 万 m³/d，2015 年污水处理能力达到 15 万 m³/d。

结合 2020 年城市工业、生活等需水和自来水管网 179 万 m³/d 的供水能力分析，2010 年的污水处理能力 110 万 m³/d 左右，2015 年污水处理能力在 150 万 m³/d 左右。

8.1.6　环境生态状况

随着人口增加，经济发展，郑州废污水排放量增加迅速。由于城市污水收集系统不完善，据不完全统计，目前全年日污水处理能力 50 万 m³，年污水处理量13 707万 m³，占污水排放量的 56.3%（详见表 8-2）。大量未经处理的废污水直接进入水体，导致水体严重污染。同时，处理后排放的由于污水处理工程不完善和污水处理深度不够，排放以后仍然对河湖、水库等地表水体造成污染，直接或间接地污染了地下水源。城区水域已成为主要纳污水体。

表 8-2　2005 年郑州城市污水排放量统计

城市名称	污水排放量(万 m^3)			污水处理能力（万 m^3/d)	污水年处理量（万 m^3）
	生活	工业	合计		
郑州市	16 248	8 110	24 358	50	13 707

根据《郑州市环境质量评价书(2001～2005 年度)》,2005 年度郑州主要河流水质污染状况虽较往年略有减轻,但水污染仍然十分严重。所监测的 5 条河流,劣Ⅴ类水质断面 7 个,占总断面数的 53.8%;Ⅲ类水质断面 3 个,占 23.1%;Ⅱ类、Ⅳ类、Ⅴ类断面分别 1 个,各占 7.7%(部分断面列于表 8-3)。失去供水功能劣于Ⅴ类(含Ⅴ类)的河段占总监测河段的 61.5%,污染现象仍较严重。

表 8-3　2005 年郑州主要河流水质概况

河流名称	监测断面	水质功能类别	综合评价水质类别	主要超标物质
贾鲁河	尖岗水库	Ⅱ	Ⅱ	
贾鲁河	西流湖	Ⅲ	Ⅲ	
贾鲁河	中牟铁路桥	Ⅳ	劣Ⅴ	高锰酸盐指数、COD、氨氮、阴离子表面活性剂
贾鲁支河	贾鲁支河 107	劣Ⅴ	劣Ⅴ	氨氮、COD、挥发酚、高锰酸盐指数
金水河	张花庄桥	劣Ⅴ	劣Ⅴ	氨氮、COD、挥发酚、高锰酸盐指数
金水河	燕庄桥	Ⅴ	劣Ⅴ	氨氮、COD、挥发酚、高锰酸盐指数
东风渠	东风渠 107	劣Ⅴ	劣Ⅴ	氨氮、高锰酸盐指数、COD、挥发酚
熊耳河	崔庄闸 107	Ⅴ	劣Ⅴ	氨氮、高锰酸盐指数、COD

注:表中数据来自《郑州市环境质量评价书(2001～2005 年度)》。

目前,流经市区的河流有贾鲁河、贾鲁支河、金水河、熊耳河、七里河、东风渠,这些河流均无天然水源,实际上已成为城市污水、农灌退水及天然降水的排水渠道。流经市区的东风渠和熊耳河均为郑州市的排污河流。金水河、东风渠近几年虽经过治理,出现过清水时段,但目前又回到了治理前的状况。

8.1.7 存在问题

8.1.7.1 供水保证程度过度依赖黄河水

目前城市供水水源有黄河水(占64%)、傍黄河地下水(占22%)、城区地下水。黄河是主要供水水源,其水质受到较严重的污染,水量不稳定,且供水工程安全系数低,一旦邙山提灌站、花园口水源工程或黄河水量、水质其中之一出现意外,郑州市城市供水将难以得到保证,城市的经济生活会受到严重的影响。

根据近年来的监测资料分析,黄河水水质在部分时段不能满足饮用水水源地水质标准。如2004年,黄河水柿园水厂水源(邙山提灌站)水质基本符合Ⅲ类水,白庙水厂水源水质(水源厂进水闸)基本维持Ⅳ类至Ⅴ类水水平(见表8-4)。Ⅲ类水主要适用于集中式生活饮用水水源地二级保护区、鱼类保护区及游泳区。局部时段不能满足郑州市民对水质愈来愈高的需求。

表8-4 水源水水质对照 (单位:mg/L)

水源		氨氮		化学需氧量		高锰酸盐指数	
		最高值	平均值	最高值	平均值	最高值	平均值
柿园	邙山提灌站	1.22	0.69	31.4	19.6	5.60	4.37
	柿园水厂明渠	0.99	0.36	32.1	14.4	5.41	3.95
	西流湖	2.45	0.51	48.6	22.8	10.04	5.20
白庙	黄河进水闸	2.16	1.07	39.9	22.5	6.60	5.28
	白庙水厂原水	1.14	0.34	26.8	15.7	6.04	4.00
Ⅲ类水标准		1.0		20		6	

8.1.7.2 环境生态恶化趋势没有得到遏制

随着经济的发展,工业废水和城市生活污水的排放量逐年增加,河道、水库、地下水均受到不同程度的污染,贾鲁河、熊耳河、东风渠、金水河水质多项指标超标,多数断面水质超过Ⅴ类水标准,目前基本成了排污泄洪河;近几年人民生活水平不断提高,对水质要求愈来愈高,在地表水不能满足需求的情况下,地下水的开采利用量越来越大,加之都市村庄的无序开采和周边农业开采量增大,地下水位持续下降。

2003 年郑州生态环境用水仅 3 690 万 m^3,远远小于生态环境需水量,导致郑州生态环境用水严重不足,河流生态和功能退化。在干旱期间,由于供需矛盾突出,地表水枯竭,水资源与水环境承载能力降低,地下水超采,造成严重的后果。目前,有限的城市供水只能首先满足生活及工业生产的需要,城市的进一步发展所需水量往往以挤占生态环境用水为代价。

8.1.7.3 城市供水与农业用水的矛盾日益加剧

随着城市对需水量的增长要求,为确保城市经济、生活的正常运行,一些水利工程不得不把原本供给农业灌溉的水转供给城市。如邙山提灌站、常庄水库、尖岗水库等。这些原设计以农田灌溉为主的水利工程,从 20 世纪 70 年代至 90 年代,每年供给农业用水量逐年减少。至今,几乎全部转为城市供水工程。而这些工程相应的灌区则由地表水灌溉转为地下水灌溉,又引起当地地下水的超采。

8.2 郑州市水资源情势分析

8.2.1 社会经济发展预测

经济社会的发展、城市化步伐的加快、生态环境的改善等都离不开水,没有水资源支撑,没有足够的水量和可靠的水质作保证,必然影响经济发展和社会进步。展望未来发展,预测未来经济发展、社会进步对水的需求,是制定未来各项规划的前期重要工作。

需水预测基准年取为 2005 年,近期规划水平年为 2010 年,中期规划水平年为 2015 年,远期规划水平年为 2020 年。

8.2.1.1 人口预测

郑州市区未来人口变化主要受两个因素影响:人口的自然增长、城市化水平提高所带来的人口增加(如郑东新区发展所带来的人口增加)。按照郑东新区规划目标,2010 年人口达到 67 万人,2020 年达到 117 万人,其中可以预计新区的大部分人口将来自郑州市区和县市。

按照郑州市统计局最新人口报告,2005 年末市区人口为 290.3 万人(不包含上街区人口 11.8 万人)。根据《郑州市全面建设小康社会规划纲要》,2010 年市区人口总数为 370 万人,2015 年为 430 万人,到 2020 年达 500 万人。

8.2.1.2 经济及工业发展指标预测

“十一五”时期,全市经济社会发展要努力实现以下主要目标:在优化结构、提高效益和降低消耗的基础上,保持较快的发展速度,生产总值年均增长 16.4%左右;保持较快的投资增幅,全社会固定资产投资年均增长 17%;经济增长质量明显提高,地方财政收入年均增长 15%;资源利用效率显著提高,单位生产总值能耗比“十五”末降低 20%以上,资源节约型和环境友好型社会建设取得实质性进展;人民生活质量明显改善,城镇居民人均可支配收入、农村居民人均纯收入年均增长 8%,就业比较充分,社会保障体系比较健全。

经分析,对郑州经济发展的预测为 2005~2010 年 GDP 年均增长率为 16.4%,2011~2015 年、2016~2020 年年均增长率为 12.4%和 8.4%。按此发展速度,2010 年国内生产总值达到1 496.4亿元;2015 年国内生产总值达到2 684.6亿元;2020 年国内生产总值达到4 018.2 亿元。其中,第二产业增加值 2005~2010 年年均增长率为 16.8%,2011~2015 年、2016~2020 年年均增长率为 11.5%和 6.2%。按此发展速度,2010 年第二产业增加值达到 507.1 亿元;2015 年第二产业增加值达到 874.0 亿元;2020 年第二产业增加值达到 1 180.7 亿元。详见表 8-5。

表 8-5 郑州市经济发展指标预测 (单位:亿元)

项目	2005 年	年均增长率(%)			2010 年	2015 年	2020 年
		2005~2010 年	2011~2015 年	2016~2020 年			
GDP	700.3	16.4	12.4	8.4	1 496.4	2 684.6	4 018.2
第二产业增加值	233.3	16.8	11.5	6.2	507.1	874.0	1 180.7

注:数据来源为《郑州市节水型社会建设规划》及《郑州市统计年鉴》(2005)。

根据发展规划，在未来的发展中，郑州三类产业比重将逐步调整。目前，相对于其他地区，郑州市第一产业的比重较低，预计第一产业比重将继续降低；第二产业呈现缓慢下降的趋势；第三产业则呈持续增长的趋势，但增长速度在不同时期有所不同。2006～2010 年，第三产业比重增长较快，第二产业比重略有下降，三类产业结构由 2005 年的 4.4:52.6:43.0 转变到 2010 年的 3.5:52:44.5；2011～2020 年，第二产业比重将逐渐降低，第三产业开始迅速发展，2020 年三类产业结构为 2.5:43.5:54。

8.2.2 需水预测

8.2.2.1 城市水资源需求量预测思路与方法

根据研究目的和需水量预测精度等要求，本次需水预测将需水部门分为生活需水、工业需水和生态环境需水。

需水预测所采用的主要方法为指标预测法。工业需水预测采用万元产值取水量法；生活需水采用人均日用水量定额预测方法。生态环境需水中河道外需水主要为城市绿地的需水。城市绿地需水计算，根据郑州城镇发展规划中的绿化率确定植被覆盖度，结合郑州气候状况，确定单位植被需水量，计算需水量。河道内需水主要为维持郑州市城市水系所需要的水量，根据河道的渗漏量和蒸发量计算。蒸发量根据潜在蒸发量和水面面积计算。

在使用指标预测法进行需水预测的同时，还考虑趋势预测法、人均需水量预测法、需水增长弹性系数法、供水预测及供需平衡分析法等。这些方法在本次预测中主要以结构评价和印证形式对常规方法预测结果进行比较分析，以期预测结果可靠合理。

现对除定额预测方法外的其他各方法分述如下：

(1)趋势预测法。基于历史统计数据的分析，选取一定长度的、具有可靠性、一致性和代表性的统计数据作为样本，进行回归分析，并以相关性显著的回归方程进行趋势外延。这种方法的缺点是物理(用水)机制不太明确，优点是趋势性、变化方向较好。对于需水预测来说，由于需水增长受各类因素的综合影响，目前还没有一种能定量反映诸多影响因素的需水预测方法，因而趋势预测方法是需水预测的常用方法之一。

(2)人均需水量预测法。用水或需水归根结底为人的需水,因而采用人均需水量方法,也不失为一种简单、实用的方法。人均需水量指标主要基于国内外、区内外的比较后综合判定。

(3)需水增长弹性系数法。需水增长与用户发展指标是有密切联系的,同时受诸如水价、收入水平、用水水平等因素的影响。其影响可以通过弹性系数来反映,所谓需水弹性系数,即为需水增长率与其考虑对象的增长率的比值。如工业需水弹性可以描述为工业需水量的增长率与工业产值的增长率的比值。显然,需水弹性有其阶段性、区域性,在不同的发展阶段、不同的地区,其弹性是有差异的。该方法在国际上广为应用,但其对资料的要求较高,如水价对需水增长的弹性系数,目前我国则难以定量计算。

8.2.2.2 生活需水预测

生活需水包括居民生活、公共用水等几项,生活需水预测采用定额法,用趋势法对定额和需水量进行校核。

生活需水预测,其中一个关键是需水定额选择得是否恰当。随着城市化水平的发展和居民生活水平的提高,城镇居民人均生活日用水量呈提高趋势。随着建筑业等其他行业的增长,其公共用水定额也在增长。

城镇居民生活用水量与城市规模、经济水平、水源条件、管理水平有关。随着国民经济的发展和城市居民生活水平的提高与居住条件的改善,城市生活用水定额将会有所提高。根据郑州市现状的用水水平和供水水源情况,结合城市供水水源工程建设的可能以及水价政策、管理水平提高的程度,拟定各水平年的城镇居民生活用水定额。

2005 年全市平均居民生活用水定额为 180L/(人·d),2010 年全市平均居民生活用水定额为 185L/(人·d),2015 年采用 190L/(人·d),2020 年采用 195L/(人·d)。郑州市城镇居民生活需水量 2010 年为 24 695.8万 m^3,2015 年为 29 499.3 万 m^3,2020 年为 35 233.5 万 m^3。详见表 8-6。

表 8-6　郑州市不同水平年生活需水预测

水平年	2005 年	2010 年	2015 年	2020 年
人口(万人)	290.3	370	430	500
城镇化率(%)	97.4	97.6	97.8	98.0
城镇居民生活需水定额(L/(人·d))	180.0	185.0	190.0	195.0
农村居民生活需水定额(L/(人·d))	95.0	96.0	97.0	98.0
生活需水量(万 m^3)	18 838.6	24 695.8	29 499.3	35 233.5

8.2.2.3　工业需水量预测

工业用水量除了与国民经济发展计划及长远规划密切相关外，还受水资源条件、工业行业结构、工艺水平等多种因素的影响。本次规划在定额分析中，充分考虑了节水和产业结构的影响。工业定额采用年均递减率的方法。年均递减率的确定，主要基于历史资料统计分析，结合产业结构变化以及节水技术与节水管理措施的加强等综合因素确定。在确定各水平年工业用水定额时，参考了国内外用水定额相对较低地区的有关统计数据。

郑州市工业用水定额从 1999 年的 35.0m^3/万元，降低到 2010 水平年的 26.5m^3/万元，2015 水平年的 21.0m^3/万元，2020 水平年的 17.5m^3/万元。根据前面的工业总产值预测，再结合工业用水定额预测便可得到未来规划水平年的工业需水预测，详见表 8-7。

表 8-7　郑州市工业需水量预测

水平年	2005 年	2010 年	2015 年	2020 年
第二产业增加值(亿元)	283.6	507.1	874.0	1 180.7
万元产值取水量(m^3/万元)	35.0	26.5	21.0	17.5
第二产业需水量(万 m^3)	9 926.0	13 438.2	18 354.0	20 662.3

8.2.2.4　生态和环境需水量预测

郑州市生态和环境需水量根据城市景观发展格局确定，以维持良好的生态稳定度为目标。随着城市化的发展以及人民生活水平的提高，人们对城市生态和环境的要求会越来越高，城市生态和环境用水量将日趋增加。城市生态和环境需水中包括河湖需水、绿化用水和环境卫生用水(街道洒水)等。

河湖需水主要为维持郑州市城市水系所需要的水量，取决于河湖的渗漏量和蒸发量。本次河湖需水采用补水法计算：河流按冬季20天补一次水，春、秋两季15天补一次水，夏季(非汛期)10天补一次水，夏季(汛期)30天补一次水，一年共补水21次，每次按河流容积的100%补水；湖泊按一年补6次水，每次按湖泊容积的50%补水。郑州市河湖需水量预测结果见表8-8。

表8-8 郑州市河湖需水量预测

名称	长度(km)	宽度(m)	面积(km^2)	设计水深(m)	蓄水量(万m^3)	补水次数	补水量(万m^3)
索须河	23	25	0.575	1.5	86.3	21	1 811.3
金水河	15	15	0.225	1.5	33.8	21	709.8
熊耳河	18	13	0.234	1.5	35.1	21	737.1
贾鲁河	17	15	0.255	1.5	38.3	21	804.3
魏河	22	15	0.330	1.5	49.5	21	1 039.5
东风渠	25	20	0.500	1.5	75.0	21	1 575
七里河	13	12	0.156	1.5	23.4	21	491.4
潮河	16	20	0.320	1.5	48.0	21	1 008.0
龙湖			6.000	4.5	2 700.0	5	6 750
龙子湖			2.000	1.8	360.0	5	900
如意湖			0.800	1.8	144.0	5	360
西流湖			0.750	2.0	150.0	5	375
合计							16 561.4

注：根据《郑州市国民经济和社会发展十一五规划纲要》，龙湖与龙子湖将于2010年建设完成。

参照《郑州市国民经济和社会发展十一五规划纲要》，预测郑州市不同水平年绿化、环境卫生指标见表8-9。

表8-9 郑州市不同水平年绿化、环境卫生指标预测值

水平年	人均绿化(m^2/人)	人均环卫(m^2/人)
2005年	8	4.3
2010年	10	5.0
2015年	11	5.5
2020年	12	6.0

城市绿化需水定额取3 330～3 360m^3/hm^2。环境卫生用水主要是指马路洒水、公共厕所用水等。根据干旱区典型调查，每平方米马路洒水一次大体需水1L，若一年洒水150次，城市环境卫生用水定额为1 500m^3/hm^2。本次规划城市环境卫生需水定额取1 500m^3/hm^2。不同水平年郑州市城市绿化、环境卫生需水定额及需水量预测结果见表8-10。

表8-10 郑州市不同水平年绿化、环境卫生需水量

水平年	人口(万人)	规划目标(hm^2)		需水定额(m^3/hm^2)		需水量(万m^3)	
		绿化	环境卫生	绿化	环境卫生	绿化	环境卫生
2005年	290.3	2 322.4	1 248.3	3 330	1 500	773.4	187.2
2010年	370.0	3 687.0	1 843.5	3 345	1 500	1 233.3	276.5
2015年	430.0	4 730.0	2 365.0	3 360	1 500	1 589.3	354.8
2020年	500.0	6 000.0	3 000.0	3 360	1 500	2 016.0	450.0

不同水平年郑州市生态环境需水量计算结果见表8-11。

8.2.2.5 需水总量

综合以上各部门的需水量预测，规划郑州各行政分区2010年和2020年基本方案的需水总量分别见表8-12。郑州市总需水量由2005年的44 581.6万m^3，增加到2010水平年的59 235.9万m^3，2015水平

年的 72 832.4 万 m^3,2020 水平年的 83 455.4 万 m^3。

表 8-11 郑州市不同水平年生态环境需水量 （单位:万 m^3）

水平年	绿化需水(净)	环境卫生需水(净)	绿化、环境卫生需水(毛)	河湖需水	生态环境需水(毛)
2005 年	773.4	187.2	1 152.7	8 911.4	10 064.1
2010 年	1 233.3	276.5	1 751.4	13 249.1	15 000.5
2015 年	1 589.3	354.8	2 196.8	16 561.4	18 758.2
2020 年	2 016.0	450.0	2 712.6	19 257.4	21 970.0

注:(1)毛需水量 = 净需水量 + 管网漏失量(管网漏失系数 2005 年、2010 年、2015 年、2020 年分别取 0.20、0.16、0.13 和 0.10),河湖需水量暂不计管网漏失量。

(2)考虑 2010 年城市水系工程未能完全修建,河湖需水按实际的 80%计算;2015 年城市水系工程已完全修建,河湖需水按 100%计算;2020 年根据人口增加比例考虑城市水系增加比例,计算得到河湖需水量将增加 16%。

表 8-12 郑州市不同水平年总需水量 （单位:万 m^3）

水平年	生活(净)	工业(净)	生活、工业(毛)	生态环境(毛)	合计(毛)
2005 年	18 838.6	9 926.0	34 517.5	10 064.1	44 581.6
2010 年	24 695.8	13 438.2	44 235.4	15 000.5	59 235.9
2015 年	29 499.3	18 354.0	54 074.2	18 758.2	72 832.4
2020 年	35 233.5	20 662.3	61 485.4	21 970.0	83 455.4

注:毛需水量 = 净需水量 + 管网漏失量(管网漏失系数 2005 年、2010 年、2015 年、2020 年分别取 0.20、0.16、0.13 和 0.10)。

规划水平年各部门需水所占比例见 8-13。由表 8-13 可以看出,随着人们生活水平的提高,生态环境需水量所占的比例逐年增大,居民生活需水量所占的比例则呈现递减趋势。

表 8-13　郑州市不同水平年各部门需水量占总需水量的比例　（%）

水平年	生活需水	工业需水	生态环境	合计
2005 年	50.7	26.7	22.6	100.0
2010 年	48.2	26.4	25.4	100.0
2015 年	45.7	28.5	25.8	100.0
2020 年	46.5	27.2	26.3	100.0

8.2.3　供需平衡分析

8.2.3.1　可供水量分析

郑州市近远期可用水源，包括地表水、地下水、黄河过境水、南水北调水、污水处理再生水等。

8.2.3.1.1　境内水资源可供水量预测

境内水资源主要来源于大气降水，就郑州市而言，黄河侧渗对东部平原地区地下水资源有影响，但主要还是依靠大气降水。

由于人类活动的影响，境内水资源变化很大。20 世纪 90 年代平均水资源量为 11.24 亿 m^3，比第一次水资源评价的多年平均水资源量（13.39 亿 m^3）减少 16.1%，水资源量的减少必然导致可利用量的减少。

（1）地表水。地表水资源主要来源于大气降水产生的地面径流，受降水量、降水年内分配、暴雨强度变化和人类活动的影响，地表水资源也呈下降趋势。

根据观测记录，郑州市从 20 世纪 50 年代到 90 年代，各个年代的平均降水量总的趋势是逐年减少。90 年代平均降水量为 581.8mm，比 50 年代平均降水量 665.8mm 减少 12.6%。1991～2000 年中，除 1996 年地表水资源为 8.28 亿 m^3，接近于多年平均地表水资源 8.67 亿 m^3，属平水年外，其他年份均低于多年平均值，其中 1992 年 5.01 亿 m^3、1993 年 5.54 亿 m^3、1994 年 5.34 亿 m^3、2000 年 5.72 亿 m^3，属偏枯年份；1991 年 3.86 亿 m^3、1995 年 3.38 亿 m^3、1997 年 3.05 亿 m^3、1998 年 4.67 亿 m^3、1999 年 2.92 亿 m^3，属枯水年。偏枯和枯水年份占

90%。上述情况说明,郑州市在90年代降水量偏少,干旱年份占主导地位。

郑州市地表水可供水量包括现有水库和河道两类。

郑州市水库可供水量包括尖岗水库、常庄水库,该两座水库原工程规划设计均为农业和农村生活而建设的,目前为城市的备用水源。由于两座水库近几年每年可供水量极少,尤其是常庄水库,多年来一直是干库运行,若完全按原工程规划的可供水量,与实际差别太大,不符合实际。根据郑州市水文水资源勘测局1956~1988年实测的降雨和径流资料,以及1998年所做的人类活动对降雨径流影响的分析研究,大规模人类活动后(1974~1996年系列)的年径流均值比大规模人类活动前(1953~1973年系列)减少39.3%。根据《郑州市城市供水系统规划(2005~2020)》95%保证率情况下水库可供水量为476万 m^3/a。

郑州市河道包括东风渠、金水河、熊耳河等均是排污河道,不能作为城市供水水源。因此,郑州市除黄河外基本没有河道可供水量。

(2)地下水。地下水资源除了受降水的影响外,与黄河侧渗和灌溉水回归也有很大关系。1991年以来,随着引黄事业的发展,农田灌溉面积的增加,地下水资源的变化相对比较稳定。根据地下水多年动态监测分析评价,郑州市城区中深层地下水允许开采量为6 800万 m^3/a,其中纳入管理的数量约2 000万 m^3/a。因此,在城市输水管网覆盖范围内严禁开采地下水,部分都市村庄及城市输水管网不及之处可保持13万 m^3/d 的开采量。

1999年,北郊水源地地下水设计供水能力20万 m^3/d,按照滩内满负荷、滩外井群50%轮换开采计算,可供水量为5 475万 m^3/a;黄河"九·五"滩地地下水按2 600万 m^3/a 计算,共计8 075万 m^3/a。城区地下水按13万 m^3/d 计可供水量为4 745万 m^3/a,但这部分不纳入城市供水管网范围计。两者合计地下水可供水量为12 820万 m^3/a。

8.2.3.1.2 黄河水可供水量

黄河属于郑州市的过境河流,根据黄河水利委员会确定的分配给郑州市各引黄口门的总供水量共计28 200万 m^3/a。各口门及分配水量分别为:邙山提灌站12 000万 m^3/a,花园口水源厂11 000万 m^3/a,

花园口引黄闸 1 500 万 m^3/a,东大坝提灌站 700 万 m^3/a,马渡引黄闸 3 000万 m^3/a。

根据 2005 年郑州市黄河取水许可证及近年取水量统计表,各口门及分配水量变化为:邙山提灌站 12 000 万 m^3/a,花园口水源厂 11 000 万 m^3/a,花园口引黄闸 500 万 m^3/a,东大坝提灌站 300 万 m^3/a,马渡引黄闸 1 660 万 m^3/a,总供水量共计 25 460 万 m^3/a。

依据郑州口门的分配水量,优先保证城市用水,确定郑州市城市未来各水平年黄河水可供水量为 25 460 万 m^3/a。

8.2.3.1.3　南水北调可供水量

根据《南水北调中线工程河南省受水区城市供水工程规划》,南水北调中线一期工程将于 2010 年建成通水,中线工程以解决城市生活和工业用水为主。南水北调中线一期工程郑州市分配水量为 33 170 万 m^3/a,包括贾寨口门和郑湾口门。南水北调中线二期工程预计 2030 年建成,但其分配给郑州市的水量未定。

8.2.3.1.4　西水东送水

根据郑州市水利局规划,将在 2015 年从位于河南省洛阳市的陆浑水库引水 10 000 万 m^3,东送至郑州市,供给城市用水。由于此项工程尚在规划阶段,供水保证程度不高,在本次规划中暂不考虑此项水源。

8.2.3.1.5　污水回用

目前,在即将形成的马头岗、王新庄和五龙口三大污水处理系统中,达到三级深度处理的水量仅有五龙口 5 万 m^3/d,可达到再生水回用标准,该回用水直接排入金水河。根据建设规划,预期 2010 年五龙口景观回用水量为 10 万 m^3/d,到 2015 年达到 15 万 m^3/d。

到 2010 年王新庄污水处理厂景观回用水达到 5 万 m^3/d、2015 年达到 10 万 m^3/d、2020 年达到 15 万 m^3/d,回用水主要销向比邻而居的郑东新区热电厂作冷却水及周边地区的城市绿化和景观用水。其他污水处理厂(如航空港、经济开发区、加州工业城)2010 年中水回用水量达到 5 万 m^3/d,2015 年中水回用水量达到 10 万 m^3/d,回用水主要用于七里河和潮河的景观需水。

8.2.3.1.6 城市集雨利用

考虑今后集雨利用水平的提高,可考虑环境卫生与绿化用水的30%由集雨回用水提供。

8.2.3.1.7 可供水总量

根据以上分析,郑州市不同水平年可供水量见表8-14。

表8-14 各水平年郑州市可供水量 (单位:万 m^3/a)

水平年	引黄水工程	南水北调水	傍黄河地下水	城区地下水	再生回用水	总计
2005年	23 000*		8 075	6 800	1 825+1 152.7×30%	40 045.8
2010年	25 460**	33 170	8 075	4 745	7 300+1 751.4×30%	79 275.4
2015年	25 460**	33 170	8 075	3 650	12 775+2 196.8×30%	83 789.0
2020年	25 460**	33 170	8 075	4 745	14 600+2 712.6×30%	86 863.8

注:* 表示25 460－500(花园口引黄闸农用)－300(东大坝提灌站农用)－1 660(马渡引黄闸农用)。

** 表示优先保证城市用水,通过适当调整农业用水指标,用于灌区上游景观用水,其弃水尽量用于农业用水,以保持原有灌区用水。

8.2.3.2 各水平年水资源供需平衡分析

通过以上计算可知,郑州市到规划水平年水资源量供不应求。不同规划水平年供需平衡计算见表8-15。

表8-15 水资源供需平衡

水平年	需水量(万 m^3)	可供水量(万 m^3)	余水量(万 m^3)	余水率(%)
2005年	41 762.3	40 045.8	－1 716.5	－4.3
2010年	59 235.7	79 275.4	20 039.5	25.3
2015年	72 821.3	83 789.0	10 967.7	13.1
2020年	83 442.5	86 863.8	3 421.3	3.9

由供需平衡计算可见，城市可供水量在2010～2015年比较充足，在2005～2010年、2016～2020年较为紧缺，根据“以供定需”的原则，可以保证城市按既定的规划方向发展。

8.3 水资源配置方案分析

8.3.1 1999年水资源配置方案

南水北调未通水前可供水源有黄河水、傍黄河地下水和城区地下水。根据2005年郑州市黄河取水许可证及近年取水量统计，各口门及分配水量变化为：邙山提灌站12 000万 m^3/a，中法水厂花园口水源厂11 000万 m^3/a，花园口引黄闸500万 m^3/a，东大坝提灌站300万 m^3/a，马渡引黄闸1 660万 m^3/a，其中城市可供水量合计为23 000万 m^3/a。傍黄河地下水按满负荷开采可供水量8 075万 m^3/a；城区地下水可供水量5 110万 m^3/a；污水处理厂再生水为1 095万 m^3/a。

1999年需水量为44 581.6万 m^3，缺水量为6 571.6万 m^3。按照“以需定供”的原则，郑州市可供水量中优先满足城市生活和工业生产，剩余可利用水量根据比例折算用于城市景观和河湖生态需水。实际上，由于引黄指标、再生水处理工艺和处理成本，以及回用管道布设等原因，现有条件下城市景观生态需水量很难得到满足。

从花园口提灌站引水补东风渠工程目前已进入设计阶段，本项引水工程从花园口提灌站抽取黄河水，沿途穿越索须河、贾鲁河、魏河，最后进入东风渠。其中在沿线修建橡胶坝，以增加蓄水面积和蓄水量，完善水系网络，增加对沿途地下水的补给量。

分析目前郑州市最大的水源——黄河水的使用情况，近五年水厂引水量具体为：柿园水厂的水源是经邙山提灌站取自黄河水，平均年供水量为8 960.98万 m^3；白庙水厂是经花园口水源厂引黄闸取自黄河水，平均年供水量为7 418.74万 m^3。

城市供水富余水量分别为：白庙水厂花园口水源厂水富余水量约4 000万 m^3/a，邙山提灌站富余水量约3 000万 m^3/a，合计富余引黄水量近7 000万 m^3/a。

南水北调中线工程通水前，应建设补源工程，以水厂富余的引黄水量向城市内水系供水，考虑各水系地理位置，1999 年引黄河水向城市水系供水配置情况见图 8-3。

具体补水方案如下：

白庙水厂花园口水源厂可引水 4 000 万 m^3/a，向东风渠补水，每年补水 1 000 万 m^3；向魏河补水，每年补水 1 000 万 m^3。

花园口提灌站经沉沙后向东风渠补水，每年补水 500 万 m^3。

邙山提灌站可引水 3 000 万 m^3/a，利用现有输水设备向西流湖补水，每年补水 400 万 m^3；向贾鲁河补水，每年补水 800 万 m^3；向索须河补水，每年补水 1 800 万 m^3。

五龙口再生水向金水河、熊耳河、七里河供应环境生态用水，分配水量分别为 2 万 m^3/d、2 万 m^3/d、1 万 m^3/d，即向金水河补水 730 万 m^3/a，向熊耳河补水 730 万 m^3/a，向七里河补水 365 万 m^3/a。

8.3.2 2010 年水资源配置方案

由需水预测结果知，2010 年郑州市需水量为 59 135.3 万 m^3，城市工业、生活和环境需水量约 125 万 m^3/d。可供水源有黄河水、傍黄河地下水和城区地下水。黄河水可供水量为25 460万 m^3；南水北调水可供水量为33 170万 m^3；傍黄河地下水可供水量为 8 075 万 m^3；城区地下水可供水量为 4 745 万 m^3；污水处理厂再生水为 7 300 万 m^3。

8.3.2.1 2010－1 方案

如果南水北调没有按时来水，或者供水没能达到预期水量时，考虑此方案。

若生态环境需水只利用再生水源，城市工业生活需水基本上可以保证。为适应城市发展布局调整，需要增建和改建水厂，具体方案如下：

扩建改建南流水厂，该水厂使用黄河水水源，向郑州西部纺织工业区供水，目前供水量 5 万 m^3/d，扩建后达到 10 万 m^3/d。

东周水厂受北郊水源地供水能力限制，日供水量仅能达到 15 m^3/d。

扩建井水厂开采中深层地下水，扩建后供水能力达到 8 万 m^3/d。

该方案供水水厂有柿园水厂(37 万 m^3/d)、石佛水厂(7 万 m^3/d)、

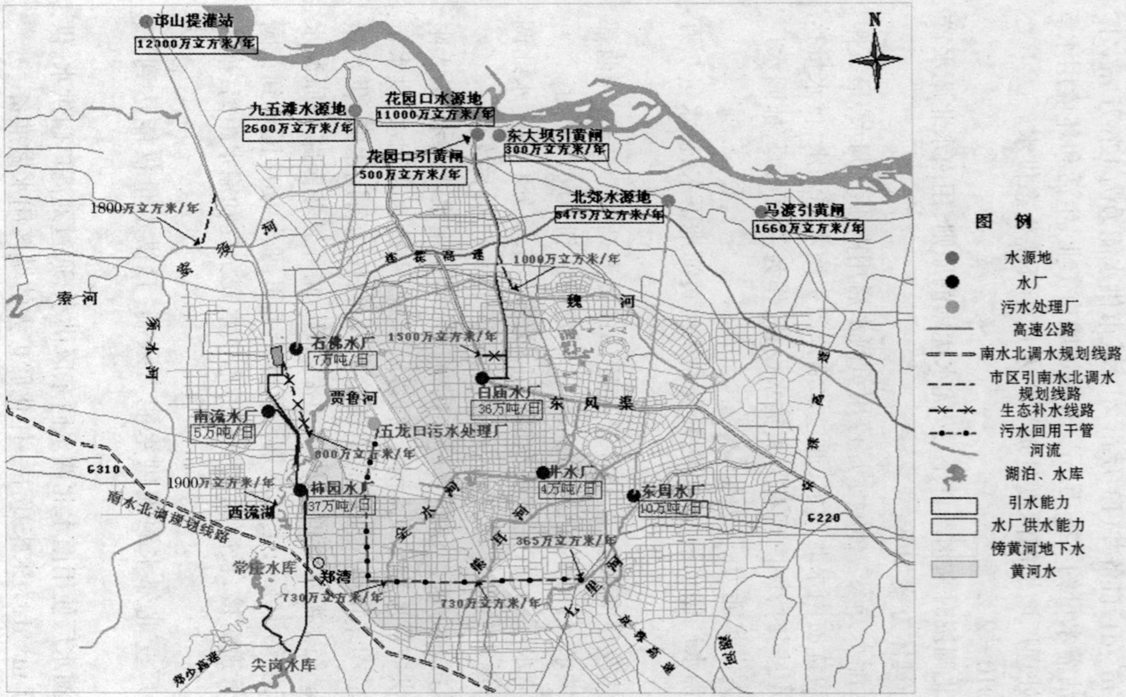

图 8-3　1999 年引黄河水向城市水系供水配置图

南流水厂(10 万 m^3/d)、白庙水厂(36 万 m^3/d)、东周水厂(15 万 m^3/d)、井水厂(8 万 m^3/d)、自备井(13 万 m^3/d),城市供水能力为 126 万 m^3/d,城市工业生活需水量约 125 万 m^3/d,满足城市工业、生活和环境用水。五龙口污水处理厂增加的深度处理再生水用于环境生态供水。

8.3.2.2　2010－2 方案

在南水北调按时来水条件下,按优水优用的原则,用南水北调水置换引黄水源,具体方案如下:

(1)西区配水方案。柿园水厂停用黄河水启用南水北调水,最大限度向市区供应优质南水北调水,通过郑湾口门引南水北调水,供水量达到 31 万 m^3/d,同时,保留现有引黄输水设备,作为备用水源,柿园水厂可实现日最大供水能力 37 万 m^3/d。

增大石佛水厂供水量,尽可能开发利用傍黄河地下水,供水量 7 万 m^3/d。

启用扩建改建南流水厂,该水厂使用邙山提灌站水源,向郑州西部纺织工业区供水,目前供水量 5 万 m^3/d,扩建后达到 10 万 m^3/d。

建设刘湾水厂一期,完成供水能力 10 万 m^3/d,充分利用南水北调水,提高城市南部供水能力,为航空港、加州工业城的用水做准备。

(2)北区配水方案。白庙水厂停用黄河水启用南水北调水,最大限度地向市区供应优质南水北调水,通过郑湾口门引南水北调水,供水量达到 30 万 m^3/d,同时,保留现有引黄输水设备,作为备用水源,供水量可达 36 万 m^3/d。源水管道可从郑湾沿西环、北环到花园路与原源水管道对接,长度约 16km;也可从刘湾水库沿七里河、原 107 国道到花园路与原源水管道对接,长度约 20km,考虑供水安全性和输水距离,推荐走西线输水。

东周水厂受北郊水源地供水能力限制,日供水量仅能达到 15 m^3/d。

建设龙湖水厂使用南水北调水向东区供水,通过刘湾口门供水,供水能力 10 万 m^3/d,为未来郑汴一体化后扩大的城区用水做准备。

停用市区井水厂,作为备用水源。

降低市区自备井开采量,限制开采十八里河附近地下水,预计城区地下水开采量 13 万 m^3/d。

在航空港和加州工业城建设两个小而深的污水处理厂，污水处理能力达 10 万 m^3/d，处理后的再生水可作为生态水源为潮河补水。

该方案供水水厂有柿园水厂(37 万 m^3/d)、石佛水厂(7 万 m^3/d)、南流水厂(10 万 m^3/d)、刘湾水厂(10 万 m^3/d)、白庙水厂(36 万 m^3/d)、东周水厂(15 万 m^3/d)、龙湖水厂(10 万 m^3/d)、自备井(13 万 m^3/d)，城市供水能力为 138 万 m^3/d，可以满足需水量 125 万 m^3/d。

该方案优点：一是充分利用南水北调的水质优势，满足市民对水质的要求，南水北调供水量 81 万 m^3/d；二是充分利用了现有供水工程设施，改造任务小，投资少，见效快，充分利用了傍黄河地下水("九·五"滩、北郊水源地)，使用量 22 万 m^3/d，该水源水质优、安全可靠、价格低；三是供水安全可靠，柿园、白庙、南流水厂都可以以黄河水或尖岗、常庄水库水作为备用水源；四是利用黄河水、再生水作为环境生态用水，并充分利用了已有的黄河取水工程(邙山提灌站、花园口水源厂)；五是可以实现现有供水系统、供水机制的平稳过渡。

8.3.2.3　2010－3 方案

在 2010－2 方案的基础上建设刘湾水厂二期，达到设计供水能力 20 万 m^3/d，充分利用南水北调水，提高城市供水能力。

该方案供水水厂有柿园水厂(37 万 m^3/d)、石佛水厂(7 万 m^3/d)、南流水厂(10 万 m^3/d)、白庙水厂(36 万 m^3/d)、东周水厂(20 万 m^3/d)、龙湖水厂(10 万 m^3/d)、刘湾水厂(10 万 m^3/d)、自备井(10 万 m^3/d)，城市供水能力为 148 万 m^3/d，可以满足需水量 125 万 m^3/d，供水能力储备率 16%。

综合考虑推荐 2010－2 方案。

到 2010 年城市水系生态补水在 1999 年的基础上进行调整，柿园水厂和白庙水厂的引黄水量合计约 26 000 万 m^3/a，扣除水厂备用水量，剩余水量可为城市生态供水。

生态补水具体方案为：白庙水厂花园口水源厂剩余可引水量为 8 810 万 m^3/a。通过花园口引水厂向东风渠补水，每年补水 1 000 万 m^3；向魏河补水，每年补水 1 000 万 m^3；向龙湖补水，每年补水 6 000

万 m^3。

花园口提灌站经沉沙后向东风渠补水，每年补水 500 万 m^3。

调整马渡引黄闸的 1 660 万 m^3/a 的指标至东大坝引黄闸，东大坝引黄闸合计可用水 1 960 万 m^3/a，提水至花园口水源地经沉沙处理后向龙子湖补水，每年补水 1 000 万 m^3；向如意湖补水，每年补水 400 万 m^3。

邙山提灌站扣除供水厂水量后富余水量为 6 160 万 m^3/a，向西流湖补水，每年补水 400 万 m^3；向贾鲁河补水，每年补水 800 万 m^3；向索须河补水，每年补水 1 800 万 m^3。

五龙口再生水可达到 $10m^3/d$，可增加向金水河、熊耳河、七里河供应环境生态水分配水量分别为 4 万 m^3/d、4 万 m^3/d、2 万 m^3/d，即向金水河补水 1 460 万 m^3/a，向熊耳河补水 1 460 万 m^3/a，向七里河补水 730 万 m^3/a。

2010 年郑州市水资源配置情况见图 8-4。

8.3.3 2015 年水资源配置方案

由需水预测结果知，2015 年郑州市需水量约为 72 832.4 万 m^3，城市工业、生活和环境需水量约 153 万 m^3/d。可供水源有南水北调水、黄河水、傍黄河地下水和城区地下水。南水北调水 33 170 万 m^3；黄河水可供水量 25 460 万 m^3；傍黄河地下水可供水量 8 075 万 m^3；城区地下水可供水量 4 745 万 m^3；污水处理厂再生水 12 775 万 m^3。

8.3.3.1 2015 - 1 方案

在 2010 - 2 方案的基础上，启用 2010 - 3 方案，建设刘湾水厂二期，达到设计供水能力 20 万 m^3/d，充分利用南水北调水，提高城市供水能力。

在城市西部建设须水水厂，使用邙山提灌站的黄河水为水源，设计供水能力为 15 万 m^3/d。

该方案供水水厂有柿园水厂(37 万 m^3/d)、石佛水厂(7 万 m^3/d)、南流水厂(10 万 m^3/d)、白庙水厂(36 万 m^3/d)、东周水厂(15 万 m^3/d)、龙湖水厂(10 万 m^3/d)、须水水厂(15 万 m^3/d)、刘湾水厂(20 万 m^3/d)、

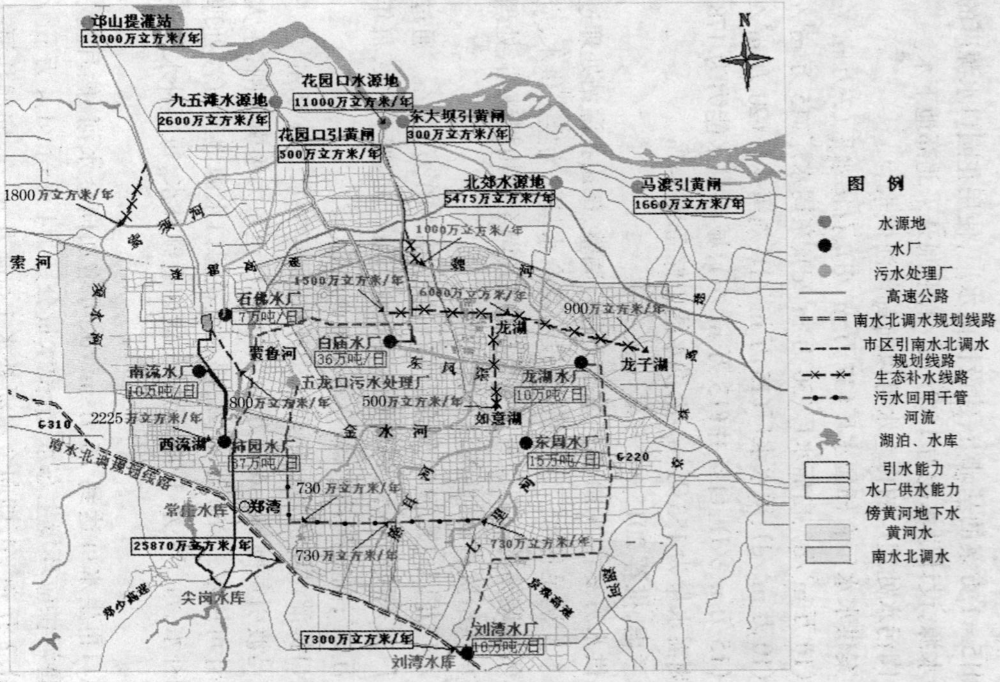

图 8-4　2010 年郑州市水资源配置图

自备井(13 万 m^3/d),城市供水能力为 163 万 m^3/d,其中南水北调取水能力 91 万 m^3/d,预测需水量为 153 万 m^3/d,供水能力储备率 6%。

8.3.3.2　2015－2 方案

在 2015－1 方案的基础上,建设桥南水厂,使用花园口水源厂的黄河水作为水源,设计供水能力 15 万 m^3/d,限制开采北部地下水。

马头岗污水处理厂的再生水可以向贾鲁河供水。

该方案供水水厂有柿园水厂(37 万 m^3/d)、石佛水厂(7 万 m^3/d)、南流水厂(10 万 m^3/d)、白庙水厂(36 万 m^3/d)、东周水厂(15 万 m^3/d)、龙湖水厂(10 万 m^3/d)、须水水厂(15 万 m^3/d)、刘湾水厂(20 万 m^3/d)、桥南水厂(15 万 m^3/d)、自备井(13 万 m^3/d),城市供水能力为 178 万 m^3/d,预测需水量为 153 万 m^3/d,供水能力储备率 14%。

综合考虑,推荐 2015－1 方案。

生态供水方案在 2010 年的基础上进行调整,邙山提灌站处理过的黄河水基本上满足各水厂水源供水,没有富余水量作为生态供水,应考虑恢复郑州市调整的农灌引黄水量指标,将其调至邙山提灌站,处理后作为生态水供给贾鲁河、西流湖和索须河。

白庙水厂花园口水源厂剩余可引水量为 8 810 万 m^3/a。通过花园口引水厂向东风渠补水,每年补水 1 000 万 m^3;向魏河补水,每年补水 1 000 万 m^3;向龙湖补水,每年补水 6 000 万 m^3。

花园口提灌站经沉沙后向东风渠补水,每年补水 500 万 m^3。

调整马渡引黄闸的 1 660 万 m^3/a 的指标至东大坝引黄闸,东大坝引黄闸合计可用水 1 960 万 m^3/a,提水至花园口水源地经沉沙处理后向龙子湖补水,每年补水 1 000 万 m^3;向如意湖补水,每年补水 400 万 m^3。

五龙口再生水可达到 15 万 m^3/d,可增加向金水河、熊耳河、七里河、贾鲁河供应环境生态水,分配水量分别为4 万 m^3/d、4 万 m^3/d、2 万 m^3/d、2 万 m^3/d,即向金水河补水 1 460 万 m^3/a,向熊耳河补水 1 460 万 m^3/a,向七里河补水 730 万 m^3/a,向贾鲁河补水 730 万 m^3/a。

在潮河、七里河(十七里河、十八里河)上游建设小型、分散、深处理污水处理厂，解决下游水系生态用水的水源问题。

2015 年郑州市水资源配置情况见图 8-5。

8.3.4 2020 年水资源配置方案

由需水预测结果知，2020 年郑州市需水量约为 83 455.4 万 m^3，城市工业、生活和环境需水量约 174 万 m^3/d。可供水源有南水北调水、黄河水、傍黄河地下水和城区地下水。南水北调水 33 170 万 m^3；黄河水可供水量 25 460 万 m^3；傍黄河地下水可供水量 8 075 万 m^3；城区地下水可供水量 4 745 万 m^3；污水处理厂再生水 14 600 万 m^3。

在 2010－2 方案、2015－1 方案的基础上，建设桥南水厂，使用花园口水源厂的黄河水作为水源，设计供水能力 15 万 m^3/d，限制开采北部地下水。

该方案供水水厂有柿园水厂(37 万 m^3/d)、石佛水厂(7 万 m^3/d)、南流水厂(10 万 m^3/d)、白庙水厂(36 万 m^3/d)、东周水厂(15 万 m^3/d)、刘湾水厂(20 万 m^3/d)、龙湖水厂(10 万 m^3/d)、须水水厂(15 万 m^3/d)、桥南水厂(15 万 m^3/d)、自备井(13 万 m^3/d)，城市供水能力为 178 万 m^3/d，预测生活、工业需水量为 174 万 m^3/d，能够满足城市生活工业需水要求。为保证供水安全，可以考虑适当扩大规划水厂建设规模，提高城市供水能力。在供水不足时可启用备用水源，即继续使用引黄水供应主要水厂或恢复使用井水厂。

生态供水方案在 2015 年的基础上进行调整。

白庙水厂花园口水源厂剩余可引水量为 3 335 万 m^3/a。通过花园口引水厂向东风渠补水，每年补水 1 000 万 m^3；向魏河补水，每年补水 1 000 万 m^3；向龙湖补水，每年补水 1 300 万 m^3。

花园口提灌站经沉沙后向东风渠补水，每年补水 500 万 m^3。

调整马渡引黄闸的 1 660 万 m^3/a 的指标至东大坝引黄闸，东大坝引黄闸合计可用水 1 960 万 m^3/a，提水至花园口水源地经沉沙处理后向龙子湖补水，每年补水 1 000 万 m^3；向如意湖补水，每年补水 400 万 m^3；向龙湖补水，每年补水 500 万 m^3。

五龙口再生水可达到 15 万 m^3/d，可增加向金水河、熊耳河、七里河、贾鲁河供应环境生态水，分配水量分别为 4 万 m^3/d、4 万 m^3/d、2

万 m^3/d、2 万 m^3/d，即向金水河补水 1 460 万 m^3/a，向熊耳河补水 1 460万 m^3/a，向七里河补水 730 万 m^3/a，向贾鲁河补水 730 万 m^3/a。

2020 年郑州市水资源配置情况见图 8-6。

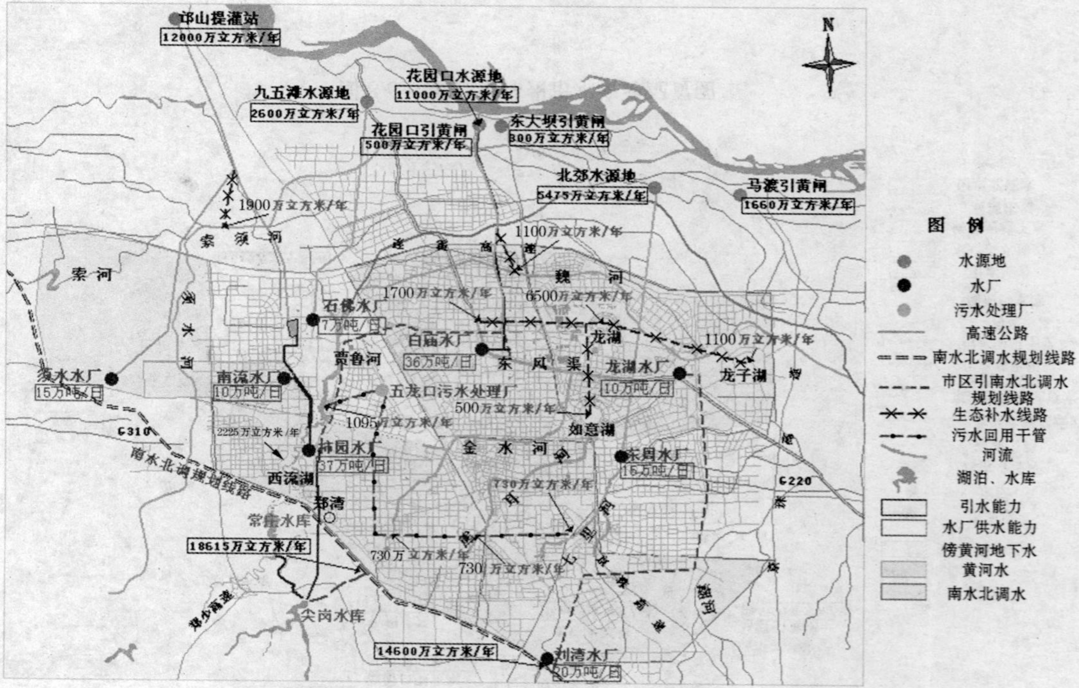

图 8-5　2015 年郑州市水资源配置图

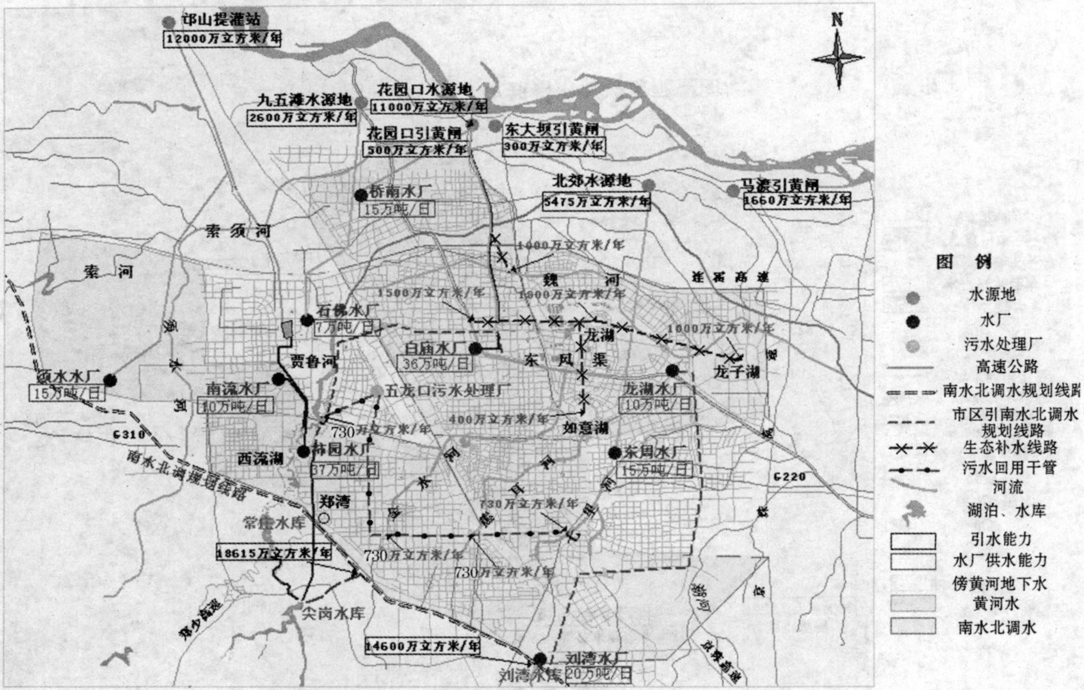

图 8-6　2020 年郑州市水资源配置图

第9章　总结与展望

本项研究完善了复杂系统水资源动力学特征分析的理论体系和复杂系统水资源配置的理论与方法，丰富了水文水资源要素预测的预测模型，提出了水资源配置优化模型与模拟模型的有机耦合技术，建立了基于优化模型和模拟模型耦合的水资源合理配置模型系统，并应用于南水北调中线工程河南受水区水资源合理配置，取得了一些创新性成果。

9.1　研究成果

(1)完善了复杂系统水资源动力学特征分析的理论体系，运用混沌理论和相空间重构技术，探讨了水资源系统的混沌现象，根据水资源系统动力学特征、Hurst 指数、Kolmogorov 熵、Lyapunov 指数、关联维数等，从定量分析验证了构成水资源系统的各子系统都具有混沌性。

(2)以南水北调中线工程河南受水区为例，系统地研究了大气降水子系统、地表水子系统、浅层地下水子系统和深层地下水子系统的动力学特征，给出了各子系统的分形特征、复杂程度和演化规律，各子系统动力学特征指标和水循环之间的定性关系。

(3)建立了水文水资源要素预测的相空间重构神经网络预测模型、加权一阶局域法多步预测模型和偏最小二乘回归神经网络预测模型。并将模型应用于南水北调中线工程河南受水区的水文水资源要素的预测，取得了较满意的结果。

(4)完善了复杂系统水资源配置的理论与方法。从水资源合理配置的任务、原则、目标出发，研究了水资源配置模拟模型与优化模型的优点和不足，提出了水资源配置优化模型与模拟模型的有机耦合技术，采用优化与模拟耦合的方法对水资源系统进行整体的、滚动的动态分析，即先用优化的方法宏观寻找规划期内系统较优的方案策略，再用动态模拟方法对其进行细致的分析，得出相应评价指标。两者的结合与反馈修正，引导决策逐步达到优化、合理可行的目的，即不同水平年、不同频率条件下的水资源合理配置方案。

（5）建立了复杂系统水资源多目标优化配置模型，将大系统分解协调理论和遗传算法相结合，较好地解决了复杂系统水资源中多水源、多用户、多目标配置模型的求解问题。

（6）将本书提出的复杂系统水资源合理配置理论与方法应用于南水北调中线工程河南受水区的水资源合理配置研究。优化与模拟相结合，生成由优化模型和模拟模型组成的模型系统，克服单一模型由于过分概化造成的失真和成果得不到有效验证的缺陷。优化和模拟有机耦合的应用，实现了水资源合理配置时间和空间的有机耦合，同时借助专家的知识、经验等来辅助决策，得出符合实际、具有可操作性的合理配置结果。耦合模型系统，描述复杂问题更真实、灵活、简单、便于修改，有利于进行交互程序分析。用模型系统取代单个模型应是今后水资源配置研究的一个发展方向。

9.2 展望

通过上述研究，取得了一些阶段性成果，但复杂系统的水资源合理配置涉及的问题众多，仅本书所讨论的复杂系统水资源动力学特征分析的理论体系、水文水资源要素预测模型、复杂系统水资源配置的理论及模型等，还有很长的路要走。

（1）把混沌理论应用到实践中，首先要解决的就是判断系统是否具有混沌性，但目前的方法主要是研究系统的吸引子轨迹和特征指数，在同样的参数下也会出现不一致的结果，尽管研究人员结合其他的特征指数联合进行判断，但理论上并不严密。

（2）重构相空间所需参数，在计算中利用不同方法得到的重构参数彼此差距很大，如何有效地选取参数成为混沌诊断中的关键。

（3）算法本身仍需要进行改进，以使其适应复杂的系统。使用排序矩阵确定个体适应度，可初步解决不可公度目标之间难以比较的问题，但各目标对水资源优化配置的影响程度还需进一步深入研究。

(4)优化与模拟耦合中,怎样实现有机结合、自动迭代计算,还有待进一步地研究探讨。一方面由于优化模型与模拟模型的配置目标和采用数据不同,因此优化与模拟的分配方案不具有完全可比性,模拟对优化的验证只能是总体趋势对比,优化对模拟的指导也只能是宏观上的;另一方面指导模拟的配置规则哪些是可以优化的,一般情况下模拟的配置规则都是根据专家经验、决策者意见和具体情况制定的,人为因素占的比重较大,如果在此基础上加入优化对配置规则的具体量化,既避免造成人为误导,又弥补了优化结果由于脱离实际而难以应用的缺陷,实现真正的合理配置。

参 考 文 献

[1] 刘文祥,耿世刚,等.水资源短缺及其特征[M].贵州:贵州科技出版社,2001.53~56

[2] 王纲胜,夏军,牛存稳.分布式水文模拟汇流方法及应用[J].地理研究,2004,23(2):175~182

[3] 林振山.长期预报的相空间理论和模式[M].北京:气象出版社,1992.1~9

[4] 陈家琦,王浩,杨小柳.水资源学[M].北京:科学出版社,2002.52~67

[5] 汪恕诚.水权和水市场[N].中国水利报,2000-10-28

[6] 汪恕诚.实现工程水利到资源水利的转变 做好面向21世纪中国水利这篇大文章[J].地下水,1999(3)

[7] 吕金虎,陆君安,陈士华.混沌时间序列分析及其应用[M].武汉:武汉大学出版社,2002

[8] 林振山.长期预报的相空间理论和模式[M].北京:气象出版社,1994

[9] 刘洪.经济系统预测的混沌原理与方法[M].北京:科学出版社,2003

[10] F. Takens. Detecting strange attractors in turbulence[A]. Dynamical Systems and Turbulence. Lecture Notes in Mathematics Vol. 898[C]. Berlin: Springer-Verlag, 1981.366~381

[11] P. GrassbergerI. Procaccia. Measuring the strangeness of strange attractors[J], Physica D,1983(9):189~208

[12] 刘洪,刘志迎,等.论经济系统的特征[J].系统辩证学学报,1998,7(4):9~32

[13] 刘洪,李必强.混沌理论的未来观及其对技术经济预测的影响[J].科技导报,1995(12):7~10

[14] 刘洪,郭志勇.预测的混沌理论范式[J].系统辩证学学报,1998,6(4):31~35

[15] 林振山.非线性科学及其在地学中的应用[M].北京:气象出版社,2003

[16] 郝海,顾培亮,卢奇.石油价格的系统动力学特征分形[J].系统工程,2002,4(7):37~43

[17] 高红兵,潘瑾,陈宏民.我国证券市场混沌的判据[J].系统工程,2000,6(11):28~32

[18] 韩秀文,俊莉,王其文.我国资本市场混沌特征研究[J].系统工程理论与实践,2002,10(10):43~48

[19] A. Hense. On the possible existence of a strange attractor for the southern oscil-

lation[J]. Biter Phys Atoms. 1987,60(1):34～37
[20] A. W . Jayawardena, F. Lai. Analysis and prediction of chaos in rainfall and stream flow time series[J]. Journal of Hydrology. 1994. 153:23～52
[21] C. E. Puente, N. Obregon. A deterministic representation of temporal rainfall: results for a storm in Boston[J]. WATER Resour Res. 1996, 32(9):2825～2839
[22] A. Porporato, L. Ridolfi. Nonlinear analysis of river flow time sequences [J]. Water resources. 1997, 33(6):1353～1367
[23] S. Bordignon, F. Lisi. Nonlinear analysis and prediction of river flow time series [M]. Environmetrics. 2000. 463～477
[24] Jiri Stehlik. Searching for chaos in rainfall and Temperature records—a nonlinear analysis of time series from an experimental basin[J]. ERB200 - Monitoring and modeling casement water quantity and quality. Sept. 2000.
[25] M. N. Islam, B. Sivakumart. Characterization and prediction of runoff dynamics : a nonlinear dynamical view[J]. Advances in Water Resources, 2002. 179～190
[26] 傅军,丁晶,邓育仁.洪水混沌特性初步研究[J].水科学进展,1996,7(3):226～230
[27] 丁晶,傅军.洪水变化的混沌特性和相空间预测[J].水电站设计,1996,12(4):53～57
[28] 赵永龙,丁晶,邓育仁.相空间小波网络模型及其在水文中长期预测中的应用[J].水科学进展,1998,9(3):252～257
[29] 魏一鸣,等.九江年降水时间序列的混沌特性[J].江西科学,1998,16(3):141～145
[30] 杨思全.河冰湖突发洪水的分形和混沌特征研究[J].干旱区地理,1999,22(2):77～82
[31] 陈云浩,史培军,李晓兵.不同热力背景对城市降雨的影响(II)——降雨时序的混沌分析[J].自然灾害学报,2001,10(3):20～25
[32] 袁鹏,李谓新,王文圣,等.月降雨量时间序列中的混沌现象[J].四川大学学报(工程科学版),2002,34(1):16～19
[33] 周寅康,王腊春,张捷.淮河流域洪涝变化的混沌特征[J].自然灾害学报,1999,8(1):42～47
[34] 周寅康,等.淮河流域洪涝变化动力系统研究[J].地理科学,2000,36(4):520～522
[35] Yinkang Zhou, Zhiyuan Ma, Lachun Wang. Chaotic dynamics of the flood series

in the Huaihe River Basin for the last 500 years[J]. Journal of Hydrology, 2002, 258: 100～110
[36] 陈南祥,张金炳,张民安.一维水文要素时间序列及可预报时间尺度研究[J].灌溉排水,2002(1)
[37] 柳景青.用水量时间观测序列中的分形和混沌特性[J].浙江大学学报(理学版),2004(3):236～240
[38] 宋宇,陈家军,孙雄.地下水水位时间序列中的混沌特征[J].水文地质工程地质,2004(1):14～18
[39] Daniel Schertzer, Ioulia Tchiguirinskaia, et al. Discussion of Evidence of chaos in the rainfall－runoff process[J]. Hydrological Science[J]. 2002, 247(1)
[40] Bellie Sivakumar, Ronny Bemdtsson, Jonas Olsson, Kenji Jinno. Reply to Which chaos in the rainfall－runoff process[J]. Hydrological Science. 2002, 247 (1)
[41] B. Sivakumar. Chaos theory in hydrology: important issues and interpretations [J]. Journal of Hydrology, 2000. 1～20
[42] N·伯拉斯.水资源科学分配[M].北京:中国水利水电出版社,1983
[43] Pearson Approach in Urban. Regional and Environmental Planning: Theory and Practice. St. lucia. (Queenland, Australia): University of Queenland Press, 1982
[44] P. W. Herbertson. Multiplie－Criteria Decision－Making: A Retrospective Analysis. IEEE Trans, ON SYS., Mn. and Cyber., 1985, SMC－15(3)
[45] E. Romijn, M. Taminga. Multiobjective Decision Making Theory and Methodology. Elsevier Science Publishing Co., 1983
[46] G. Yeh. Water resource systems models: their role in planning[J]. Journal of Water Resource Planning and Management, 1992, 118(3): 215～223
[47] Willis. Multiplie－Criteria Decision－Making: A Retrospective Analysis. IEEE Trans, ON SYS., Mn. and Cyber., 1987, SMC－15(3)
[48] 尤祥瑜,谢新民,等.我国水资源配置模型研究现状与展望[J].中国水利水电科学研究院学报,2004,2(2):131～140
[49] 潘家铮,张泽祯.中国北方地区水资源的合理配置和南水北调问题[M].北京:中国水利水电出版社,2001
[50] 王浩,秦大庸,王建华,等.黄淮海流域水资源合理配置[M].北京:科学出版社,2003
[51] 王浩,秦大庸,王建华.流域水资源规划的系统观与方法论[J].水利学报,2002(8):1～6

[52] 吴泽宁，丁大发，蒋水心.跨流域水资源系统自优化模拟规划模型[J].系统工程理论与实践，1997，17(2)：78～83
[53] 甘泓，尹明万，等.基于生活、生产和生态环境用水的水资源配置模型[J].水利水电科技进展，2004，24(2)：5～8
[54] 马斌，解建仓，等.多水源引水灌区水资源调配模型及应用[J].水利学报，2001(9)：59～63.
[55] 薛小杰，于长生，黄强，等.水资源可持续发展利用模型及其应用研究[J].西安理工大学学报，2001，3(7)：301～305
[56] 方创琳.区域可持续发展与水资源优化配置研究[J].自然资源学报，2001，4(7)：341～347
[57] 游进军，王浩，甘泓.水资源系统模拟模型研究进展[J].水科学进展，2006，17(3)：425～429
[58] 贺北方，周丽，等.基于遗传算法的区域水资源优化配置模型[J].水电能源科学，2002，20(3)：10～12
[59] 赵建立，王忠净，翁文斌.水资源复杂适应配置系统的理论与模型[J].地理学报，2002，6(11)：639～647
[60] 冯耀龙，韩文秀，等.面向可持续发展的区域水资源优化配置研究[J].系统工程理论与实践，2003(2)：133～138
[61] 刘建林，马斌，解建仓，等.跨流域多水源多目标多工程联合调水仿真模型[J].水土保持学报，2003，1(3)：25～79
[62] 甘泓，尹明万，等.新疆经济发展与水资源合理配置及承载能力研究[M].郑州：黄河水利出版社，2003
[63] 王维平，杨金忠，何庆海，等.区域水资源优化配置模型研究[J].长江科学院院报，2004，21(5)：41～43
[64] 许新宜，王浩，甘泓，等.华北地区宏观经济水资源规划理论与方法[M].郑州：黄河水利出版社，1997
[65] 王劲峰，刘昌明，等.区际调水时空优化配置理论模型探讨[J].水利学报，2001，(4)：7～14
[66] 赵建世，王忠静，翁文斌.水资源复杂适应配置系统的理论与模型[J].地理学报，2002，57(6)
[67] J. M. Antle, S. M. Capallo. Physical and Economic Model Integration for Measurement of Environmental Impacts of Agriculture Chemical Use[J]. J Agric Resour Econ, 1991, 20(3): 62～68

[68] M. B. Bayer. A Modeling Method for Evaluating Water Quality Policiesin Non－serial River System[J]. Water Resources Bulletin, 1997, 33(6): 1141～1151
[69] Afzal Javaid, Noble David H. Optimization model for alternative use of different quality irrigation waters[J]. Journal of Irrigation and Drainage Engineering, 1992, 118(2): 218～228
[70] Watkins David W, Jr Mc Kinney, Daene C Robust. Optimization for incorporating risk and uncertainty insustainable water resources planning[J]. International Association of Hydrological Sciences, 1995, 231(13): 225～232
[71] Wong Hugh S, Sun Ne-zheng. Optimization of conjunctive use of surface water and groundwater with water quality constraints[A]. Proceedings of the Annual Water Resources Planning and Managenent Conference[C]. Sponsored by: ASCE, 1997, 14(6): 408～413
[72] 许木启. 水体污染对水生生物多样性的影响[J]. 科学对社会的影响, 1995(4): 5～13
[73] 邵东国, 郭宗楼. 综合利用水库水量水质统一调度模型[J]. 水利学报, 2000(8): 10～15
[74] 赵斌, 董增川, 徐德龙, 等. 区域水资源合理配置分质供水及模型[J]. 人民黄河, 2004, 26(6): 14～15
[75] 游进军, 甘泓, 王浩. 水资源配置模型研究现状与展望[J]. 水资源与水工程学报, 2005, 16(3): 1～5
[76] 沈振荣, 等. 水资源科学实验与研究——大气水、地表水、土壤水和地下水的相互转化关系[M]. 北京: 中国科学技术出版社, 1992
[77] Graham. Introduction to the System Dynamics National Model tructure[J]. International System Dynamics Coference, 1984. 17～31
[78] 王其藩. 高级系统动力学[M]. 北京: 清华大学出版社, 1995
[79] 王其藩. 系统动力学理论与方法的新进展[J]. 系统工程理论方法应用, 1995, 4(2): 6～12
[80] 王其藩. 系统动力学[M]. 北京: 清华大学出版社, 1994
[81] Forrester Jay W. The System Dynamics National Model[J]. International System Dynamics Coference. 1984. 1～16
[82] Qifan Wang. Theory and Application of System Dynamics[J]. New Times Press. 1987, 4(4): 6～12
[83] 李云芳. 浅谈混沌对物理学发展的影响[J]. 德州高专学报, 2000, 16(4): 36～

42
[84] 李后强,汪富泉.分形理论及其在分子科学中的应用[M].北京:科学出版社,1993.1～15
[85] R. May Simple mathematical models with very complicated dynamics[J]. Nature. 1976.261
[86] 王兴元.复杂非线性系统中的混沌[M].北京:电子工业出版社,2003.22～23
[87] N. H. Packard, et al. Geometry from a Time Series[J]. Physical Review Letter, 1980.712～716
[88] D. Ruelle, F. Takens. On the nature of turbulence[J]. Comnum Math Phys, 1971.20
[89] 陶绍林,陈国华.基于C-C方法的Lyapunov指数计算[J].南京气象学院学报,2002,22(4):555～559
[90] 刘秉正.非线性动力学与混沌基础[M].长春:东北师范大学出版社,1994.179～181
[91] W. Brock, J. Davis Dechert, Sheinkman, et al. Blake. A test for independence based on the coorelation dimension[J]. Econometric Reviews, 1996, 15:197～235
[92] 徐建华.现代地理学中的数学方法[M].北京:高等教育出版社,2002.392～417
[93] 赵晶,王乃章,杨淑华.兰州城市化效应的R/S分析[J].兰州大学学报,2000,36(6)
[94] 席德勋.非线性物理学[M].南京:南京大学出版社,2000
[95] 马军海,盛昭瀚.混沌经济时序非线性动力系统的预测方法研究[J].系统工程学报,2002,17(2):97～102
[96] 陈南祥,曹连海,徐建新. 地下水位预报的相空间重构神经网络模型[J].西北农林科技大学学报,2005(11):139～142
[97] 张立明.人工神经网络的模型及其应用[M].上海:复旦大学出版社,1993
[98] 陈南祥,黄强,曹连海,等. 径流序列的相空间重构神经网络预测模型[J].河海大学学报,2005 (5):490～493
[99] 陈南祥,李跃鹏,徐晨光. 基于多目标遗传算法的水资源优化配置[J].水利学报,2006 (3):308～313
[100] 王惠文.偏最小二乘回归方法及其应用[M].北京:国防工业出版社,1999
[101] 甘泓,李令跃,尹明万.水资源合理配置浅析[J].中国水利,2000(4):20～23

[102] 王浩,汪林.水资源配置理论与方法探讨[J].水利规划与设计,2004(3):50～56
[103] 张文鸽,黄强,管新建.区域水资源优化配置模型及应用研究[J].西北农林科技大学学报,2005,33(12)
[104] V. Chankong, Y. Y. Haimes. Multiobjective Decision Making Theory and ethodology[J]. Elsevier Science Publishing Co. ,1983
[105] 吴泽宁.水资源优化配置研究进展[J].灌溉排水学报,2004(4):1～3
[106] 王顺久.中国水资源优化配置研究的进展与展望[J].水利发展研究,2002(9):1～3
[107] 尹明万,谢新民,等.基于生活、生产和生态环境用水的水资源配置模型[J].水利水电科技进展,2004,24(2):5～8
[108] 陈南祥,黄强,曹连海.基于偏最小二乘回归与神经网络耦合的岩溶泉预报模型[J].水利学报,2004(9):68～72
[109] 李绍军,王惠,钱锋.多目标遗传算法及其在化工领域的应用[J].计算机与应用化学,2003,20(6):755～760
[110] 李玉榕,项国波.一种基于多目标遗传算法的非线性控制器[J].计算机仿真,2004,21(5):61～63
[111] 周明,等.遗传算法原理与应用[M].北京:国防工业出版社,2002
[112] 李敏强,等,遗传算法的基本理论与应用[M].北京:科学出版社,2002
[113] 卢香清,谭迎军.有关多目标遗传算法的研究[J].南阳师范学院学报(自然科学版),2004,3(9):62～64
[114] 杨青,汪亮,叶定友.基于多目标遗传算法的固体火箭发动机面向成本优化设计[J].固体火箭技术,2002,25(4):16～20
[115] 张晓缋,戴冠中,徐乃平.一种新的优化搜索算法——遗传算法[J].控制理论与应用,1995,12(3):265～273
[116] 戴晓晖.遗传算法理论及其应用研究:[博士学位论文][D].天津:天津大学,2002
[117] 陈琨.遗传算法研究及应用:[硕士学位论文][D].贵阳:贵州大学,2004
[118] 翁文斌,蔡喜明,等.宏观经济水资源规划多目标决策分析方法研究及应用[J].水利学报,1995(2):1～11
[119] 王小平,曹立明.遗传算法——理论、应用与软件实现[M].西安:西安交通大学出版社,2002
[120] Ying Gao, Lei Shi, Ping jing Yao. Studyon Multi - Objective Genetic Algo-

rithm, Proceedings of the 3th World Congress on Intelligent Control and Automation. 2000
[121] D. E. Goldberg. Genetic algorithms in search optimization and machine learning [M]. Reading, MA: Addison - Wesley, 1989
[122] 赖红松,董品杰,祝国瑞.求解多目标规划问题的 Pareto 多目标遗传算法[J].系统工程,2003,21(5):24~28
[123] 杨子晨,孟波,熊德林,等.基于多目标遗传算法求解多边谈判问题的 Pareto 解[J].计算机工程与应用,2002(1):39~41
[124] 游进军,纪昌明,付湘.基于遗传算法的多目标问题求解方法[J].水利学报,2003(7):64~69
[125] 王广雄,何雨奋.多目标遗传算法和伺服设计中的寻优问题[J].电机与控制学报,1997(9):139~142
[126] 畅建霞,黄强,等.叶尔羌河流域水资源最优调配研究[J].灌溉排水,2001,20(3):65~69
[127] 黄昉,许文斌,等.多水源多用户大型水资源系统优化模型[J].水利学报,2002(3):91~94
[128] 翁文斌,蔡喜明,等.宏观经济水资源规划多目标决策分析方法研究及应用[J].水利学报,1995(2):1~11
[129] 王文科,韩锦萍,等.银川平原水资源优化配置研究[J].资源科学,2004,26(2):36~45
[130] 马斌,解建仓,等.多水源引水灌区水资源调配模型及应用[J].水利学报,2001(9):59~63
[131] 常炳炎,薛松贵,张会言.黄河流域水资源合理分配和优化调度[M].郑州:黄河水利出版社,1998.57~73
[132] 谢新民,赵文骏,等.宁夏水资源优化配置与可持续利用战略研究[M].郑州:黄河水利出版社,2002.46~91
[133] 陈南祥,贾明敏,崔进涛,等.基于规则的水资源配置模型[J].灌溉排水学报,2005(4):22~25
[134] 倪深海,崔广柏.多水源多目标供水系统模拟模型研究[J].中国农村水利水电,2003(6):48~50
[135] D. Tillman, T. A. Larsen, C. Pahl. Modeling the actors in water supply systems [J]. Water Science & Technology, 1999, 39(4)
[136] 尹明万,甘泓,等.智能型水供需平衡模型及其应用[J].水利学报,2000

(10):71～76
[137] 王忠静,赵建世,熊雁晖.现代水资源规划若干问题及其解决途径与技术方法(三)[J].海河水利,2003(3):15～19
[138] 王忠静,翁文斌,等.干旱内陆区水资源可持续利用规划方法研究[J].清华大学学报(自然科学版),1998(1):1～9
[139] 畅建霞,黄强,等.南水北调中线工程水量仿真调度模型研究[J].水利学报,2002(12):85～90